新装版

障害がある子どもの

数の基礎学習

量の理解から繰り下がりの計算まで

宮城武久 著
つばき教育研究所理事長

Gakken

はじめに

算数が苦手、計算ができない、
指を使って計算している……
このような子どもたちが数を理解し、
計算ができるようになるための本です。

　順序数と集合数の理解、合成・分解、10までの数のたし算・ひき算、繰り上がり・繰り下がりの計算について、詳しく述べてあります。

　この本を見ながら学習できるように、方法やことばかけなどを丁寧に書きました。特に、考える力を育てるスモールステップと、まちがえさせない工夫を重視した方法やことばかけです。

　いろいろな学校に研修会などの講師で出かけた折に、「算数の苦手な子どもが多くて、困っています」「たし算を教えていますが、いつまでたっても数えたしから抜け出せません。きちんとたし算ができるようにするにはどうしたらよいでしょうか」などという相談をよく受けます。

　数の学習を行うにあたっては、子どもの「数の概念」がどこまで育っているのかを把握することが大切です。例えば、たし算を学習するには、順序数や集合数の理解、合成や分解の理解などがどこまで進んでいるかを把握する必要があります。これらの「数の概念」が育っていなければ、たし算を理解することはなかなか難しいでしょう。

しかし、「数の概念」がどこまで育っているのかを十分に把握することなく、すぐにたし算の学習に入ることが多いように見受けられます。その結果、算数の入門期でつまずいてしまう子ども、算数嫌いの子どもが出てきます。

　最初の段階でつまずいてしまう子どもは、指などを使って数えたしをするようになり、具体物や半具体物がないと答えが出せない状態になります。そして、抽象概念である数字への移行は一層困難になります。

　本書では、順序数や集合数、合成・分解、具体物から数字への移行など、たし算やひき算に入る前の概念を「数の基礎概念」と称しています。これまで系統的にあまり行われてこなかった「数の基礎概念」の学習、特に数える学習、合成・分解の学習、具体物の数字への移行の学習などについて、その考え方や系統的な指導法について述べていきます。

　本書を参考に、ひとりひとりの子どもの実態に応じて、スモールステップで学習を進めていきましょう。子どもたちから「算数が好きになった」「わかるようになった」という声を聞くことができたら、これ以上うれしいことはありません。数を理解し、計算ができるようになり、算数が好きになる子どもが増えることを願っています。

つばき教育研究所理事長　宮城武久

もくじ

はじめに ———————————————————————————— 3

第1章 数える学習 その1 ～数え板で数える～ ———————— 5

第2章 数える学習 その2 ～量を数える～ ——————————— 41

第3章 同じの概念形成 ～たしかめ板を用いる「同じ」の学習～ —— 69

第4章 合成・分解 その1 ～たしかめ板を用いる合成・分解～ ——— 89

第5章 合成・分解 その2 ～トレイを用いる合成・分解～ ———— 115

第6章 合成・分解 その3 ～タイルを2つに分ける方法～ ———— 135

第7章 合成・分解での数字の導入
～タイルから数字への移行～ ————————————————— 145

第8章 10までの数を使ったたし算
～和が10までのたし算の学習～ ———————————————— 181

第9章 10までの数を使ったひき算
～差が9までのひき算の学習～ ————————————————— 217

第10章 繰り上がりの計算 ————————————————— 247

第11章 繰り下がりの計算 ————————————————— 283

おわりに ——————————————————————————— 311

第1章

数える学習 その1
~数え板で数える~

第**1**章　数える学習　その1

数え板で数える

　いろいろなところで「数の概念の理解が十分でない。どうしたらよいでしょうか」とよく聞かれます。ここでいう「数の概念」とは、たし算、ひき算に入るまでのレディネス、特に、量の概念（集合数）の理解のことだと思われます。

　しかし、「数の概念」が形成できているということは、たし算、ひき算、かけ算、わり算の計算ができて、実際の生活場面で活用できる状態をいいます。

　そこで、数の学習の導入期における順序数や集合数の理解、合成や分解の理解、具体物から数字への移行の学習など、たし算に入る前の内容を、ここでは、「数の基礎概念」と呼ぶことにしました。

　「数の基礎概念」の形成でもっとも基本的なことは、具体物や半具体物など、いろいろなものを数えることです。数える・数え込むことが、「数の基礎概念」の形成の第一歩です。

順序数…ものの順序を表す（1番、2番め、3着、4等、5位など）。
集合数…ものの集まりの個数を表す（1個、2本、3枚、4台、5人など）。

---

1. 数唱

　お風呂の中で、小さな子どもが、お父さんやお母さんから「10まで数えてから出ましょうね」などと言われ、一緒に「いーち、にーい、さーん……」と数を唱えるのは、よくある光景です。子どもがまだしっかり唱えることができないときは、お父さんやお母さんが唱えて聞かせることもあるでしょう。このような行動について、数をただ唱えるのは、数概念の形成には結びつかない、という考え方もあります。

　しかし、数の学習を始めるにあたって、順序よく数唱ができるか、できないかでは、大きな違いがあります。あるものを数えるためには、まず「いち」、「に」、「さん」……と順序よく数を言う、つまり数唱ができることが必要です。5まで、10まで、20……までと、数を順序よく唱えることができるということは、数を学習するうえでとても大きな力となります。

　数を唱えること、すなわち「いち」、「に」、「さん」……と順序よく言うことを繰り返し、順序数を理解していく力を少しずつ育てていきましょう。

　数唱においては、大人が「いち」、「に」、「さん」……と言うのを聞いて、子どもがまねをすることから学習を始めます。

数え板で数える

・5まで　・10まで　・20まで

・20以上……50まで

・50以上……100まで

　上記のような5つのステップで学習を進め、ひとりで順序よく唱えることができるようにします。

> 　考える力を育み、まちがえさせない学習の基本的な考え方のひとつは、子どもが課題を理解し解決する方法がわかるように、指導者が**解決するための操作の模範を、課題のはじめに必ず見せる**ということです。

　数唱は、ものを数えるために、なくてはならない基本的な力です。

2. 量

　数唱がある程度できるようになったところで、並行して具体物などを数える学習を行います。

　一般的に、量には2つの概念があります。

分離量

　分離量とは、りんごの個数、鉛筆の本数、車の台数などのように、ひとつずつ数えることができるものを言います。「個、本、台」などを助数詞と言います。分離量は「りんごが1個」、「鉛筆が2本」、「車が3台」などのように、助数詞をつけて表します。

連続量

　連続量とは、水や油などのように、つながっていて、個体としてひとつずつ数えることのできないものを言います。「m」、「g」、「ℓ」などの単位をつけて表します。

　ものを数える学習では、分離量を数えることから始めます。身の回りにある具体物を「1、2、3……」と、数えます。この段階では助数詞を用いないで数えます。数えることに十分慣れてきたら、生活の場面に応じて「1個、2個、3個……」、「1本、2本、3本……」、「1台、2台、3台……」などのように、助数詞をつけて数えるようにします。いろいろなものを繰り返し数えることが大切です。このようにいろいろなものを数えることが、量概念を理解するための基礎的な力を養うことにつながります。

第1章 数える学習 その1

3. 数え板を使って数える

　ものの数え方には、いろいろな方法があります。具体物を数える場合、目の使い方、手の使い方、数詞の発声のしかたによって難易度が異なります。
　ものを数える学習は、次の3つの段階で行います。
・第1ステージ　3まで
・第2ステージ　5まで
・第3ステージ　10まで
　以下、子どもは右利きと想定して説明します。

（1）タイルを動かして数える

　例：タイル10個

教材

・スライド式数え板：タイルをスライドさせて数える教材です。
　　　　　　　　　タイルを横に並べた長さより、10cm程度長く作ります。
　　　　　　　　　指でタイルをスライドさせるときに、タイルがなめらかに動くように工夫します。
　　　　　　　　　木材などで作製するとよいでしょう。

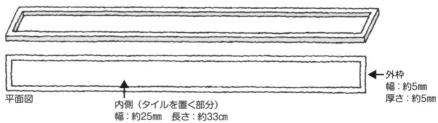

・タイル：約23mm×23mmで同じ色のものを10個（市販されているタイプは、この規格が多いです）。
　　　　　スライド式数え板に置いたときに、見えやすい色のものを選びます。

数え板で数える

方法とことばかけ

子どもと対面して学習します。

Step 1 指導者が行ってみせます（模範）

①スライド式数え板に、タイル10個を右側に寄せて置いておきます。
　タイルを置いたスライド式数え板を、子どもが見えやすい位置に呈示します。

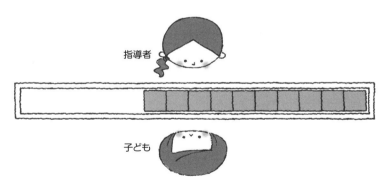

②「タイルを動かして数えるよ。よく見ててね」と言います。
③タイルを順に、指導者が指ですべらせて左へ移動させます。
　タイルが終点に着いたときに「1」、「2」、「3」……と数詞を発声して数えます。

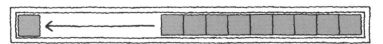

④全部数えたあと、「10あったね」と言います。

⑤「よく見てたね」とほめます。

＊数は、横に並べたとき、左から「1、2、3」……と数えるので、タイルは右から左へ動かします。

＊はじめのうちは、助数詞「個」をつけずに数えます。

＊タイルに指がふれたときに数詞を発声すると、終点に着いたときに次の数詞を言ってしまう場合がよくみられます。数詞はタイルが終点に着いたときに発声するようにします。

＊子どもが右利きの場合は、指導者は左手でタイルを移動します。子どもが使う右手と同じ側の手で動かした方がわかりやすいからです。

Step 2　子どもと一緒にタイルを動かしながら数えます

①スライド式数え板に、タイル10個を右側に寄せて置いておきます。
　タイルを置いたスライド式数え板を、子どもが見えやすい位置に呈示します。

②「タイルを動かして数えましょう。一緒に数えるよ」と言います。

③子どもの右手の人差し指を援助して、右側にあるひとつめのタイルの上に置きます。

④子どもの右手の人差し指を援助して、タイルを左にスライドさせ、スライド式数え板の端まで移動します。

⑤タイルが左端に着いたところで一緒に数詞を言います。「1」。

⑥子どもの右手の人差し指を援助して、右側にある2つめのタイルの上に置きます。

⑦子どもの右手の人差し指を援助して、タイルを左にスライドさせ、スライド式数え板の左端にあるひとつめのタイルまで移動します。

⑧タイルが左端にあるひとつめのタイルに着いたときに一緒に数詞を言います。「2」。

⑨同じように続けてタイルを移動させます。数詞は、終点に着いたときに発声するようにします。
　＊③～⑤の操作を繰り返しながら「3」、「4」、「5」……と数えます。

⑩全部数えたあと、「10あったね」「一緒に10と言うよ」と言います。一緒に「10」と言います。

⑪「上手にできたね」とよくほめます。

※タイルを動かして数えることよりも、動かないタイルを数える方がやさしい場合は、本章 ❸ の (2) タイルを動かさないで数える （13ページ）を行ってから (1) タイルを動かして数える （8ページ）を行います。

数え板で数える

> **Point** 援助のしかた
>
> ひとつひとつの学習をするうえで、指導者による「援助」は重要なメソッドです。基本は、子どもの人差し指の第一関節と第二関節の中間辺りを、指導者が親指を上に、人指し指を下にして挟むように持ち（子どもの右手は指導者の左手で、左手は右手で持つ）、対象物や場所に導きます。

視覚障害がある場合

視覚障害があって見えない場合は、次のように学習します。

教材

「本章 3.（1）タイルを動かして数える（8ページ）」で示した教材と同じものを用います。
ただし、タイルはさわってわかりやすいように配慮する必要があります。
タイルの全面にサンドペーパーや面ファスナー（マジックテープ）を貼るとよいでしょう。
全面に貼ると、タイルとタイルの境目がわかりにくい場合は、サンドペーパーや面ファスナー（マジックテープ）を15㎜×15㎜程度の大きさに切ってタイルの中央に貼るとよいです。

全面に貼る場合　　タイルにサンドペーパーや面ファスナーを貼る。　　中央に貼る場合

方法とことばかけ

①スライド式数え板に、タイル10個を右側に寄せて置いておきます。
　タイルを置いたスライド式数え板を、子どもの前に呈示します。

②どのような教材でどのように操作するかを、よくさわらせながら説明します。

③「タイルを動かして数えましょう。一緒に数えるよ」と言います。

④スライド式数え板の左端の外枠に、援助して子どもの左手の人差し指を置きます。

⑤子どもの右手の人差し指を援助してスライド式数え板の左端に置き、すべらせながら右側にあるひとつめのタイルまで移動します。
　＊スライド式数え板で指をすべらせるとき、スライド式数え板やタイルから指が離れないようにすることがポイントです。

⑥子どもの右手の人差し指を援助して、右側にあるひとつめのタイルの上に置きます。

第1章 数える学習 その1

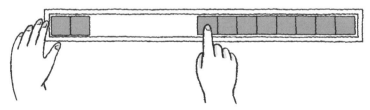

この図ではわかりやすいように、指導者の援助している手は省略してあります。
以下、図解のとき、煩雑になる場合は援助の手は省いて表現してあります。

⑦子どもの右手の人差し指を援助して、タイルを左にスライドさせ、スライド式数え板の端まで移動します。

⑧タイルが左端に着いたところで一緒に数詞を言います。「1」。

⑨子どもの右手の人差し指を援助して、スライド式数え板の上をすべらせながら、右側にある2つめのタイルまで移動します。
＊スライド式数え板で指をすべらせるとき、スライド式数え板やタイルから指が離れないようにすることがポイントです。

⑩子どもの右手の人差し指を援助して、右側にある2つめのタイルの上に置きます。

⑪子どもの右手の人差し指を援助して、タイルを左にスライドさせ、スライド式数え板の左端にあるひとつめのタイルまで移動します。

⑫タイルが左端にあるひとつめのタイルに着いたときに一緒に数詞を言います。「2」。

⑬同じように続けてタイルを移動させます。数詞は、終点に着いたときに発声するようにします。
＊⑤〜⑧の操作を繰り返しながら「3」、「4」、「5」……と数えます。

⑭全部数えたあと、「10あったね」「一緒に10と言うよ」と言います。一緒に「10」と言います。

⑮「上手にできたね」とよくほめます。

> **Point** **指でさわるときのポイント**
>
> 　視覚障害があって見えない場合は、指でさわることが最も重要です。さわらせ方によって、わかったり、わからなくなったりします。援助して丁寧にさわらせます。
> 　さわるときに最も大切な働きをするのが人差し指です。指を曲げて指先でさわるのではなく、人差し指の末節の指腹でよくさわるようにします。
> 　両手でさわった後、左手の人差し指を基準点に固定し、右手の人差し指で丁寧にさわるようにします。

※タイルを動かして数えることよりも、動かないタイルを数える方がやさしい場合は、本章❸の (2) タイルを動かさないで数える (13ページ)を行ってから (1) タイルを動かして数える (8ページ)を行います。

数え板で数える

(2) タイルを動かさないで数える

例：タイル10個

教材

・固定式数え板：固定したタイルを数える教材です。

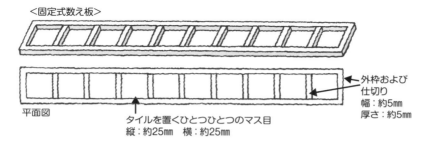

・タイル：約23mm×23mmで同じ色のものを10個。
　　　　　固定式数え板に置いたときに、見えやすい色のものを選びます。

方法とことばかけ

Step 1　指導者が行ってみせます（模範）

①固定式数え板に、タイル10個を置いておきます。
　タイルを置いた数え板を、子どもが見えやすい位置に呈示します。

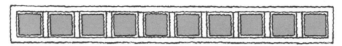

②「タイルを数えるよ。よく見ててね」と言います。

③子どもから見て左のタイルから順に指でふれながら、「1」、「2」、「3」……と数えます。

④全部数えたあと、「10あったね」と言います。

⑤「よく見てたね」とほめます。

＊はじめのうちは、助数詞「個」をつけずに数えます。
＊子どもが右利きの場合は、指導者は左手でタイルを数えます。子どもが使う右手と同じ側の手で数えた方がわかりやすいからです。

第1章 数える学習 その1

> **Step 2　子どもと一緒にタイルにふれながら数えます**

①固定式数え板に、タイル10個を置いておきます。
　タイルを置いた数え板を、子どもが見えやすい位置に呈示します。

②「タイルを数えましょう。一緒に数えるよ」と言います。

③子どもの右手を援助して、一緒に左のタイルから順に指でふれながら、一緒に「1」、「2」、「3」……と数えます。

④全部数えたあと、「10あったね」「一緒に10と言うよ」と言います。一緒に「10」と言います。

⑤「上手にできたね」とよくほめます。

> **視覚障害がある場合**

　視覚障害があって見えない場合は、次のように学習します。

教材

「本章 **3.** **(2) タイルを動かさないで数える** 」(13ページ)で示した教材と同じものを用います。
ただし、タイルはさわってわかりやすいように配慮する必要があります。
タイルの全面にサンドペーパーや面ファスナー（マジックテープ）を貼るとよいでしょう。
全面に貼ってわかりにくい場合は、サンドペーパーや面ファスナーを15㎜×15㎜程度の大きさに切ってタイルの中央に貼るとよいです。

方法とことばかけ

①固定式数え板に、タイル10個を置いておきます。
　タイルを置いた固定式数え板を、子どもの前に呈示します。

②どのような教材でどのように操作するかを、よくさわらせながら説明します。

③固定式数え板の左端の外枠に、援助して子どもの左手の人差し指を置きます。

④子どもの右手の人差し指を援助して固定式数え板の左端に置きます。

⑤「タイルを数えましょう。一緒に数えるよ」と言います。

⑥子どもの右手の人差し指を援助して、一緒に左のタイルから順に指をすべらせながらさわって、一緒に「1」、「2」、「3」……と数えます。

⑦全部数えたあと、「10あったね」「一緒に10と言うよ」と言います。一緒に、「10」と言います。

⑧「上手にできたね」とよくほめます。

＊タイルを数えるとき、固定式数え板とタイルから指が離れないように、すべらせながら数えることがポイントです。

(3) 1対1対応で数える

「スライド式数え板」や「固定式数え板」で数えることができるようになったら、「1対1対応数え板」を用いて学習します。

例：お手玉5個

教材

・1対1対応数え板：呈示皿に呈示されたものを、容器にひとつずつ入れながら数える教材です。

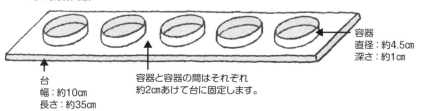
＜1対1対応数え板＞

容器
直径：約4.5cm
深さ：約1cm

台
幅：約10cm
長さ：約35cm

容器と容器の間はそれぞれ約2cmあけて台に固定します。

＊台に設置した容器が見えやすいように色に配慮します。

・呈示皿：学習空間つまり机上面に、数えるものを置いて呈示する皿を言います。
10cm×15cm程度の大きさで、底面は平ら、1cm程度の立ち上がりのふちがあるものがよいでしょう。

第1章 数える学習 その1

・お手玉：1対1対応数え板の容器に入る大きさ（直径2.5cm程度）のものを5個。
　　　　　直径2.5cm程度のビー玉やボール、マグネットなどでもよいでしょう。
　　　　　小さすぎず大きすぎず、適切な大きさのものを選びます。
　　　　　子どもが見えやすく操作しやすい色や素材のものを選びます。

　　お手玉　　　　　ボール　　　　マグネット

＊1対1対応数え板の容器、容器に入れるお手玉は、大きさや色を統一します。
　特に色については、教材が見えやすいようにすることが大切です。1対1対応数え板の容器の中に置いた
　お手玉、呈示皿の上に置いたお手玉がそれぞれ見えやすい色になるように配慮します。

方法とことばかけ

Step 1　指導者が行ってみせます（模範）

①1対1対応数え板を、子どもが見えやすい位置に呈示します。
②呈示皿を、子どもと1対1対応数え板との間に呈示します。
③「お手玉を置いて数えるよ。よく見ててね」と言います。
④子どもから見て一番左の容器をポインティングしながら「ここに置くよ」と言います。
⑤呈示皿の上にひとつお手玉を置きます。
⑥一番左の容器にお手玉を置きます。置くときに、「1」と言います。

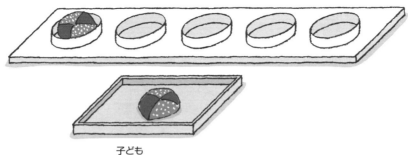
指導者
子ども

⑦「よく見てたね」とほめます。
⑧「2」、「3」、「4」、「5」も同様に行います。
⑨5つ置いたら、「1から数えるよ。よく見ててね」と言います。左から、お手玉を指さし
　しながら「1」、「2」、「3」、「4」、「5」と数えます。

⑩全部数えたあと、「5あったね」と言います。
⑪「よく見てたね」とほめます。

＊はじめのうちは、助数詞「個」をつけずに数えます。
＊子どもが右利きの場合は、指導者は左手でお手玉を置きます。子どもが使う右手と同じ側の手で置いた方がわかりやすいからです。

Step 2　子どもと一緒にお手玉を置いて数えます

①1対1対応数え板を、子どもが見えやすい位置に呈示します。
②呈示皿を、子どもと1対1対応数え板との間に呈示します。
③「お手玉を置いて数えましょう。一緒に置くよ」と言います。
④子どもの左手の人差し指を援助して、子どもから見て一番左の容器の根元に置きます。

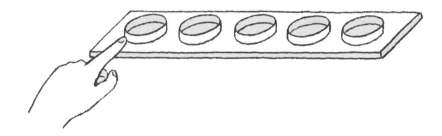

⑤一番左の容器をポインティングしながら「ここにお手玉を置きましょう。一緒に置くよ」と言います。
⑥呈示皿の上にひとつお手玉を置きます。
⑦子どもの右手を援助して一緒に、一番左の容器にお手玉を置きます。置くときに、一緒に「1」と言います。
⑧「よくできたね」とほめます。
⑨子どもの左手の人差し指を援助して、1対1対応数え板の上をすべらせ、左から2番めの容器の根元に置きます。
⑩左から2番めの容器をポインティングしながら「ここにお手玉を置きましょう。一緒に置くよ」と言います。
⑪呈示皿の上にひとつお手玉を置きます。
⑫子どもの右手を援助して一緒に、左から2番めの容器にお手玉を置きます。置くときに、一緒に「2」と言います。
⑬「よくできたね」とほめます。

⑭「3」、「4」、「5」も同様に行います。

⑮5つ置いたら、「1から数えましょう。一緒に数えるよ」と言います。

⑯子どもの右手を援助して一緒に、左のお手玉から順に指さししながら、「1」、「2」、「3」、「4」、「5」と数えます。

　このとき、数え始める基準を意識するように、子どもの左手の人差し指は一番左の容器の根元に置いておきます。

⑰全部数えたあと、「5あったね」「一緒に5と言うよ」と言います。

　一緒に「5」と言います。

⑱「上手にできたね」とよくほめます。

＊左手の人差し指を援助してすべらせ、次の容器の根元に置くことが、順序正しくお手玉を置くことができるようになるポイントです。

視覚障害がある場合

　視覚障害があって見えない場合は、次のように学習します。

教材

「本章 **3.** **(3) 1対1対応で数える** 」(15ページ) で示した教材と同じものを用います。

ただし、タイルはさわってわかりやすいように配慮する必要があります。

タイルの全面にサンドペーパーや面ファスナー（マジックテープ）を貼るとよいでしょう。

全面に貼ってわかりにくい場合は、サンドペーパーや面ファスナーを15㎜×15㎜程度の大きさに切ってタイルの中央に貼るとよいです。

方法とことばかけ

― 左から1番めの容器に置く ―

①1対1対応数え板を子どもの前に呈示します。

②どのような教材でどのように操作するかを、よくさわらせながら説明します。

③呈示皿を、子どもと1対1対応数え板との間に呈示します。

④「お手玉を置いて数えましょう。一緒に置くよ」と言います。

⑤子どもの左手の人差し指を援助して、一番左の容器の根元に置きます。

⑥一番左の容器をポインティングしながら音を出し、「ここに置きましょう。一緒に置くよ」と言います。

＊見えないので、ポインティングするときは、音を出すようにすることがポイントです。

⑦呈示皿の上にひとつお手玉を置きます。

⑧子どもの右手を援助して、一番左の容器にさわらせながら、「ここにお手玉を入れるよ」
と言います。

⑨子どもの右手を援助して、呈示皿のお手玉を持ちます。
＊このとき、呈示皿の上のお手玉のそばをポインティングして音を出し、位置を知らせることがポイントです。

⑩子どもの右手を援助して、一番左の容器にお手玉を入れます。入れるときに、一緒に「1」
と言います。

⑪「よくできたね」とほめます。

─ 左から2番めの容器に置く ─

⑫子どもの左手の人差し指を援助して、1対1対応数え板の上をすべらせ、左から2番めの
容器の根元に置きます。

⑬左から2番めの容器をポインティングしながら音を出して、「ここにお手玉を入れましょ
う。一緒に入れるよ」と言います。

⑭呈示皿の上にひとつお手玉を置きます。

⑮子どもの右手を援助して、左から2番めの容器にさわらせながら、「ここにお手玉を入れ
るよ」と言います。

⑯子どもの右手を援助して、呈示皿のお手玉を持ちます。
＊このとき、呈示皿の上のお手玉のそばをポインティングして音を出し、位置を知らせることがポイントです。

⑰子どもの右手を援助して、左から2番めの容器にお手玉を入れます。入れるときに、一
緒に「2」と言います。

⑱「よくできたね」とほめます。

─ 3、4、5番めの容器に置く ─

⑲「3」、「4」、「5」も同様に行います。

─ 5つ置いたら一緒に数える ─

⑳5つ置いたら、「1から数えましょう。一緒に数えるよ」と言います。

㉑子どもの右手を援助して、一緒に左のお手玉から順に指でさわりながら、「1」、「2」、「3」、
「4」、「5」と数えます。このとき、数え始める基準を意識するように、子どもの左手の人
差し指は一番左の容器の根元に置いておきます。

㉒全部数えたあと、「5あったね。一緒に言うよ」と言います。一緒に「5」と言います。

㉓「上手にできたね」とよくほめます。

＊左手の人差し指を援助してすべらせ、次の容器の根元に置くことが、順序正しくお手玉を置くことができる
ようになるポイントです。

第1章 数える学習 その1

4. 数え方のステップ

　具体物を数えるということは、数の基礎概念を形成するうえで、最も重要です。いろいろなものをたくさん数えることを通して、量概念を理解する基礎的な力を養うことができます。
　具体物を数える場合、次のような方法によって難易度が異なります。

指さし

A・タイルに指でふれながら数える。
B・タイルにふれないで指さしして数える。
C・指を使わないで数える。

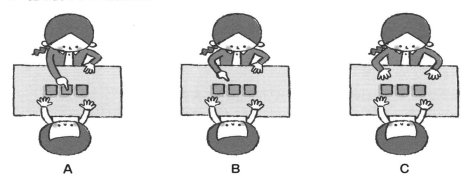

数詞

A・数詞を声に出して数える。
B・数詞を声に出さないで数える。

　「指さし」、「数詞」のいずれの場合も、よく見て数えます。

　このような観点から「数える」学習の系統的なスモールステップを考えました。
　ここでは、「固定式数え板」を用いて、タイルを動かさないで数える方法で説明していきます。

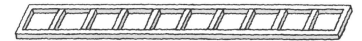

数え板で数える

（1）タイルに指でふれながら、数詞を声に出して数える

①指導者がタイルに指でふれながら、数詞を声に出して数えてみせます（模範）。

②指導者がタイルに指でふれながら、数詞を声に出して数えます。
ひとつ数えるごとに、子どもはまねをしてタイルに指でふれながら、数詞を声に出して数えます。

③指導者と子どもが一緒にタイルに指でふれながら、一緒に数詞を声に出して数えます。

④指導者がタイルにふれないで指さしするのに合わせて、子どもがタイルに指でふれながら、一緒に数詞を声に出して数えます。

⑤指導者がタイルに指でふれながら、数詞を声に出して数えます。
最後まで数え終わるのを聞いてから、子どもはまねをして、タイルに指でふれながら、数詞を声に出して数えます。

⑥子どもがひとりでタイルに指でふれながら、一緒に数詞を声に出して数えます。

⑦指導者と子どもが一緒にタイルに指でふれながら、子どもがひとりで数詞を声に出して数えます。

⑧指導者がタイルにふれないで指さしするのに合わせて、子どもがタイルに指でふれながら、ひとりで数詞を声に出して数えます。

⑨子どもがひとりでタイルに指でふれながら、ひとりで数詞を声に出して数えます。

（2）タイルにふれないで指さししながら、数詞を声に出して数える

①指導者がタイルにふれないで指さししながら、数詞を声に出して数えてみせます（模範）。

②指導者がタイルに指でふれるのに合わせて、子どもがタイルにふれないで指さししながら、一緒に数詞を声に出して数えます。
＊子どもがタイルにふれないで数えることが難しい場合は、次のように行ってから、②を行うとよいでしょう。
　・子どもがタイルのすぐ下の机上面をふれながら数えます。
　・指導者が子どもの人差し指を援助して、タイルのすぐそばで指を浮かせながら数えます。

③指導者と子どもがタイルにふれないで一緒に指さししながら、一緒に数詞を声に出して数えます。

④子どもがタイルにふれないでひとりで指さししながら、一緒に数詞を声に出して数えます。

⑤指導者がタイルに指でふれるのに合わせて、子どもがタイルにふれないで指さししながら、ひとりで数詞を声に出して数えます。

21

第1章 数える学習 その1

⑥指導者と子どもがタイルにふれないで一緒に指さししながら、子どもがひとりで数詞を声に出して数えます。

⑦子どもがタイルにふれないでひとりで指さししながら、ひとりで数詞を声に出して数えます。

(3) タイルに指でふれながら、数詞を声に出さないで数える

＊頭の中で「1、2、3……」と数えることができるようにします。

①指導者がタイルに指でふれながら、「ン、ン、ン……」と言いながら数えてみせます（模範）。

②指導者と子どもが一緒にタイルに指でふれながら、一緒に「ン、ン、ン……」と言いながら数えます。

③指導者がタイルにふれないで指さしするのに合わせて、子どもがタイルに指でふれながら、子どもがひとりで「ン、ン、ン……」と言いながら数えます。

④子どもがひとりでタイルにふれながら、ひとりで「ン、ン、ン……」と言いながら数えます。

⑤子どもがひとりでタイルにふれながら、何も言わないで数えます。

(4) タイルにふれないで指さししながら、数詞を声に出さないで数える

①指導者がタイルにふれないで指さししながら、数詞を声に出さないで数えてみせます（模範）。

②指導者がタイルに指でふれるのに合わせて、子どもがタイルにふれないで、指さししながら、数詞を声に出さないで数えます。

③指導者と子どもがタイルにふれないで、一緒に指さししながら、数詞を声に出さないで数えます。

④子どもがタイルにふれないで、ひとりで指さししながら、数詞を声に出さないで数えます。

(5) 指を使わないで、数詞を声に出して数える

①指導者が指を使わないで、数詞を声に出して数えてみせます（模範）。

②指導者がタイルに指でふれるのに合わせて、子どもは指を使わないで、一緒に数詞を声に出して数えます。

③指導者がタイルにふれないで指さしするのに合わせて、子どもは指を使わないで、一緒に数詞を声に出して数えます。

④指導者がタイルに指でふれるのに合わせて、子どもは指を使わないで、ひとりで数詞を声に出して数えます。

⑤指導者がタイルにふれないで指さしするのに合わせて、子どもは指を使わないで、ひとりで数詞を声に出して数えます。

⑥指導者も子どもも指を使わないで、一緒に数詞を声に出して数えます。

⑦子どもがひとりで、指を使わないで、数詞を声に出して数えます。

(6) 指を使わないで、数詞を声に出さないで、目だけで数える

①指導者が指を使わないで、タイルごとにうなずきながら、数詞を声に出さないで数えてみせます（模範）。

②指導者がタイルに指でふれながら、数詞を声に出して数えるのに合わせて、子どもは指を使わないで、タイルごとにうなずきながら、数詞を声に出さないで目だけで数えます。

＊指導者が数える声を減らしていくステップ

例——「5」を数える場合

　　（あ）指導者が「4」まで声を出して数えます。

　　（い）指導者が「3」まで声を出して数えます。

　　（う）指導者が「2」まで声を出して数えます。

　　（え）指導者が「1」のみ声を出して数えます。

③指導者がタイルにふれないで指さしし、数詞を声に出して数えるのに合わせて、子どもが目だけで数えます。

＊指導者が数える声を減らしていくステップ

例——「5」を数える場合

　　（あ）指導者が「4」まで声を出して数えます。

　　（い）指導者が「3」まで声を出して数えます。

　　（う）指導者が「2」まで声を出して数えます。

　　（え）指導者が「1」のみ声を出して数えます。

④指導者がタイルに指でふれるのに合わせて、子どもが目だけで数えます。

第1章 数える学習 その1

⑤指導者がタイルにふれないで指さしするのに合わせて、子どもが目だけで数えます。

⑥子どもがひとりで目だけで数えます。

*数える学習のステップは、子どもの実態に応じて、省略したり順番を入れ替えたりしてもよいでしょう。

*助数詞はつけないで数詞だけで答えるようにします。

助数詞がない方が、数が明確でわかりやすいです。

助数詞をつけると、数詞や助数詞の言い方が変わり、わかりにくいです。

例：1本（いっぽん）、2本（にほん）、3本（さんぼん）

1人（ひとり）、2人（ふたり）、3人（さんにん）

上記の内容を表にすると、次のようになります。

いずれの場合も、よく見て数えることが大切です。

順番		誰が	指でふれる	ふれないで指さし	発声
（1）タイルに指でふれながら、数詞を声に出して数える。	①	指導者のみ（模範）	○		○
	②	指導者	○		○
		子ども（指導者が1つ数えるごとにまね）	○		○
	③	指導者	○		○
		子ども（指導者と一緒に）	○		○
	④	指導者		○	○
		子ども	○		○
	⑤	指導者	○		○
		子ども（指導者が全部数えてからまね）	○		○
	⑥	指導者			○
		子ども	○		○
	⑦	指導者	○		
		子ども	○		○
	⑧	指導者		○	
		子ども	○		○
	⑨	子どものみ	○		○

24

順番		誰が	指でふれる	ふれないで指さし	発声
(2) タイルにふれないで指さししながら、数詞を声に出して数える。	①	指導者のみ（模範）		○	○
	②	指導者	○		○
		子ども		○	○
	③	指導者		○	○
		子ども		○	○
	④	指導者			○
		子ども		○	○
	⑤	指導者	○		
		子ども		○	○
	⑥	指導者		○	
		子ども		○	○
	⑦	子どものみ		○	○
(3) タイルに指でふれながら、数詞を声に出さないで数える。	①	指導者のみ（模範）	○		ン、ン
	②	指導者	○		ン、ン
		子ども	○		ン、ン
	③	指導者		○	
		子ども	○		ン、ン
	④	子どものみ	○		ン、ン
	⑤	子どものみ	○		
(4) タイルにふれないで指さししながら、数詞を声に出さないで数える。	①	指導者のみ（模範）		○	
	②	指導者	○		
		子ども		○	
	③	指導者		○	
		子ども		○	
	④	子どものみ		○	

順番		誰が	指でふれる	ふれないで指さし	発声
(5) 指を使わないで、数詞を声に出して数える。	①	指導者のみ（模範）			○
	②	指導者	○		○
		子ども			○
	③	指導者		○	○
		子ども			○
	④	指導者	○		
		子ども			○
	⑤	指導者		○	
		子ども			○
	⑥	指導者			○
		子ども			○
	⑦	子どものみ			○
(6) 指を使わないで、数詞を声に出さないで、目だけで数える。	①	指導者のみ（模範）			うなずく
	②	指導者	○		4まで発声 3まで発声 2まで発声 1のみ発声
		子ども			うなずく
	③	指導者		○	4まで発声 3まで発声 2まで発声 1のみ発声
		子ども			
	④	指導者	○		
		子ども			
	⑤	指導者		○	
		子ども			
	⑥	子どものみ			

＊数え方のステップを順番に全部行う必要はありません。
子どもの実態に応じて省略したり順番を入れ替えたりして行うようにします。

　数える学習の基本は、（1) タイルに指でふれながら、数詞を声に出して数える）(21 ページ) にあります。この数え方に習熟することで、（2) タイルにふれないで指さししながら、数詞を声に出して数える）(21 ページ) 以降の数え方ができるようになっていきます。そして、量概念の基礎的な力を養うことにつながります。

5. 数える学習の系統性

数える学習は、以下のように進めます。
子どもは、右利きと想定して説明します。

(1) 数え板を使う

①スライド式数え板

②固定式数え板

③1対1対応数え板

数え板を使って数えられるようになったら、以下のように学習を進めます。

(2) タイルを数えながら箱に入れる

> 例：タイル3個

教材

・箱：タイルを入れやすい大きさと深さのもの。
　　　深さは5cm程度がよいです。

・タイル：約23mm×23mmで同じ色のものを3個。
　　　　　画用紙や箱に置いたときに、見えやすい色のものを選びます。

・画用紙など：タイル3個を置く適切な大きさのもの。

方法とことばかけ

①学習空間の右側に画用紙を呈示します。
　その上に、タイルを3個置きます。

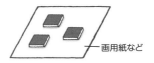

第1章 数える学習 その1

②中央に箱を呈示します。

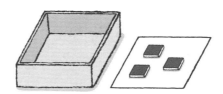

③「タイルをひとつずつ取って、箱に入れましょう」「箱に入れたときに数えてね」と言います。
　＊タイルをひとつずつ取るようにすることがポイントです。

④子どもは、タイルをひとつずつ取って箱に入れます。箱に入れるときに「1」、「2」、「3」と数えます。

⑤全部入れたあと、「いくつ？」と聞きます。

⑥子どもは、「3」と答えます。

⑦「そうだね、よくできたね」とほめます。

＊画用紙と箱の位置は、子どもによってやりやすい方でよいでしょう。
＊タイルを持ったときに「1」と言うと、箱に入れたときに「2」と言う子どもがよくみられます。正しく数えるために、箱に入れたときに数詞を言うようにすることがポイントです。
＊数え終わって「いくつ？」と聞いたとき「3」の次の「4」と言う子どもがいます。このようなときには、「いくつ？」と聞いたあと、子どもが数を言うより先に指導者が「3」と言って教えることが大切です。子どもはまねをして正しい数を言うようになり、次第に子どもがひとりで正しい数を言うことができるようになります。

> **Point** 「いくつ」と言えるようになることが大切
>
> 　数えたあと、いくつあったか、を言うようにすることが大切です。
> 　いくつあったか、を言えるようになることが、量の概念の理解につながります。
> 　3個のタイルを数える学習で、「1」、「2」、「3」と数えて、3まで数え終わったときに、「いくつ？」と聞かれて「4」と答える子どもは、数唱はできるようになっていますが、量の概念の理解はまだ不十分です。
> 　数える学習のはじめのうちは、いくつあったか、を指導者と一緒に言うようにします。このとき、指導者は子どもより少し先に発声することが大切です。そして、子どもがまねをして正しい数を言うようにします。次第に、いくつあったか、ということの意味がわかり、ひとりでも言えるようになってきます。
> 　本書では、前述した、「❸ 数え板を使って数える　(1) タイルを動かして数える （8ページ）の『スライド式数え板』、(2) タイルを動かさないで数える （13ページ）の『固定式数え板』、(3) 1対1対応で数える （15ページ）の『1対1対応数え板』」の、タイルやお手玉を数える学習の段階では、指導者と一緒に数を言っています。「❺ 数える学習の系統性　(2) タイルを数えながら箱に入れる （27ページ）」学習から、「いくつ？」と聞いて、子どもが数を答えるようにしています。この段階あたりで、子どもがひとりで呈示されたタイルの数が言えるように理解が進んでいると考えています。ただし、ここでも、子どもがまちがった答えを言いそうなときは、指導者が先に正しい答えを言うようにします。

数え板で数える

(3) 箱に入ったタイルを数えながら出す

> 例：タイル3個

教材

・箱：タイルを取り出しやすい大きさと深さのもの。
　　　深さは5㎝程度がよいです。

・タイル：約23㎜×23㎜で同じ色のものを3個。
　　　　　画用紙や箱に置いたときに、見えやすい色のものを選びます。

・画用紙など：タイル3個を置く適切な大きさのもの。

方法とことばかけ

①学習空間の中央に箱を呈示します。その中に、タイルを3個入れます。

②右側に画用紙を呈示します。

③「タイルをひとつずつ取って、箱から出しましょう」「ここ（画用紙）に置いたときに数えてね」と言います。
　＊タイルをひとつずつ取るようにすることがポイントです。

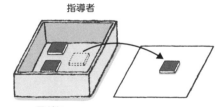

④子どもは、タイルをひとつずつ取って箱から出します。画用紙の上に置くときに「1」、「2」、「3」と数えます。

⑤全部出したあと、「いくつ？」と聞きます。

⑥子どもは、「3」と答えます。

⑦「そうだね、よくできたね」とほめます。

＊タイルは一度に複数取らないようにします。必ずひとつずつ取って画用紙に置くようにします。
＊画用紙と箱の位置は、子どもによってやりやすい方でよいでしょう。
＊箱のタイルを持ったときに「1」と言うと、置いたときに「2」と言う子どもがよくみられます。正しく数えるために、置いたときに数詞を言うようにすることがポイントです。
＊数え終わって「いくつ？」と聞いたとき「3」の次の「4」と言う子どもがいます。このようなときには、「いくつ？」と聞いたあと、子どもが数を言うより先に指導者が「3」と言って教えることが大切です。子どもはまねをして正しい数を言うようになり、次第に子どもがひとりで正しい数を言うことができるようになります。

29

第1章 数える学習 その1

（4）並べたタイルを数えて、数を言う

横、あるいは縦にまっすぐ一列に並べたタイルを数えます。
横に並べたタイルは左から、縦に並べたタイルは下から数えます。

例：タイル6個

教材

・タイル：約23㎜×23㎜で同じ色のものを6個。
　　　　　画用紙に置いたときに、見えやすい色のものを選びます。
・画用紙など：タイル6個を並べる適切な大きさのもの。

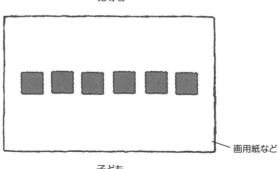

方法とことばかけ

①画用紙に、タイルを横に6個並べて呈示します。
②「タイルを数えましょう。ここ（一番左）からだよ」と言います。
③子どもは、横に並んでいるタイルを左から指さししながら声を出して数えます。
④数えたあとに、「いくつ？」と聞きます。
⑤子どもは、「6」と答えます。
⑥「そうだね、よくできたね」とほめます。

＊数え終わって「いくつ？」と聞いたとき「6」の次の「7」と言う子どもがいます。このようなときには、「いくつ？」と聞いたあと、子どもが数を言うより先に指導者が「6」と言うことが大切です。子どもはまねをして正しい数を言うようになり、次第に子どもがひとりで正しい数を言うことができるようになります。

●タイルの並べ方によって難易度が異なります。以下の順に学習します。

①タイルとタイルの間をあけて並べたもの。

（あ）横に並べる　　　　　　　（い）縦に並べる

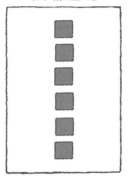

②タイルとタイルをすき間なく並べたもの。

（あ）横に並べる　　　　　　　（い）縦に並べる

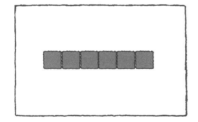

(5) 言われた数だけタイルを取って、置く

呈示皿に置いてあるタイルを、言われた数だけ取って、置きます。

1. 言われた数だけタイルを取って、固定式数え板に左から順に置きながら数えます。

> 例：タイル7個

教材
・固定式数え板　

第1章 数える学習 その1

・タイル：約23mm×23mmで同じ色のものを7個。
　　　　　呈示皿に置いたときに、見えやすい色のものを選びます。

・呈示皿：10cm×15cm程度のもの。

方法とことばかけ

① 呈示皿に、タイルを7個置いたものを呈示します。
② 固定式数え板を呈示します。
③「タイルを7つ取ってください」「ひとつずつ取って、置きましょう」「ここ（固定式数え板の一番左のマス）から置いてね」と言います。
④ 子どもは、タイルをひとつずつ取って固定式数え板に左から順に置きます。
⑤ マス目の中に置くときに「1」、「2」、「3」と数えます。

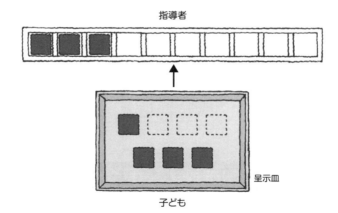

⑥ 全部置いたあと、「いくつ？」と聞きます。
⑦ 子どもは、「7」と答えます。
⑧「そうだね、よくできたね」とほめます。

数え板で数える

2. 言われた数だけタイルを取って、スライド式数え板に左から順に置きながら数えます。

> 例：タイル7個

教材

・スライド式数え板

・タイル：約23mm×23mmで同じ色のものを7個。
　　　　　呈示皿に置いたときに、見えやすい色のものを選びます。

・呈示皿：10cm×15cm程度のもの。

方法とことばかけ

①呈示皿に、タイルを7個置いたものを呈示します。

②スライド式数え板を呈示します。

③「タイルを7つ取ってください」「ひとつずつ取って、置きましょう」「ここ（スライド式数え板の一番左）から置いてね」と言います。

④子どもは、タイルをひとつずつ取ってスライド式数え板に左から順に置きます。置くときに「1」、「2」、「3」と数えます。

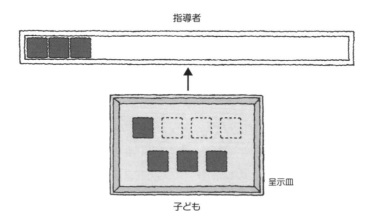

⑤全部置いたあと、「いくつ？」と聞きます。

⑥子どもは、「7」と答えます。

⑦「そうだね、よくできたね」とほめます。

＊タイル7個の呈示でできるようになったら、タイルをひとつ余分な8個呈示して、できるようにします。

第1章 数える学習 その1

> **Point** 「必要な数」と「余分な数」
>
> **Step 1**：必要な数のタイルを、呈示します。
> **Step 2**：必要な数よりも1個多い数のタイルを呈示します。
>
> 　まちがえさせないための工夫として、子どもが必要な数のタイルを置いたところで、「そうだね、それでいいよ」などのことばかけをしながら残っている1個のタイルを呈示し、皿ごと撤去します。学習の進展につれて呈示皿は撤去しないで、「そうだね、それでいいよ」などのことばかけだけでできるようにします。
> 　言われた数だけタイルを取ったところで、それ以上タイルに手を伸ばさなくなったら、理解が進んだことになります。

(6) 数字カードを見て、同じ数のタイルを並べる

　この学習に入る前に、「数字の数系列板」(下の 教材 の図参照)の数字カードを、子どもと一緒に左から指さししながら、数詞を言う学習を行うことが必要です。一緒に指さししながら、声を出して繰り返し数唱を行うとよいでしょう。
　ここでは、数字カードを見て、カードと同じ数のタイルを取って並べる学習を行います。
　数字カードは、「数字の数系列板」から取ります。

例：「6」

教材

・数字の数系列板：1から10までの数をカードにしてマス目の中に並べた教材です。

＜数字の数系列板＞

＊数字カードと数字カードの間に仕切りがあるものがよいです。
＊数字カードは、2cm×2cmで厚さ5mm程度、または3cm×3cmで厚さ1cm程度の板に、数字を書いた紙を貼って作るとよいでしょう。

34

- タイル：約23㎜×23㎜で同じ色のものを6個。
  　　　　呈示皿や画用紙に置いたときに、見えやすい色のものを選びます。

- 呈示皿：10㎝×15㎝程度のもの。

- 画用紙など：タイル6個を並べる適切な大きさのもの。

方法とことばかけ

①数字の数系列板を指さしして「6のカードを取るよ」「6まで一緒に数えるよ」と言います。

②一緒に、数字カードを 1 から指さししながら、数詞を言います。「1」、「2」、「3」、「4」、「5」、「6」。

　＊「6」を通り過ぎて「7」「8」……を指さししたり数詞を言ったりしないように、「6」で必ず止めるようにします。子どもが「6」と言った瞬間に、指導者が「ストップ」と言います。指導者の左手で数字カード 7 8 を隠し、右手で、子どもが数字カードを指さししている手を軽く押さえます。

　＊ゆっくり、数字カードを指さししながら数詞を言うようにします。このとき、数字カードをよく見て数詞を言うようにするのが、定着のポイントです。

③ 6 の数字カードを取り出して数字の数系列板の下に呈示します。

④ 6 の数字カードをポインティングしながら「これは6」と言います。
　「6」は子どもと一緒に言います。

⑤ 6 の数字カードをポインティングしながら「6、タイルを並べましょう」と言います。

⑥子どもは呈示皿からタイルを1個ずつ取って、「1」、「2」、「3」、「4」、「5」、「6」と言いながらタイルを画用紙に並べます。画用紙に置くときに数詞を言うようにします。タイルは左から順に横に並べます。

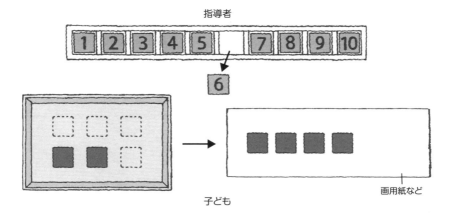

⑦全部置いたあと、「いくつ？」と聞きます。
　子どもは、「6」と答えます。
⑧「そうだね、よくできたね」とほめます。
⑨子どもの手を取って、数字カードとタイルを指さししながら、「これは6、これも6、これとこれはおなじ」と一緒に言います。「おなじ」は、子どもの両手を援助して机を軽く3回トントントンとたたきながら「お」・「な」・「じ」と言うようにします。
⑩「よくできました」と心からほめます。

＊タイル6個の呈示でできるようになったら、タイルをひとつ余分な7個呈示して、できるようにします。

Point　**数詞の発声について**

　　数字カードを見せて「これは何？」と聞いて、子どもがまちがった数詞を言っている様子をよく目にします。まちがった答えを言ってから訂正していたのではなかなか数字の読みが定着しません。まちがえさせない工夫が大切です。
　　数字の読みが定着していない段階では、数字カードを見せて「これは何？」と聞かないようにします。数字カードを指さしするのに合わせて、数字カードをよく見ながらひとつずつまねをして数詞を言うようにします。まねをして言うことの積み重ねで、数字が読めるようになります。

Step 1　指導者が数詞を言うのを聞いてから、子どもがまねをして数詞を言う。
Step 2　指導者と子どもが一緒に数詞を言う。
Step 3　子どもがひとりで数詞を言う。

Point　**「必要な数」と「余分な数」**

Step 1：必要な数のタイルを、呈示します。
Step 2：必要な数よりも1個多い数のタイルを呈示します。

　　まちがえさせないための工夫として、子どもが必要な数のタイルを置いたところで、「そうだね、それでいいよ」などのことばかけをしながら残っている1個のタイルを呈示皿ごと撤去します。学習の進展につれて呈示皿は撤去しないで、「そうだね、それでいいよ」などのことばかけだけでできるようにします。
　　数字カードと同じ数だけタイルを取ったところでタイルに手を伸ばさなくなったら、理解が進んだことになります。

数え板で数える

(7) 数えたタイルと同じ数の数字カードを取る

タイルを数えて、タイルと同じ数の数字カードを取ります。
数字カードは、数字の数系列板から取ります。

例：「8」

教材

・数字の数系列板：1から10までの数をカードにしてマス目の中に並べた教材です。

・タイル：約23mm×23mmで同じ色のものを8個。
　　　　　画用紙などに置いたときに、見えやすい色のものを選びます。

・画用紙など：タイル8個を並べる適切な大きさのもの。

方法とことばかけ

①数字の数系列板を呈示します。
②画用紙の上にタイルを8個横に並べて呈示します。
③「左から順に数えましょう」と言います。
④子どもは、左から順に指さししながら声を出して「1」、「2」、「3」、「4」、「5」、「6」、「7」、「8」とタイルを数えます。
⑤数えたあと、「いくつ？」と聞きます。
⑥子どもは、「8」と答えます。
⑦「そうだね」と言ってほめます。
⑧「8の数字カードを取りましょう」「8まで一緒に数えるよ」と言います。
⑨一緒に、数字カードを 1 から指さししながら、数詞を言います。「1」、「2」、「3」、「4」、「5」、「6」、「7」、「8」。
　＊「8」を通り過ぎて「9」「10」を指さししたり数詞を言ったりしないように、「8」で必ず止めるようにします。子どもが「8」と言った瞬間に、指導者が「ストップ」と言います。指導者の左手で数字カード 9 10 を隠し、右手で、子どもが数字カードを指さししている手を軽く押さえます。
　＊ゆっくり、数字カードを指さししながら数詞を言うようにします。このとき数字カードをよく見て数詞を言うようにするのが、定着のポイントです。

37

第1章 数える学習 その1

⑩ 8 の数字カードを指さししながら「これは8」と言います。
⑪ 8 の数字カードを指さししながら「8を取ってください」と言います。
⑫ 子どもは数字の数系列板から 8 の数字カードを取って、置きます。

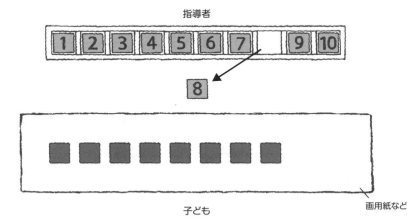

⑬ 「そうだね、よくできたね」とほめます。
⑭ 8 の数字カードを指さししながら「これは8」と言います。「8」は子どもと一緒に言います。
⑮ 子どもの手を取って、数字カードとタイルを指さししながら、「これは8、これも8、これとこれはおなじ」と一緒に言います。「おなじ」は、子どもの両手を援助して机を軽く3回トントントンとたたきながら「お」・「な」・「じ」と言うようにします。
⑯ 「よくできました」と心からほめます。

Point 「タイルと同じ数の数字カードを取る」方法

前ページ⑨ができるようになったら、以下の方法で学習を進めましょう。

Step 1 指導者と子どもが一緒に、数字カードを指さししながら数詞を言います。子どもが「8」と言った瞬間に指導者が手の動きを止めて、「ストップ」と言います。そして「8、取って」と言います。子どもが「8」の数字カードを取ります。

Step 2 子どもがひとりで数字カードを指さししながら数詞を言います。子どもが「8」と言った瞬間に指導者が「ストップ」と言います。そして「8、取って」と言います。子どもが「8」の数字カードを取ります。

Step 3 子どもがひとりで数字カードを指さししながら数詞を言います。「8」の数字のところでひとりで手の動きを止めます。そして子どもが「8」の数字カードを取ります。

> **Point** まちがえさせない工夫
>
> 　１から10までの数字カードを見せ、「８のカードはどれ？」と聞いて、子どもがまちがった数字カードを取ることがよく見られます。まちがったカードを取ってから訂正していたのではなかなか定着しません。まちがえさせない工夫が大切です。
> 　数字の読みが定着していない段階では、数字カードを見せて「８のカードはどれ？」と聞かないようにします。
> 　数字カードを「１」から順番に指さししながら数詞を言い、「８」のところにきたら「ストップ」と言って指さしする手の動きを止めることがポイントです。

> **Point** ほめることが大切
>
> 　ことばかけは、指導者が先に言って子どもがまねをする、指導者・子どもが一緒に言う、そして子どもがひとりで言えるようになるまで丁寧に学習します。
> 　まちがえさせないために、そして学習意欲を高め、定着を図るために、「うん、そうだね」、「上手だね」、「よくできるね」などの適切なことばかけで必ずよくほめることが大切です。

数唱表の活用

　「本章 ❺ 数える学習の系統性　(6) 数字カードを見て、同じ数のタイルを並べる（34ページ）、(7) 数えたタイルと同じ数の数字カードを取る（37ページ）」で、初めて数字（カード）を使う学習を行いました。このあと、本書では数字（カード）は、「**第７章　合成・分解での数字の導入**（146ページ）」まで出てきません。

　数字を見て数詞を言うことを定着させるためには、次のような「数唱表」を用いて継続して学習するとよいでしょう。

【数唱表】（20までの例）

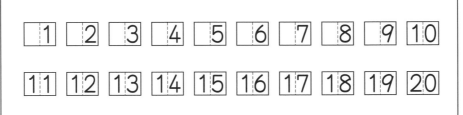

　この表を一緒に指さししながら声を出して数詞を言います。

第1章 数える学習 その1

　はじめのうちは、子どもがすぐに言えない場合は待たずに指導者がすぐに言うように
します。子どもがまねをして言うようにした方が読みが正しく定着します。
　正しく言えるようになるまで何度も繰り返し行います。

　この表では、次のようなことが大切です。

①１つのマス目の中央に縦の点線をかき、１の位の数と10の位の数がはっきりわか
　るようにします。
②横列は10のまとまりで並べ、縦列は1の位の数が揃うように並べます。
③横のマス目とマス目の間、縦のマス目とマス目の間は、子どもが見えやすい間隔
　にします。
④ひとマスのマス目の大きさ、数字の大きさなどは、子どもが最も見えやすく数え
　やすいものにします。

　この数唱表を指さししながら読むことを通して、数唱と数字の読みを定着させると
ともに、位取りや10進法を理解する基礎的な力を養います。

40

第2章

数える学習 その2
~量を数える~

第2章 数える学習 その2

量を数える

　お手玉やタイルなどの具体物や半具体物を並べて数詞を言いながら数える学習を、第1章で行ってきました。この学習は、ものを数える基本の学習です。

　数の基礎概念、特に量の概念を理解するためには数え込む学習が大切です。いろいろなものをたくさん数えることが、量の理解につながります。

　しかし、正しく数えることができるようになっても、例えば横に10個並べたタイルを数えたあとで、「タイルを3個ください」と言うと、左から3番めのタイルを1個渡す子どもがいます。「3個」という量の理解が不十分なためです。このような子どもには、横に並べたタイルを数える学習を行うだけでは、量を理解することが難しいです。

　そこで、タイルを縦に1個、縦に2個、縦に3個……と並べて数える学習を行うことによって、量の理解を図ります。これが「量を数える」学習です。

　この「量を数える」学習が、量を理解するうえでとても重要です。

1. 1対1対応

　1対1対応の学習です。

　ひとつの容器などに具体物ひとつを対応させる学習です。

　あるものとあるものを対応させることを通して、「同じ」や「多少」などの数を理解するための導入の学習です。

　また、次の「タイルの数系列板」を用いて数える、つまり「量を数える」学習につながる学習です。

　ここではトレイに置いてある容器に、容器と対応させてタイルを1個ずつ置きます。

　①「3」まで
　②「5」まで

の順に学習します。

　この学習は、「**第1章 ❺ 数える学習の系統性** **(4) 並べたタイルを数えて、数を言う**（30ページ）、**(5) 言われた数だけタイルを取って、置く**（31ページ）」と並行して行うとよいでしょう。

（1）教材

- トレイ：幅が約8cmで、ふちの高さが1cm程度のもの。
  長さは、「3」までの学習では約18cm、
  「5」までの学習では約25cmのもの。
  「3」までの学習では、トレイを3枚準備します。

- 容器：直径が約4.5cmで、深くないもの。
  「3」までの学習では、9個準備します。

- タイル：約23mm×23mmのもの。「3」までの学習では、9個準備します。

＊「5」までの学習では、トレイは5枚使います。容器とタイルは15個〜25個必要になります。

- 呈示皿：約10cm×15cmのもの。
  色画用紙を切って呈示皿として
  用いてもよいでしょう。

● 配慮すること

　トレイ、容器、タイルは、大きさや色を統一します。特に色については、教材が見えやすいようにすることが大切です。
　トレイの上に置いた容器、容器の中に置いたタイル、呈示皿の上に置いたタイルがそれぞれ見えやすい色になるように配慮します。

> **Point　教材の工夫**
>
> 　トレイの代わりに色画用紙を適当な大きさに切って用いたり、容器の代わりに色画用紙を適当な大きさの円に切り抜いて用いたりしてもよいでしょう。
> 　ステンレスのトレイに、マグネットシートを適切な大きさの円に切り抜いて置くと、シートが動かず便利です。見えやすい色に配慮して準備しましょう。
>
>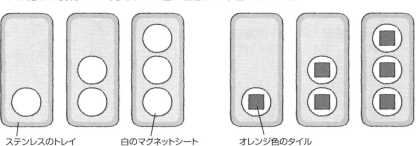
>
> ステンレスのトレイ　　　白のマグネットシート　　　オレンジ色のタイル

第2章 数える学習 その2

(2) 学習の系統性

　トレイにある容器に対応させて、タイルを1個ずつ置く方法で、1対1対応の学習を行います。
　トレイで呈示されたひとつの空間の中にある容器にタイルを置くことで、量の基礎概念を育てる準備をする学習です。
　「3」までの学習では、トレイを3枚用います。
　呈示された1枚のトレイ（空間）の中に置く容器は1個から学習を始めます。
　容器の呈示による学習のステップは以下の通りです。

①**トレイの中に容器1個を置いたものを3セット**
　　トレイの中の容器にタイルを1個ずつ置きます。

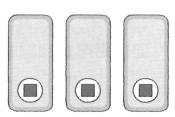

②**トレイの中に容器2個を置いたものを3セット**
　　トレイの中の容器にタイルを1個ずつ置きます。

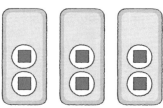

③**トレイの中に容器3個を置いたものを3セット**
　　トレイの中の容器にタイルを1個ずつ置きます。

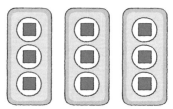

④**左側のトレイに容器1個、
　真ん中のトレイに容器2個、
　右側のトレイに容器3個を置いたもの**
　　トレイの中の容器にタイルを1個ずつ置きます。

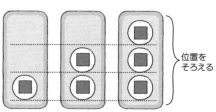

位置をそろえる

　＊トレイの中の容器は、下から置いていきます。トレイの位置、容器の位置が縦横そろうように置きます。それが、量を理解するための導入期の学習のポイントです。
　＊「5」までの学習は、上記の学習に続いて、トレイの中に容器を4個ずつ置いたものを3〜5セット、5個ずつ置いたものを3〜5セットで学習します。
　まとめとして、トレイ5枚で、左から容器を1個、2個、3個、4個、5個置いたものを用いて学習します。

（3）タイルの呈示のステップ

容器に置くタイルは、呈示皿に置いて呈示します。
呈示皿はトレイと子どもの間に呈示します。

Step1：タイルを1個ずつ呈示
　呈示皿にタイルを1個呈示します。
　そのタイルを容器に置いてから、次のタイルを呈示します。

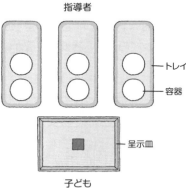

タイルを1個ずつ呈示

Step2：1枚のトレイの必要量を呈示
　1枚のトレイの中に、
　容器が1個のときは呈示皿にタイルを1個、
　容器が2個のときはタイルを2個、
　容器が3個のときはタイルを3個
　同時に呈示します。
　一番左のトレイの容器と同じ数のタイルを用意します。
　タイルを容器に置いたら、真ん中のトレイの容器と同じ数のタイルを呈示します。
　タイルを容器に置いたら、一番右のトレイの容器と同じ数のタイルを呈示し、容器に置きます。

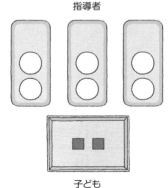

1枚のトレイの必要量を呈示

Step3：必要なタイルすべてを呈示
　すべてのトレイに置いてある容器全部の数と同じ数だけ呈示皿にタイルを呈示します。

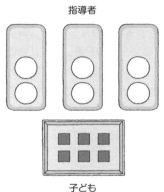

必要なタイルすべてを呈示

第2章 数える学習 その2

（4）方法とことばかけ

　ここでは、「左側のトレイに容器1個、真ん中のトレイに容器2個、右側のトレイに容器3個を置いたもの」を例にとって説明します。
　トレイは左から順に置いて呈示します。
　容器は下から順に置いて呈示します。
　トレイの位置、容器の位置が縦横そろうように置きます。

トレイ、容器、呈示皿の呈示

①左側のトレイに容器1個、
　真ん中のトレイに容器2個、
　右側のトレイに容器3個を置いて呈示します。
②トレイと子どもの間に呈示皿を呈示します。

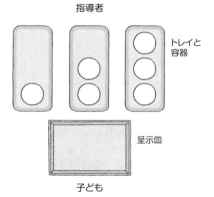

左側のトレイの容器1個にタイルを置く

①左側のトレイの容器をポインティングしながら
　「ここ見て」と言い、
　見たら「見てるね」「ここにタイルを置くよ」
　と言います。
②呈示皿にタイル1個を呈示します。
③容器をポインティングしながら
　「ここにタイルを置いてください」と言います。
④子どもはタイルを取って容器の上に置きます。
⑤「できたね」とよくほめます。

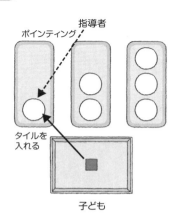

量を数える

真ん中のトレイの容器2個にタイルを置く

①真ん中のトレイの下から1番めの容器をポインティングしながら「ここ見て」と言い、見たら「見てるね」「ここにタイルを置くよ」と言います。

②呈示皿にタイル1個を呈示します。

③真ん中のトレイの下から1番めの容器をポインティングしながら「ここにタイルを置いてください」と言います。

④子どもはタイルを取って下から1番めの容器の上に置きます。

⑤「できたね」とよくほめます。

⑥真ん中のトレイの下から2番めの容器にタイルを置きます。
　方法とことばかけは上記①から⑤と同様です。
　丁寧にことばかけをして学習を進めます。

右側のトレイの容器3個にタイルを置く

①右側のトレイの下から1番めの容器をポインティングしながら「ここ見て」と言い、見たら「見てるね」「ここにタイルを置くよ」と言います。

②呈示皿にタイル1個を呈示します。

③右側のトレイの下から1番めの容器をポインティングしながら「ここにタイルを置いてください」と言います。

④子どもはタイルを取って下から1番めの容器の上に置きます。

⑤「できたね」とよくほめます。

⑥右側のトレイの下から2番めの容器にタイルを置きます。
　方法とことばかけは上記①から⑤と同様です。

⑦右側のトレイの下から3番め(一番上)の容器にタイルを置きます。
　方法とことばかけは上記①から⑤と同様です。
　丁寧にことばかけをして学習を進めます。

＊子どもが違う容器にタイルを置いてから訂正していたのでは、なかなかできるようになりません。まちがえさせないことが、できるようになるためのポイントです。タイルを置く容器をしっかりポインティングして正しく置くことができるようにします。

＊教材として、トレイ・容器・タイルを使っていますが、身の回りのものを用いて学習してもよいでしょう。
　例：牛乳パックとストロー、皿とコーヒーカップ、プリンカップと小さいスプーン、ボールとかご、子どもと帽子など

2. タイルの数系列板を使って数える

タイルの数系列板とは、例えば次のようなものです。

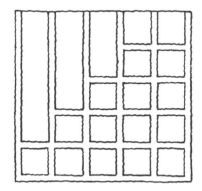

この教材にタイルを置いて「1」、「1・2」、「1・2・3」、「1・2・3・4」、「1・2・3・4・5」と数えます。これが「タイルの数系列板」で数える学習、すなわち「量を数える」学習です。この「量を数える学習」が、量概念の基礎的な力を育てます。

(1) タイルの数系列板の学習の系統性

3までのタイルの数系列板

3までのタイルの数系列板の教材のステップは以下の通りです。

Step 1

タイルとタイルの間に仕切りがある

Step 2

タイルとタイルの間に仕切りがある

Step 3

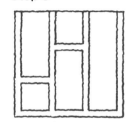

タイルとタイルの間に仕切りがない

Step 4   Step 5

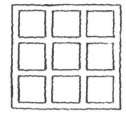   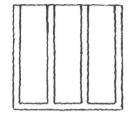

タイルとタイルの間に仕切り   タイルとタイルの間に仕切り
がある   がない

タイルで数系列板を作る場合、Step 1～5は、やさしい順に配置してあります。

5までのタイルの数系列板

5までのタイルの数系列板の教材のステップは以下の通りです。

Step 6   Step 7

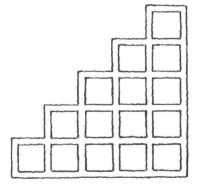   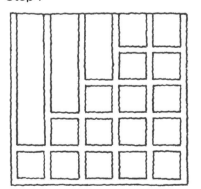

タイルとタイルの間に仕切りがある   タイルとタイルの間に仕切りがある

第2章 数える学習 その2

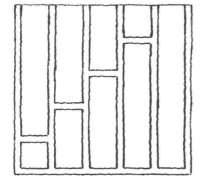

Step8

タイルとタイルの間に仕切りがない

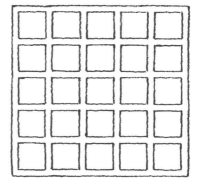

Step9

タイルとタイルの間に仕切りがある

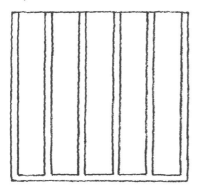

Step10

タイルとタイルの間に仕切りがない

＊「4」を学習するとき、「5」までの数系列板でわからないときは、「4」までの数系列板を用います。

10までのタイルの数系列板

　10までのタイルの数系列板の教材のステップは、「3までのタイルの数系列板」と「5までのタイルの数系列板」の教材のステップを応用します。

量を数える

(2) タイルの呈示のステップ

はじめは、必要な数のタイルを呈示して学習します。

できるようになったら、1個余分のタイルを呈示して学習します。

3までのタイルの呈示のステップ

Step1：呈示皿に、1個ずつ呈示します。

Step2：呈示皿に、**必要な数**のタイルを呈示します。
　　　　・1のときには、1個呈示
　　　　・2のときには、2個呈示
　　　　・3のときには、3個呈示

Step3：呈示皿に、**余分な数**のタイルを呈示します。
　　　　・1のときには、2個呈示
　　　　・2のときには、3個呈示
　　　　・3のときには、4個呈示

Step4：呈示皿に、3までの数系列板を作るタイルの必要な数6個をまとめて呈示します。

Step5：呈示皿に、3までの数系列板を作るタイルの必要な数より1個余分な数7個をまとめて呈示します。

5までのタイルの呈示のステップ

Step1：呈示皿に、1個ずつ呈示します。

Step2：呈示皿に、**必要な数**のタイルを呈示します。
　　　　・1のときには、1個呈示
　　　　・2のときには、2個呈示
　　　　・3のときには、3個呈示
　　　　・4のときには、4個呈示
　　　　・5のときには、5個呈示

Step3：呈示皿に、**余分な数**のタイルを呈示します。
　　　　・1のときには、2個呈示
　　　　・2のときには、3個呈示
　　　　・3のときには、4個呈示
　　　　・4のときには、5個呈示
　　　　・5のときには、6個呈示

Step4：呈示皿に、5までのタイルの数系列板を作るタイルの必要な数15個をまとめて呈示します。

Step5：呈示皿に、5までのタイルの数系列板を作るタイルの必要な数より１個余分な数16個をまとめて呈示します。

第2章 数える学習 その2

10までのタイルの呈示のステップ

「3までのタイルの呈示のステップ」「5までのタイルの呈示のステップ」を応用します。

> **Point** 「余分な数」のタイルの撤去のステップ
>
> 余分な数を呈示したとき、まちがえさせないための工夫として、次のようなステップでタイルを撤去します。
>
> **Step 1** 子どもがタイルを置くと同時に「そうだね、それでいいよ」と言いながら、ただちに余分なタイルを呈示皿ごと撤去します。
>
> **Step 2** タイルを置くと同時に「そうだね、それでいいよ」と言いながら、少し間をおいてから余分なタイルを呈示皿ごと撤去します。この間は、初めは1秒から、そして2秒、3秒と少し長くします。間は、長くても3秒までとします。
>
> **Step 3** 「そうだね、それでいいよ」ということばかけを、少しずつ間を取って言うようにします。言ってから余分なタイルを呈示皿ごと撤去します。
>
> **Step 4** 上記間のとき、残ったタイルに視線がいったり、手が伸びたりしなくなった段階で、撤去しないで学習します。

(3) 方法とことばかけ

ここでは、「(1) タイルの数系列板の学習の系統性(48ページ)」で示した、「3」までのタイルの数系列板の**Step 2**を例にとって説明します。タイルの呈示は、タイルを呈示皿に1個ずつ呈示するステップで行います。

教材
- タイルの数系列板：3までの数系列板で、タイルとタイルの間に仕切りがあるもの
  （Step2の数系列板・48ページ）

- タイル：約23mm×23mmで同じ色のものを6個。
- 呈示皿：10cm×15cm程度のもの。

量を数える

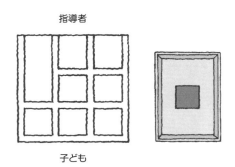

数系列板は左側が小さい数、右側が大きい数になるように呈示します。
タイルは左から、下から置きます。置いた順に数えます。

方法とことばかけ

Step 1　指導者が行ってみせます（模範）

― 1を置く ―

①タイルの数系列板を呈示します。
②呈示皿を呈示します。
③タイルの数系列板の左の列のマス目を指さしして、「ここにタイルを置いて、1つくるよ」と言います。
④タイルの数系列板の左の列のマス目を指さしして、「1って言いながら、ここに置くよ」と言います。
⑤呈示皿にタイルを「1」と言いながら1個置きます。
⑥タイルの数系列板に「1」と言いながら、タイルを置きます。

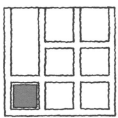

― 2を置く ―

①タイルの数系列板の真ん中の列のマス目を下から順に指さしして、「ここにタイルを置いて、1・2、2つくるよ」と言います。
②タイルの数系列板の真ん中の列の下のマス目を指さしして、「1って言いながら、ここに置くよ」と言います。
③呈示皿にタイルを「1」と言いながら1個置きます。
④タイルの数系列板に「1」と言いながら、タイルを置きます。

⑤タイルの数系列板の真ん中の列の上のマスを指さしして、「2って言いながら、ここに置くよ」と言います。
⑥呈示皿にタイルを「2」と言いながら1個置きます。
⑦タイルの数系列板に「2」と言いながら、タイルを置きます。

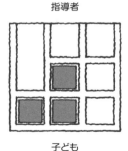

指導者

子ども

── 3を置く ──

①タイルの数系列板の右の列のマス目を下から順に指さしして、「ここにタイルを置いて、1・2・3、3つくるよ」と言います。
②タイルの数系列板の右の列の下のマス目を指さしして、「1って言いながら、ここに置くよ」と言います。
③呈示皿にタイルを「1」と言いながら1個置きます。
④タイルの数系列板に「1」と言いながら、タイルを置きます。
⑤タイルの数系列板の右の列の真ん中のマス目を指さしして、「2って言いながら、ここに置くよ」と言います。
⑥呈示皿にタイルを「2」と言いながら1個置きます。
⑦タイルの数系列板に「2」と言いながら、タイルを置きます。
⑧タイルの数系列板の右の列の上のマス目を指さしして、「3って言いながら、ここに置くよ」と言います。
⑨呈示皿にタイルを「3」と言いながら1個置きます。
⑩タイルの数系列板に「3」と言いながら、タイルを置きます。

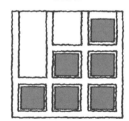

指導者

子ども

── 置いたタイルを数える ──

①「3までできたね」、「数えるよ」と言います。
②タイルの数系列板の左の列のタイルを指さしして、「1数えるよ、1だよ」と言います。
③タイルの数系列板の左の列のタイルを指さしして、「1」と言います。
④タイルの数系列板の真ん中の列の下のタイルを指さしして、「2数えるよ、1からだよ」と言います。
⑤タイルの数系列板の真ん中の列の下のタイルを指さしして、「1」と言います。
⑥タイルの数系列板の真ん中の列の上のタイルを指さしして、「数えるよ、2だよ」と言います。

⑦タイルの数系列板の真ん中の列の上のタイルを指さしして、「2」と言います。
⑧タイルの数系列板の真ん中の列のタイルを下から順に指さしして、「続けて数えるよ、1からだよ、1・2」と言います。
⑨タイルの数系列板の右の列の下のタイルを指さしして、「3数えるよ、1からだよ」と言います。
⑩タイルの数系列板の右の列の下のタイルを指さしして、「1」と言います。
⑪タイルの数系列板の右の列の真ん中のタイルを指さしして、「数えるよ、2だよ」と言います。
⑫タイルの数系列板の右の列の真ん中のタイルを指さしして、「2」と言います。
⑬タイルの数系列板の右の列の上のタイルを指さしして、「数えるよ、3だよ」と言います。
⑭タイルの数系列板の右の列の上のタイルを指さしして、「3」と言います。
⑮タイルの数系列板の右の列のタイルを下から順に指さしして、「続けて数えるよ、1からだよ、1・2・3」と言います。
⑯「よく見てたね」とほめます。

＊子どもが課題を理解し、方法がわかるように、指導者が必ず模範を見せます。

Step 2　子どもと一緒に行います

― 1を置く ―

①タイルの数系列板を呈示します。
②呈示皿を呈示します。
③タイルの数系列板の左の列のマス目を、子どもの左手の人差し指を援助して指さししながら、「ここにタイルを置いて1つくるよ。一緒に置くよ」と言います。
④タイルの数系列板の左の列のマス目を子どもの左手の人差し指を援助して指さししながら、「1って言いながらここに置くよ」と言います。
⑤呈示皿にタイルを「1」と言いながら1個置きます。
子どもの右手を援助して一緒に「1」と言いながら、タイルの数系列板にタイルを置きます。
⑥「よくできたね」とほめます。

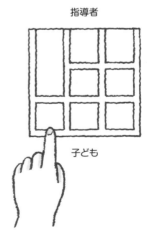

第2章 数える学習 その2

― 2を置く ―

①タイルの数系列板の真ん中の列のマス目を下から順に、子どもの左手の人差し指を援助して指さししながら、「ここにタイルを置いて、1・2、2つくるよ。一緒に置くよ」と言います。

②タイルの数系列板の真ん中の列の下のマス目を、子どもの左手の人差し指を援助して指さししながら、「1って言いながら、ここに置くよ」と言います。

③呈示皿にタイルを「1」と言いながら1個置きます。

④子どもの右手を援助して一緒に「1」と言いながら、タイルの数系列板にタイルを置きます。

⑤タイルの数系列板の真ん中の列の上のマス目を、子どもの左手の人差し指を援助して指さししながら、「2て言いながら、ここに置くよ」と言います。

⑥呈示皿にタイルを「2」と言いながら1個置きます。

⑦子どもの右手を援助して一緒に「2」と言いながら、タイルの数系列板にタイルを置きます。

⑧「よくできたね」とほめます。

― 3を置く ―

①タイルの数系列板の右の列のマス目を下から順に、子どもの左手の人差し指を援助して指さししながら、「ここにタイルを置いて、1・2・3、3つくるよ。一緒に置くよ」と言います。

②タイルの数系列板の右の列の下のマス目を、子どもの左手の人差し指を援助して指さししながら、「1って言いながら、ここに置くよ」と言います。

③呈示皿にタイルを「1」と言いながら1個置きます。

④子どもの右手を援助して一緒に「1」と言いながら、タイルの数系列板にタイルを置きます。

⑤タイルの数系列板の右の列の真ん中のマス目を、子どもの左手の人差し指を援助して指さししながら、「2って言いながら、ここに置くよ」と言います。

⑥呈示皿にタイルを「2」と言いながら1個置きます。

⑦子どもの右手を援助して一緒に「2」と言いながら、タイルの数系列板にタイルを置きます。

⑧タイルの数系列板の右の列の上のマス目を、子どもの左手の人差し指を援助して指さししながら、「3って言いながら、ここに置くよ」と言います。

⑨呈示皿にタイルを「3」と言いながら1個置きます。

⑩子どもの右手を援助して一緒に「3」と言いながら、タイルの数系列板にタイルを置きます。

⑪「よくできたね」とほめます。

― 置いたタイルを数える ―

① 「3 までできたね」、「数えるよ」と言います。

② タイルの数系列板の左の列の下のタイルを子どもの右手の人差し指を援助して指さししながら、「1 数えるよ、1 だよ」と言います。

③ タイルの数系列板の左の列の下のタイルを子どもの右手の人差し指を援助して指さししながら、一緒に「1」と言います。

④ タイルの数系列板の真ん中の列の下のタイルを子どもの右手の人差し指を援助して指さししながら、「2 数えるよ、1 からだよ」と言います。

⑤ タイルの数系列板の真ん中の列の下のタイルを子どもの右手の人差し指を援助して指さししながら、一緒に「1」と言います。

⑥ タイルの数系列板の真ん中の列の上のタイルを子どもの右手の人差し指を援助して指さししながら、「数えるよ、2 だよ」と言います。

⑦ タイルの数系列板の真ん中の列の上のタイルを子どもの右手の人差し指を援助して指さししながら、一緒に「2」と言います。

⑧ タイルの数系列板の真ん中の列の下のタイルを子どもの右手の人差し指を援助して指さししながら「続けて数えるよ、1 からだよ」と言います。

⑨ タイルの数系列板の真ん中の列のタイルを下から順に、子どもの右手の人差し指を援助して指さししながら、「1・2」と言います。

⑩ タイルの数系列板の右の列の下のタイルを子どもの右手の人差し指を援助して指さししながら、「3 数えるよ、1 からだよ」と言います。

⑪ タイルの数系列板の右の列の下のタイルを子どもの右手の人差し指を援助して指さししながら、一緒に「1」と言います。

⑫ タイルの数系列板の右の列の真ん中のタイルを子どもの右手の人差し指を援助して指さししながら、「数えるよ、2 だよ」と言います。

⑬ タイルの数系列板の右の列の真ん中のタイルを子どもの右手の人差し指を援助して指さししながら、一緒に「2」と言います。

⑭ タイルの数系列板の右の列の上のタイルを子どもの右手の人差し指を援助して指さししながら、「数えるよ、3 だよ」と言います。

⑮ タイルの数系列板の右の列の上のタイルを子どもの右手の人差し指を援助して指さししながら、一緒に「3」と言います。

⑯ タイルの数系列板の右の列の下のタイルを、子どもの右手の人差し指を援助して指さししながら、「続けて数えるよ、1 からだよ」と言います。

⑰ タイルの数系列板の右の列のタイルを下から順に、子どもの右手の人差し指を援助して指さししながら、「1・2・3」と言います。

⑱ 「よくできたね」とほめます。

第2章 数える学習 その2

> **Point** **数詞の発声　〜まちがえさせない工夫〜**
>
> 　　２のマス目の１個めのタイルを置くときに「２」と言ったり、３のマス目の１個めのタイルを置くときに「３」と言ったりするまちがいがみられます。まちがえさせない学習の工夫として、子どもが「２」、「３」と言う前に指導者が「１」と発声するように配慮することが大切です。指導者が先に発声することによって、まちがえさせないで定着を図ることができます。「１」、「１・２」、「１・２・３」、と、まねをして子どもが言えるようになるまで指導します。
>
> 　　「１」、「１・２」、「１・２・３」と数えるとき、子どもと一緒に発声します。
>
> 　　ことばかけは指導者が早めに発声して、子どもがまねて言うことができるように行います。次に、指導者と子どもが同時に発声します。そして、子どもがひとりで発声できるようになるまで学習します。

Step 3　子どもがひとりで行います

― １を置く ―

①タイルの数系列板を呈示します。

②呈示皿を呈示します。

③タイルの数系列板の左の列のマス目を、子どもの左手の人差し指を援助して指さししながら、「ここにタイルを置いて１つくってください」と言います。

④タイルの数系列板の左の列のマス目を指さしして、「１って言いながら、ここに置いてください」と言います。

⑤呈示皿にタイルを「１」と言いながら１個置きます。

⑥子どもは「１」と言いながら、タイルの数系列板にタイルを置きます。

⑦「よくできたね」とほめます。

― ２を置く ―

①タイルの数系列板の真ん中の列のマス目を下から順に、子どもの左手の人差し指を援助して指さししながら、「ここにタイルを置いて、１・２、２つくってください」と言います。

②タイルの数系列板の真ん中の列の下のマス目を指さしして、「１って言いながら、ここに置いてください」と言います。

③呈示皿にタイルを「1」と言いながら1個置きます。

④子どもは「1」と言いながら、タイルの数系列板にタイルを置きます。

⑤タイルの数系列板の真ん中の列の上のマス目を指さしして、「2って言いながら、ここに置いてください」と言います。

⑥呈示皿にタイルを「2」と言いながら1個置きます。

⑦子どもは「2」と言いながら、タイルの数系列板にタイルを置きます。

⑧「よくできたね」とほめます。

─ 3を置く ─

①タイルの数系列板の右側の列のマス目を下から順に、子どもの左手の人差し指を援助して指さししながら、「ここにタイルを置いて、1・2・3、3つくってください」と言います。

②タイルの数系列板の右側の列の一番下のマス目を指さしして、「1って言いながら、ここに置いてください」と言います。

③呈示皿にタイルを「1」と言いながら1個置きます。

④子どもは「1」と言いながら、タイルの数系列板にタイルを置きます。

⑤タイルの数系列板の右側の列の真ん中のマス目を指さしして、「2って言いながら、ここに置いてください」と言います。

⑥呈示皿にタイルを「2」と言いながら1個置きます。

⑦子どもは「2」と言いながら、タイルの数系列板にタイルを置きます。

⑧タイルの数系列板の上のマス目を指さしして、「3って言いながら、ここに置いてください」と言います。

⑨呈示皿にタイルを「3」と言いながら1個置きます。

⑩子どもは「3」と言いながら、タイルの数系列板にタイルを置きます。

⑪「よくできたね」とほめます。

─ 置いたタイルを数える ─

①「3までできたね」、「数えてください」と言います。

②タイルの数系列板の左側の列のタイルを指さしして、「1、数えてください。1だよ」と言います。

③子どもはタイルの数系列板の左側の列のタイルを指さしして、「1」と言います。

④タイルの数系列板の真ん中の列の下のタイルを指さしして、「2、数えてください。1からだよ」と言います。

第2章 数える学習 その2

⑤子どもはタイルの数系列板の真ん中の列の下のタイルを指さしして、「1」と言います。

⑥タイルの数系列板の真ん中の列の上のタイルを指さしして、「数えてください、2だよ」と言います。

⑦子どもはタイルの数系列板の真ん中の列の上のタイルを指さしして、「2」と言います。

⑧タイルの数系列板の真ん中の列の下のタイルを指さしして、「続けて数えてください。1からだよ」と言います。

⑨子どもはタイルの数系列板の真ん中の列のタイルを下から順に指さしして、「1・2」と言います。

⑩タイルの数系列板の右側の列の下のタイルを指さしして、「3、数えてください。1からだよ」と言います。

⑪子どもはタイルの数系列板の右側の列の下のタイルを指さしして、「1」と言います。

⑫タイルの数系列板の右側の列の真ん中のタイルを指さしして、「数えてください。2だよ」と言います。

⑬子どもはタイルの数系列板の右側の列の真ん中のタイルを指さしして、「2」と言います。

⑭タイルの数系列板の右側の列の上のタイルを指さしして、「数えてください。3だよ」と言います。

⑮子どもはタイルの数系列板の右側の列の上のタイルを指さしして、「3」と言います。

⑯タイルの数系列板の右側の列の下のタイルを指さしして、「続けて数えてください。1からだよ」と言います。

⑰子どもはタイルの数系列板の右側の列のタイルを下から順に指さしして、「1・2・3」と言います。

⑱「よくできたね」と心からほめます。

視覚障害がある場合

視覚障害があって見えない場合は、次のように学習します。

教材

「本章 ❷．**(3) 方法とことばかけ**（52ページ）」で示した教材（タイルの数系列板）と同じものを用います。
ただし、この教材をさわってもわかりにくい場合は、縦や横の仕切りの幅を広げたり、高さを高くしたりするとよいです。

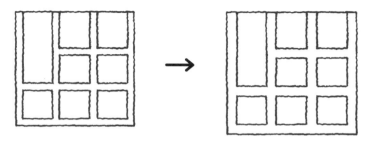

数系列板は左側が小さい数、右側が大きい数になるように呈示します。
タイルは左から、下から置きます。置いた順に数えます。

タイルはさわってわかりやすいように配慮する必要があります。
タイルの全面にサンドペーパーや面ファスナー（マジックテープ）を貼るとよいでしょう。
全面に貼ると、タイルとタイルの境目がわかりにくい場合は、サンドペーパーや面ファスナーを15㎜×15㎜程度の大きさに切ってタイルの中央に貼るとよいです。

― タイルの数系列板の全体をさわる ―

方法とことばかけ

①タイルの数系列板を呈示します。
②「タイルの数系列板だよ。さわってみましょう」と言います。

第2章 数える学習 その2

③両手を援助して、タイルの数系列板の全体を一緒にさわります。

④子どもの左手の人差し指を援助して、左の列のマス目に置きます。「ここは1だよ」と言います。
子どもの左手の人差し指はここに置いたままにしておきます。

⑤子どもの右手の人差し指を援助して、真ん中の列、右側の列を順に、マス目を下から1つずつさわります。「ここは2だよ、1・2」「ここは3だよ、1・2・3」とことばかけをしながら丁寧にさわらせます。

＊どのような教材で、どのように操作するかをよくさわらせながら説明することが大切です。
＊人差し指を動かすとき、タイルの数系列板から指が離れないようにすることが大切です。
タイルの数系列板の上をゆっくりとすべらせます。仕切りも乗り越えるようにすべらせます。タイルの数系列板をすべらせてさわることが、タイルの数系列板がわかるようになるポイントです。

― 1を置く ―

①「これからタイルを置いていくよ。1から3までつくるよ」と言います。

②「ここに呈示皿を置くよ」と言って呈示し、子どもの右手を援助して呈示皿をさわらせます。

③子どもの左手の人差し指を援助してタイルの数系列板の左の列のマス目をさわらせながら、「ここに1つくるよ。一緒に置くよ」と言います。

④子どもの左手の人差し指が置いてあるマス目を、子どもの右手の人差し指を援助してさわらせて、「ここに一緒にタイルを置くよ。1って言いながら置くよ」と言います。

⑤呈示皿にタイルを「1」と言いながら1個置きます。

⑥子どもの左手の人差し指が置いてあるマス目を子どもの右手の人差し指を援助してさわらせながら、「1って言いながら、ここに置くよ」、と言います。

⑦子どもの右手を援助して呈示皿のタイルを持ち、一緒に「1」と言いながらタイルの数系列板にタイルを置きます。このとき、左手の人差し指を少し浮かせてタイルを置いたあと、左手の人差し指を置いたタイルの上に置きます。

⑧「下のふちに指を置くよ」と言いながら、子どもの左手の人差し指を援助してすべらせ、マス目の下のふちに置きます。

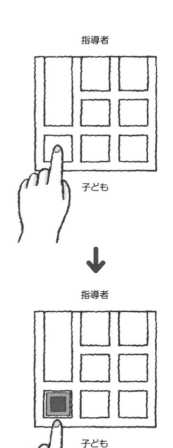

量を数える

― 2を置く ―

①タイルの数系列板の左の列のマス目の下のふちに置いてある子どもの左手の人差し指を援助して右にすべらせ、タイルの数系列板の真ん中の列の一番下のマス目の下のふちに置きます。

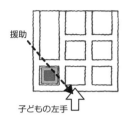

②タイルの数系列板の真ん中の列のマス目を下から順に、子どもの左手の人差し指を援助してすべらせながらさわらせ、「ここにタイルを置いて、1・2、2つくるよ。一緒に置くよ」と言います。

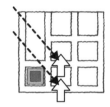

③子どもの左手の人差し指を援助してすべらせながら、タイルの数系列板の真ん中の列の下のマス目に置きます。

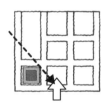

④子どもの左手の人差し指が置いてあるマス目を、子どもの右手の人差し指を援助してさわらせ、「ここにタイルを一緒に置くよ。1って言いながら置くよ」と言います。

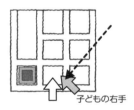

⑤呈示皿にタイルを「1」と言いながら1個置きます。

⑥子どもの左手の人差し指が置いてあるマス目を、子どもの右手の人差し指を援助してさわらせながら、「1って言いながら、ここに置くよ」と言います。

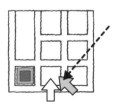

63

第2章 数える学習 その2

⑦子どもの右手を援助して呈示皿のタイルを持ち、一緒に「1」と言いながら、タイルの数系列板にタイルを置きます。このとき、左手の人差し指を少し浮かせてタイルを置いたあと、左手の人差し指を、そのタイルの上に置きます。

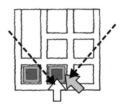

⑧子どもの左手の人差し指を援助してすべらせ、下から2番めのマス目をさわらせます。「2って言いながら、ここに置くよ」と言います。

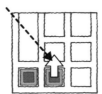

⑨子どもの左手の人差し指が置いてあるマス目を、子どもの右手の人差し指を援助してさわらせ、「ここにタイルを一緒に置くよ。2って言いながら置くよ」と言います。

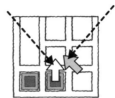

⑩呈示皿にタイルを「2」と言いながら1個置きます。

⑪子どもの右手を援助して呈示皿のタイルを持ち、一緒に「2」と言いながら、タイルの数系列板にタイルを置きます。このとき、左手の人差し指を少し浮かせてタイルを置いたあと、左手の人差し指を、そのタイルの上に置きます。

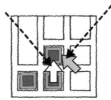

⑫「下のふちに指を置くよ」と言いながら、子どもの左手の人差し指を援助してすべらせ、下のマス目の下のふちに置きます。

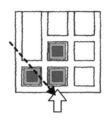

― 3を置く ―

①タイルの数系列板の真ん中の列の下のマス目の下のふちに置いてある子どもの左手の人差し指を援助して右にすべらせ、タイルの数系列板の右の列の下のマス目の下のふちに置きます。

②タイルの数系列板の右の列のマス目を下から順に、子どもの左手の人差し指を援助してすべらせながらさわらせ、「ここにタイルを置いて、1・2・3、3つくるよ。一緒に置くよ」と言います。

③子どもの左手の人差し指を援助してすべらせながら、タイルの数系列板の右の列の下のマス目に置きます。

④子どもの左手の人差し指が置いてあるマス目を、子どもの右手の人差し指を援助してさわらせ、「ここにタイルを一緒に置くよ。1って言いながら置くよ」と言います。

⑤呈示皿にタイルを「1」と言いながら1個置きます。

⑥子どもの左手の人差し指が置いてあるマス目を、子どもの右手の人差し指を援助してさわらせながら、「1って言いながら、ここに置くよ」と言います。

⑦子どもの右手を援助して呈示皿のタイルを持ち、一緒に「1」と言いながら、タイルの数系列板にタイルを置きます。このとき、左手の人差し指を少し浮かせてタイルを置いたあと、左手の人差し指を、そのタイルの上に置きます。

⑧子どもの左手の人差し指を援助してすべらせ、真ん中のマス目をさわらせます。「2って言いながら、ここに置くよ」と言います。

⑨子どもの左手の人差し指が置いてあるマス目を、子どもの右手の人差し指を援助してさわらせ、「ここにタイルを一緒に置くよ。2って言いながら置くよ」と言います。

⑩呈示皿にタイルを「2」と言いながら1個置きます。

⑪子どもの右手を援助して呈示皿のタイルを持ち、一緒に「2」と言いながら、タイルの数系列板にタイルを置きます。このとき、左手の人差し指を少し浮かせてタイルを置いたあと、左手の人差し指を、そのタイルの上に置きます。

⑫子どもの左手の人差し指を援助してすべらせ、上のマス目をさわらせます。「3って言いながら、ここに置くよ」と言います。

⑬子どもの左手の人差し指が置いてあるマス目を、子どもの右手の人差し指を援助してさわらせ、「ここにタイルを一緒に置くよ。3って言いながら置くよ」と言います。

⑭呈示皿にタイルを「3」と言いながら1個置きます。

⑮子どもの右手を援助して呈示皿のタイルを持ち、一緒に「3」と言いながら、タイルの数系列板にタイルを置きます。このとき、左手の人差し指を少し浮かせてタイルを置いたあと、左手の人差し指を、そのタイルの上に置きます。

⑯「下のふちに指を置くよ」と言いながら、子どもの左手の人差し指を援助してすべらせ、下のマス目の下のふちに置きます。

⑰「よくできました」と心からほめます。

第2章 数える学習　その2

― 置いたタイルを数える ―

①「3までできたね」、「一緒に数えるよ」と言います。

②子どもの左手の人差し指を援助して、左の列のタイルの上に置きます。

③子どもの左手の人差し指が置いてあるタイルを、子どもの右手の人差し指を援助してさわらせ、「1数えるよ、1だよ」と言います。

④子どもの左手の人差し指が置いてあるタイルを、子どもの右手の人差し指を援助してさわらせ、「1」と一緒に数えます。

⑤タイルの数系列板の左の列の下のマス目のタイルの上に置いてある子どもの左手の人差し指を援助して右にすべらせ、タイルの数系列板の真ん中の列の下のマス目のタイルの上に置きます。

⑥子どもの左手の人差し指が置いてあるタイルを、子どもの右手の人差し指を援助してさわらせ、「2数えるよ、1からだよ」と言います。

⑦子どもの左手の人差し指が置いてあるタイルを、子どもの右手の人差し指を援助してさわらせ、一緒に「1」と言います。

⑧タイルの数系列板の真ん中の列の上のタイルを、子どもの右手の人差し指を援助してすべらせながらさわらせ、「数えるよ、2だよ」と言います。

⑨タイルの数系列板の真ん中の列の上のタイルを、子どもの右手の人差し指を援助してさわらせ、一緒に「2」と言います。

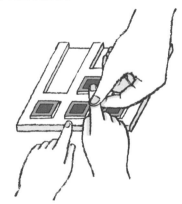

⑩子どもの左手の人差し指が置いてあるタイルを、子どもの右手の人差し指を援助してすべらせながらさわらせ、「続けて数えるよ、1からだよ」と言います。

⑪タイルの数系列板の真ん中の列のタイルを下から順に、子どもの右手の人差し指を援助してすべらせながらさわらせ、「1・2」と一緒に数えます。

⑫タイルの数系列板の真ん中の列の下のマス目のタイルの上に置いてある子どもの左手の人差し指を援助して右にすべらせ、タイルの数系列板の右の列の下のマス目のタイルの上に置きます。

⑬子どもの左手の人差し指が置いてあるタイルを、子どもの右手の人差し指を援助してさわらせ、「3数えるよ。1からだよ」と言います。

⑭子どもの左手の人差し指が置いてあるタイルを、子どもの右手の人差し指を援助してさわらせ、一緒に「1」と言います。

⑮タイルの数系列板の右の列の真ん中のタイルを、子どもの右手の人差し指を援助してすべらせながらさわらせ、「数えるよ。2だよ」と言います。
⑯タイルの数系列板の右の列の真ん中のタイルを、子どもの右手の人差し指を援助してさわらせ、一緒に「2」と言います。
⑰タイルの数系列板の右の列の上のタイルを、子どもの右手の人差し指を援助してすべらせながらさわらせ、「数えるよ、3だよ」と言います。
⑱タイルの数系列板の右の列の上のタイルを、子どもの右手の人差し指を援助してさわらせ、一緒に「3」と言います。
⑲子どもの左手の人差し指が置いてあるタイルを、子どもの右手の人差し指を援助してすべらせながらさわらせ、「続けて数えるよ、1からだよ」と言います。
⑳子どもの左手の人差し指が置いてあるタイルから順に、子どもの右手の人差し指を援助してすべらせながらさわらせ、「1・2・3」と一緒に数えます。
㉑「よくできたね」とほめます。

＊何度も数え込むことが、数を理解するための基礎基本です。

Point 数詞の発声　〜まちがえさせない工夫〜

2のマス目の1個めのタイルを置くときに「2」と言ったり、3のマス目の1個めのタイルを置くときに「3」と言ったりするまちがいがみられます。まちがえさせない学習の工夫として、子どもが「2」、「3」と言う前に指導者が「1」と発声するように配慮することが大切です。指導者が先に発声することによって、まちがえさせないで定着を図ることができます。「1」、「1・2」、「1・2・3」、と、まねをして子どもが言えるようになるまで指導します。

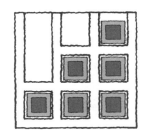

「1」、「1・2」、「1・2・3」と数えるとき、子どもと一緒に発声します。
ことばかけは指導者が早めに発声して、子どもがまねて言うことができるように行います。次に、指導者と子どもが同時に発声します。そして、子どもがひとりで発声できるようになるまで学習します。

第3章 同じの概念形成

〜たしかめ板を用いる「同じ」の学習〜

第3章 同じの概念形成

たしかめ板を用いる「同じ」の学習

あるものの数とあるものの数が「同じ」であることを理解する学習です。

あるものの数とあるものの数が「同じ」であるということがわかることは、ものの量の概念の理解を進めるために、とても大切です。

多い（大きい）・少ない（小さい）、いくつ多い（いくつ大きい）・いくつ少ない（いくつ小さい）がわかるようになる基礎的な学習です。

これから学ぶ数字を用いた式のたし算やひき算は、左辺と右辺が同じということが基本です。「左辺と右辺が同じ」（a＋b＝c、c＝a＋b、a－b＝c、c＝a－b）がわかることにつながる学習です。

ここでは、タイルと「たしかめ板」やトレイを使って「同じ」の学習を行います。

学習は3まで、5まで、10までのステップで行います。

1. たしかめ板について

たしかめ板は、タイルを使って、数の「同じ」の概念や、合成・分解を学習するための教材です。

初めは、タイルとタイルの間に仕切りがあるもので学習し、できるようになったら、タイルとタイルの間に仕切りがないものを用います。

木材などで作るとよいでしょう。

3までのたしかめ板

<タイルとタイルの間に仕切りがあるもの＞　　　　　　　　　＜タイルとタイルの間に仕切りがないもの＞

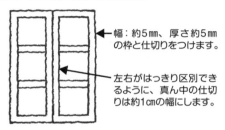
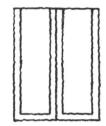

幅：約5mm、厚さ約5mmの枠と仕切りをつけます。

左右がはっきり区別できるように、真ん中の仕切りは約1cmの幅にします。

タイルの大きさが23mm×23mmの場合は、マス目の内径は、25mm×25mm程度がよいです。

たしかめ板を用いる「同じ」の学習

5までのたしかめ板

<タイルとタイルの間に仕切りがあるもの>　　　<タイルとタイルの間に仕切りがないもの>

 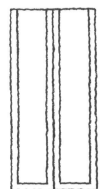

10までのたしかめ板

　タイルが10個並ぶものです。「3までのたしかめ板」や「5までのたしかめ板」と同様に、タイルとタイルの間に仕切りがあるものとないものの2種類用意します。

2. 「同じ」の理解

(1) 同じ数

　タイルとたしかめ板、呈示皿を使って同じ数をつくります。
　2つの数を数え、見比べて「同じ」がわかるようにします。
　学習は、以下の順番で行います。
　①「3」まで
　②「5」まで
　③「10」まで

第3章 同じの概念形成

> 例:「2と2」

教材

- 5までのたしかめ板:タイルを5個ずつ2列に並べられるもので、タイルとタイルの間に仕切りがあるもの。
- 指導者用タイル:(白)2個
- 子ども用タイル:(赤)3個

  指導者用タイルと子ども用タイルは、見分けやすい色にします。
  たしかめ板や呈示皿に置いたときに、見えやすい色のものがよいです。

- 呈示皿:2枚

タイルは、必ず下から置きます。
右利きの子どもの場合は、指導者の操作するタイルを子どもから見て左に、子どもが操作するタイルは右に置きます。
置いた順に数えます。

> 方法とことばかけ

子どもは右利きとします。

― 見本の2をつくる ―

①たしかめ板を呈示します。

②子どもの左手の人差し指を援助しながら、たしかめ板の左側のマス目を下から指さしして、「ここに、1・2、2つくるよ。タイルを置くから、一緒に言ってね」とことばかけをします。

③たしかめ板の左側に呈示皿を置きます。

④呈示皿の上に白のタイルを2個置きます。

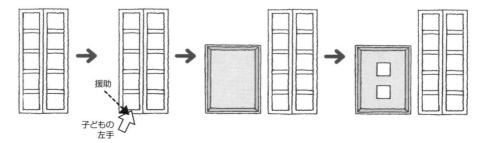

72

⑤たしかめ板の左側の一番下のマス目から順に、白のタイルを、一緒に数えながら、指導者が置きます。「1・2」。

⑥呈示皿を撤去します。

⑦「数えるよ」とことばかけをして、子どもの左手の人差し指を援助しながら、置いたタイルを指さしして一緒に数えます。「1・2」。
　＊まちがえさせないために、最初は子どもより先に「1・2」を言い、できるようになったら、一緒に言うようにします（以下、タイルを数えるときは、同じ方法で数えるようにします）。

⑧子どもの左手の人差し指を援助しながら、たしかめ板の左側を指さしして「こっちは2」と言います。「2」は一緒に言います。

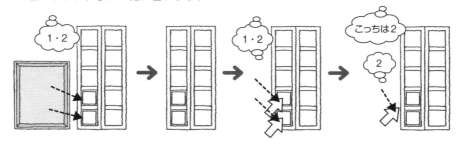

― 2をつくって同じにする ―

①たしかめ板の右側を指さししながら、「ここにタイルを置いて2つくるよ」、左側のタイルを指さししながら、「こっちの2とおなじにするよ」と言います。

②子どもの右手の人差し指を援助しながら、たしかめ板の右側のマス目を下から指さしして一緒に数えます。「1・2」。

③たしかめ板の右側に呈示皿を置きます。

④呈示皿の上に赤のタイルを2個置きます。

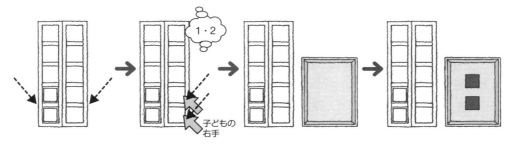

⑤子どもの右手の人差し指を援助しながら、たしかめ板の右側の一番下のマス目を指さしして「ここに置くよ。1からだよ」と言います。

⑥たしかめ板の右側の一番下のマス目から順に、赤のタイルを、一緒に数えながら置きます。「1・2」。

⑦呈示皿を撤去します。

第3章 同じの概念形成

⑧「数えるよ」とことばかけをして、子どもの右手の人差し指を援助しながら、置いたタイルを指さしして一緒に数えます。「1・2」。

⑨子どもの右手の人差し指を援助しながら、たしかめ板の右側を指さしして「こっちも2」と言います。「2」は一緒に言います。

―「こっちとこっちはおなじ」―

①子どもの右手の人差し指を援助しながら、たしかめ板の右側のタイルを指さしして「もう一度、こっちを数えるよ」と言います。

②たしかめ板の右側のタイルを下から指さしして一緒に数えます。「1・2」。

③「こっちは2」と言います。「2」は一緒に言います。

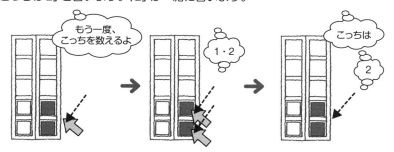

④子どもの左手の人差し指を援助しながら、たしかめ板の左側のタイルを指さしして「こっちも、数えるよ」と言います。

⑤たしかめ板の左側の下からタイルを指さしして一緒に数えます。「1・2」。

⑥「こっちも2」と言います。「2」は一緒に言います。

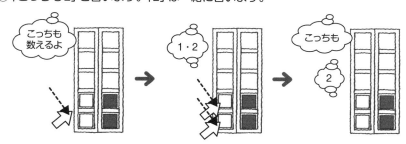

たしかめ板を用いる「同じ」の学習

⑦子どもの左手の人差し指を援助しながら、たしかめ板の左側を指さしして、「こっちは、2」、右手の人差し指を援助しながら、右側を指さしして、「こっちも、2」と言います。「2」、「2」は一緒に言います。

⑧子どもの右手の人差し指を援助しながら、たしかめ板の右側を指さしして、「こっちと」、左手の人差し指を援助しながら、左側を指さしして、「こっちは」、続けて「おなじ」と言います。「おなじ」と言うときは、両手を援助して、机を3回トントントンとたたきながら一緒に「お」・「な」・「じ」と言うようにします。

⑨「よくできました」と心からほめます。

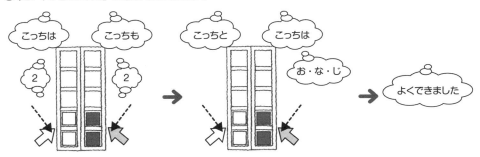

＊まちがえさせないために、最初は子どもより先に「おなじ」を言い、できるようになったら、一緒に言うようにします。
＊5マスのたしかめ板で学習するのが難しい場合は、3マスのたしかめ板で学習します。

> **Point** 2色のタイルを使うことが、まちがえさせないポイント
>
> わかりやすく、まちがえさせないために、初めは、指導者が使うタイルの色と子どもが使うタイルの色を変えて行います。異なる色のタイルでできるようになったら、同じ色のタイルで学習してできるようになることが、次の課題に進むために大切です。

同じにする数の学習は、小さい数から行います。
  ①1と1
  ②2と2
  ③3と3
  ④4と4
  ⑤5と5
の順番で行います。
学習の進展にしたがって、6から順次10まで行います。

第3章 同じの概念形成

3. 「必要な数」と「余分な数」

(1)「必要な数」の呈示

必要な数のタイルを呈示します。

たしかめ板の左側に使うタイルは、必要な数だけ呈示皿に入れて左側に呈示します。

たしかめ板の右側に使うタイルは、必要な数だけ呈示皿に入れて右側に呈示します。

(2)「余分な数」の呈示

必要な数でできるようになったら、余分な数のタイルを呈示します。たしかめ板の右側に呈示する呈示皿の中に、必要な数より1個多くタイルを置いて学習します。

余分な数のタイルを呈示された場合、必要な数のタイルを取り、たしかめ板に置いたところで残ったタイルを取ろうとしないで手の動きが止まることが、量を理解することにつながります。

まちがえさせないための工夫として、必要な数のタイルをたしかめ板に置いたところで、「そうだね、それでいいよ」などのことばかけをしながら、残っているタイルを呈示皿ごと撤去します。

学習の進展につれて呈示皿は撤去しないで、「そうだね、それでいいよ」などのことばかけだけでできるようにします。

(3)「余分な数」のタイルの撤去のステップ

余分な数を呈示したとき、まちがえさせないための工夫として、次のようなステップでタイルを撤去します。

Step 1 子どもがタイルを置くと同時に「そうだね、それでいいよ」と言いながら、ただちに余分なタイルを呈示皿ごと撤去します。

Step 2 子どもがタイルを置くと同時に「そうだね、それでいいよ」と言いながら、少し間をおいてから余分なタイルを呈示皿ごと撤去します。この間は、初めは1秒から、そして2秒、3秒と少しずつ長くします。間は、長くても3秒までとします。

Step 3 「そうだね、それでいいよ」と言うことばかけを、少しずつ間を取って言うようにします。言ってから余分なタイルを呈示皿ごと撤去します。

たしかめ板を用いる「同じ」の学習

Step 4 前記問のとき、残ったタイルに視線がいったり、手が伸びたりしなくなった段階で、撤去しないで学習します。

(4)「余分な数」の方法とことばかけ

例：「2と2」

余分な数のタイルを呈示しての学習方法は「本章 ❷「おなじ」の理解 方法とことばかけ の ー見本の2をつくるー（72ページ）」、「ー2をつくって同じにするー（73ページ）」、「ーこっちとこっちはおなじー（74ページ）」にそって行います。

このとき、「見本の2をつくる」、「こっちとこっちはおなじ」については同様です。

「2をつくって同じにする」のところが変更・追加になりますので、ここについて説明します。

余分な数の撤去は76ページの **Step 1** の方法で行います。

ー 2をつくって同じにする（余分な数を呈示する場合）ー

①たしかめ板の右側を指さししながら、「ここにタイルを置いて2つくるよ」、左側のタイルを指さししながら、「こっちの2とおなじにするよ」と言います。
②子どもの右手の人差し指を援助しながら、たしかめ板の右側のマス目を下から指さしして一緒に数えます。「1・2」。
③たしかめ板の右側に呈示皿を置きます。
④呈示皿の上に赤のタイルを<u>3個</u>置きます。

⑤子どもの右手の人差し指を援助しながら、たしかめ板の右側の一番下のマス目を指さしして「ここに置くよ。1からだよ」と言います。
⑥たしかめ板の右側の一番下のマス目から順に、赤のタイルを、一緒に数えながら置きます。「1・2」。

第3章 同じの概念形成

⑦2個めのタイルをたしかめ板に置くと同時に、「そうだね、それでいいよ」と言いながら、ただちに残ったタイルを呈示皿ごと撤去します。

⑧「数えるよ」とことばかけをして、子どもの右手の人差し指を援助しながら、置いたタイルを指さしして一緒に数えます。「1・2」。

⑨子どもの右手の人差し指を援助しながら、たしかめ板の右側を指さしして「こっちも2」と言います。「2」は一緒に言います。

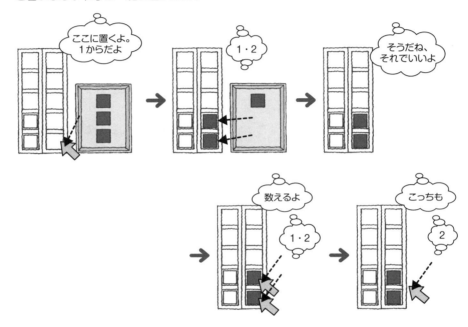

4. たしかめ板とトレイの呈示のしかた

　たしかめ板を使って「同じ」の学習の理解が進んできたら、2枚のトレイを使って「同じ」の学習を行います。2枚のトレイを離して横に並べて、左側と右側のトレイ（空間）が「同じ」であることがわかるようになるための学習です。

　これは、いずれ数式の「左辺＝右辺」（左辺と右辺は同じ）の理解につながります。トレイによる学習は、タイルとタイルの間に仕切りがないたしかめ板でできるようになってから行います。

　たしかめ板での学習から移行するにあたって、初めはトレイを2枚接するように並べて学習します。それから、2枚を離して横に並べて学習するようにします。タイルも横に並べることが大切です。

（1）たしかめ板を縦にして用いる

　基本は、たしかめ板を縦にして用います。縦にして用いることは、数式の「左辺＝右辺」（左辺と右辺は同じ）の理解につながります。子どもの利き手側を子どもが操作し、子どもの反利き手側を指導者が操作します。

3までのたしかめ板

a. タイルとタイルの間に
仕切りがあるもの

b. タイルとタイルの間に
仕切りがないもの

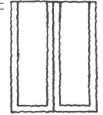

5までのたしかめ板

c. タイルとタイルの間に
仕切りがあるもの

d. タイルとタイルの間に
仕切りがないもの

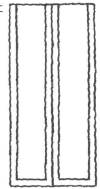

　仕切りがあるたしかめ板（a. c.）でできるようになったら、仕切りのないたしかめ板（b. d.）で行います。

10までのたしかめ板

　タイルが10個並ぶものです。「3」や「5」と同様に、タイルとタイルの間に仕切りがあるものとないものの2種類用意します。

＊たしかめ板を縦にして用いる場合、タイルは下から置きます。

（2）たしかめ板を横にして用いる

　上肢に運動機能障害があって、縦の操作が難しい場合は、たしかめ板を横にして学習するとよいです。上の段（空間）を指導者が操作し、下の段（空間）を子どもが操作します。

3までのたしかめ板

e. タイルとタイルの間に仕切りがあるもの

f. タイルとタイルの間に仕切りがないもの

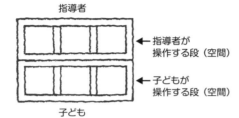
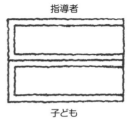

5までのたしかめ板

g. タイルとタイルの間に仕切りがあるもの

h. タイルとタイルの間に仕切りがないもの

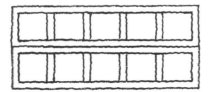
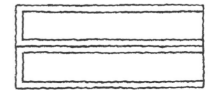

　仕切りがあるたしかめ板（e. g.）でできるようになったら、仕切りのないたしかめ板（f. h.）で行います。

10までのたしかめ板

　タイルが10個並ぶものです。「3までのたしかめ板」「5までのたしかめ板」と同様に、タイルとタイルの間に仕切りがあるものとないものの2種類用意します。

＊たしかめ板を横にして用いる場合、タイルは、左から置きます。

(3) トレイを縦にして、2枚横に並べて用いる

　トレイは、3までの学習ではタイル3個、5までの学習ではタイル5個が一列に並べられる大きさのものにします。トレイのふちは、操作しやすいように、1cm程度のものがよいでしょう。全く同じものを2枚用意します。
＊タイルは下から置きます。

　見えやすく、わかりやすくするために、トレイが接しているふちに沿って並べます。

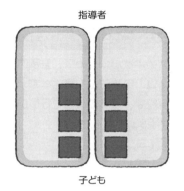

(4) トレイを横にして、2枚上下に並べて用いる

　上肢に運動機能障害があって、縦の操作が難しい場合は、トレイを横にして2枚上下に並べて学習するとよいです。上のトレイ（空間）を指導者が操作し、下のトレイ（空間）を子どもが操作します。
＊タイルは、左から置きます。

　見えやすく、わかりやすくするために、トレイが接しているふちに沿って並べます。

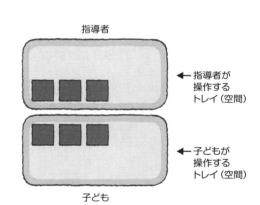

(5) トレイを横にして、2枚横に並べて用いる

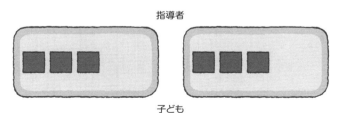

＊左右のトレイを少し離して呈示します。タイルは左から並べて置きます。

第3章 同じの概念形成

5.「ちがう」の理解

(1) 違う数

タイルとたしかめ板、呈示皿を使って違う数をつくります。
2つの数を数え、見比べて「違う」がわかるようにします。
学習は、以下の順番で行います。
① 「3」まで
② 「5」まで
③ 「10」まで

例：「1と3」

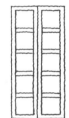

教材

・5までのたしかめ板：タイルを5個ずつ2列に並べられるもので、タイルとタイルの間に仕切りがあるもの。

・指導者用タイル：(白) 3個 □ □ □
・子ども用タイル：(赤) 3個 ■ ■ ■

指導者用タイルと子ども用タイルは、見分けやすい色にします。
たしかめ板や呈示皿に置いたときに、見えやすい色のものがよいです。

・呈示皿：2枚

タイルは、必ず下から置きます。
右利きの子どもの場合は、指導者の操作するタイルを子どもから見て左に、子どもが操作するタイルは右に置きます。
置いた順に数えます。

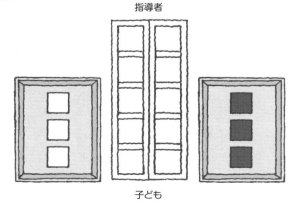

たしかめ板を用いる「同じ」の学習

> 方法とことばかけ

子どもは右利きとします。

❶ 1と1は「おなじ」

たしかめ板の左側にタイル1個、右側にタイル1個を置いて比べます。

方法とことばかけは、「本章❷.「おなじ」の理解 方法とことばかけ （72ページ）」を応用します。

❷ 3と3は「おなじ」

たしかめ板の左側にタイル3個、右側にタイル3個を置いて比べます。

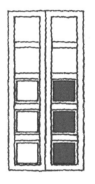

方法とことばかけは、「本章❷.「おなじ」の理解 方法とことばかけ （72ページ）」を応用します。

❸ 1と3は「ちがう」

たしかめ板の左側にタイル1個、右側にタイル3個を置いて比べます。

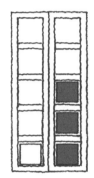

— 1をつくる —

①たしかめ板を呈示します。
②子どもの左手の人差し指を援助しながら、たしかめ板の左側の一番下のマス目を指さしして、「ここに、1つくるよ。タイルを置くから、一緒に言ってね」とことばかけをします。
③たしかめ板の左側に呈示皿を置きます。
④呈示皿の上に白のタイルを1個置きます。

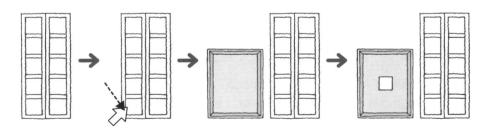

83

第3章 同じの概念形成

⑤たしかめ板の左側の一番下のマス目に、白のタイルを、一緒に数えながら、指導者が置きます。「1」。

⑥呈示皿を撤去します。

⑦「数えるよ」とことばかけをして、子どもの左手の人差し指を援助しながら、置いたタイルを指さしして一緒に数えます。「1」。
　＊まちがえさせないために、最初は子どもより先に「1」を言い、できるようになったら、一緒に言うようにします（以下、タイルを数えるときは、同じ方法で数えるようにします）。

⑧子どもの左手の人差し指を援助しながら、たしかめ板の左側を指さしして「こっちは1」と言います。「1」は一緒に言います。

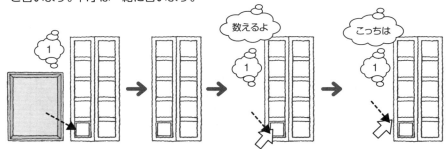

― 3をつくる ―

①たしかめ板の右側のマス目を指さししながら、「ここにタイルを置いて3つくるよ」と言います。

②子どもの右手の人差し指を援助しながら、たしかめ板の右側のマス目を下から指さしして一緒に数えます。「1・2・3」。

③たしかめ板の右側に呈示皿を置きます。

④呈示皿の上に赤のタイルを3個置きます。

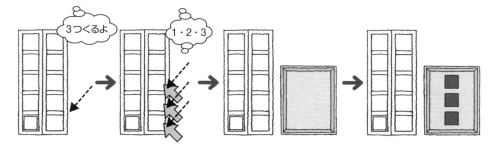

⑤たしかめ板の右側の一番下のマス目を指さしして「ここに置くよ。1からだよ」と言います。

⑥たしかめ板の右側の一番下のマス目から順に、赤のタイルを、一緒に数えながら置きます。「1・2・3」。

⑦呈示皿を撤去します。

84

⑧「数えるよ」とことばかけをして、子どもの右手の人差し指を援助しながら、置いたタイルを指さしして一緒に数えます。「1・2・3」。
⑨子どもの右手の人差し指を援助しながら、たしかめ板の右側を指さしして、「こっちは3」と言います。「3」は一緒に言います。

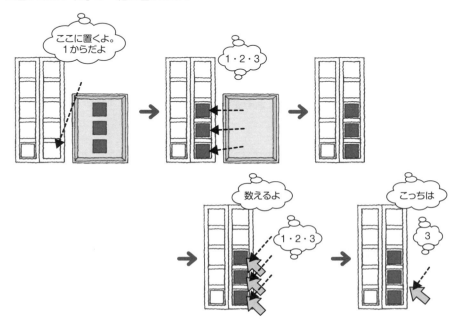

― 「こっちとこっちはちがう」 ―
①子どもの右手の人差し指を援助しながら、たしかめ板の右側のタイルを指さしして「もう一度こっちを、数えるよ」と言います。
②たしかめ板の右側のタイルを下から指さしして一緒に数えます。「1・2・3」。
③「こっちは3」と言います。「3」は一緒に言います。

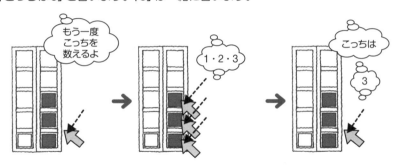

第3章 同じの概念形成

④子どもの左手の人差し指を援助しながら、たしかめ板の左側のタイルを指さしして「こっちも、数えるよ」と言います。

⑤たしかめ板の左側のタイルを指さしして一緒に数えます。「1」。

⑥「こっちは1」と言います。「1」は一緒に言います。

⑦子どもの左手の人差し指を援助しながら、たしかめ板の左側を指さしして、「こっちは1」、右手の人差し指を援助しながら、右側を指さしして、「こっち3」と言います。「1」、「3」は一緒に言います。

⑧子どもの右手の人差し指を援助しながら、たしかめ板の右側を指さしして「こっちと」、左手の人差し指を援助しながら、左側を指さしして「こっちは」、続けて「ちがう」と言います。「ちがう」と言うときは、右手を横に振りながら一緒に「ち」・「が」・「う」と言います。

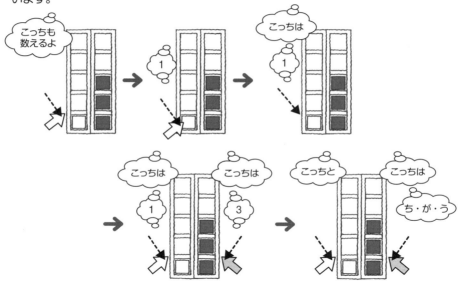

＊最初の段階では、「ちがう」を理解できていないことが多いです。「おなじ」の学習の次に行うので、「おなじ」と言ってしまいがちです。子どもの発声より先に「ち」・「が」・「う」と言うようにすることがポイントです。できるようになったら、一緒に言うようにします。

＊❶❷❸（83ページ）は、ひとまとまりとして続けて学習します。

❹3と1は「ちがう」

たしかめ板の左側にタイル3個、右側にタイル1個を置いて比べます。
方法とことばかけは、❸を応用します。

※❸の「1と3は『ちがう』」を学習したあと、理解を深める意味で続けて「3と1は『ちがう』」を学習してもよいでしょう。

(2) 違う数の学習順序

　最初は3まで（表1）、次に5まで（表2）で行います。数の組み合わせは、その差が大きいものから小さいものへと学習を進めます。

①3まで（表1）

1	1と3	1と2
2	2と1	2と3
3	3と1	3と2

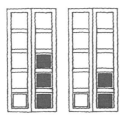 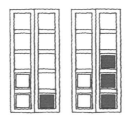 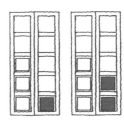

②5まで（表2）

4	4と1	4と2	4と3	
5	5と1	5と2	5と3	5と4

③10まで
　5までができるようになったら10までで学習します。異なる数の組み合せは、5までの考え方に基づいて設定します。6の場合は6と1、6と2……7の場合は7と1、7と2……と学習を進めます。

第4章

合成・分解 その1
〜たしかめ板を用いる合成・分解〜

第4章　合成・分解　その1

たしかめ板を用いる 合成・分解

　数が数えられるようになると、すぐにたし算やひき算に学習を進めようとしてしまいがちです。

　このとき、数を量でとらえることが十分できていないと、「数えたし」や「数えひき」をして、たし算やひき算をするようになります。そして、いつまでたってもそこから抜け出せなくなってしまいます。

　「数えたし」や「数えひき」では、指を使ったり、ものを並べたり、ドットや線をかいたりして、それを数えて答えを出しています。

　繰り上がりや繰り下がりの計算でも「数えたし」や「数えひき」をしている子どもを見かけます。しかし、数が大きくなってくると、おのずと限界がきます。「数えたし」や「数えひき」は、日常生活の中での活用は難しいでしょう。

　「数えたし」や「数えひき」をせず、頭の中でたし算やひき算ができるようになるには、合成・分解の学習を十分に行うことが大切です。

　量を理解するためには、「**第2章　数える学習　❷ タイルの数系列板を使って数える**（48ページ）」の「量を数える学習」と、これから述べる「合成・分解の学習」が最も重要です。

> **数えたし**……たされる数・たす数と同じ数の具体物を並べたり、線をかいたりして、それをひとつずつ数えて、答えを出す方法
>
> **数えひき**……ひかれる数と同じ数の具体物を並べたり、線をかいたりして、ひく数をそこからひとつずつ数えて取り除いたり斜線で消したりし、残りを数えて答えを出す方法

> **合　成**……例えば、3と2を合わせると5になるということ
>
> **分　解**……例えば、5を2つに分けると、一方が3でもう一方が2になるということ

1. 合成・分解の学習の系統性

　合成・分解の学習では、分解した数の組み合わせによって、難易度が異なります。

　もとの数（合成した数）が小さいほどやさしく、子どもが考えて答える部分の数が小さいほどやさしいです。

　5までの数の合成・分解の学習順序は、次のようになります。

(1)「2は1と<u>1</u>」
(2)「3は2と<u>1</u>」「3は1と<u>2</u>」
(3)「4は3と<u>1</u>」「4は2と<u>2</u>」「4は1と<u>3</u>」
(4)「5は4と<u>1</u>」「5は3と<u>2</u>」「5は2と<u>3</u>」「5は1と<u>4</u>」

※下線を付けた数字が、子どもが考えて操作する数です。

　最も小さい数の組み合わせは、「2は1と<u>1</u>」です。「2は<u>1</u>と1」の組み合わせから学習を始めてもよいです。しかし、分解した数が「1と1」で同じ数なので混乱する場合が見られます。このような場合には「3は2と<u>1</u>」から始めるとよいでしょう。

2. 合成・分解の方法とことばかけ

たしかめ板を用いて合成・分解の学習をします。
子どもは右利きとします。

教材

・たしかめ板：タイルを5個ずつ2列に並べられるもので、タイルとタイルの間に仕切りがあるもの（**第3章 ❶ たしかめ板について** の71ページを参照）。
　　　　　　　真ん中の仕切りはほかの仕切りよりも太い方がよい。

・指導者用タイル：（白）10個　□□□□□□□□□□
・子ども用タイル：（赤）5個　■■■■■
　　　　　　　　指導者用タイルと子ども用タイルは、見分けやすい色にします。
　　　　　　　　たしかめ板や呈示皿に置いたときに、見えやすい色のものがよいです。

・呈示皿：2枚

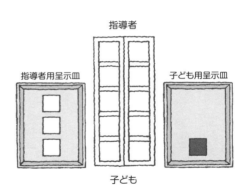

タイルは、必ず下から置きます。
右利きの子どもの場合は、指導者の操作するタイルを子どもから見て左に、子どもが操作するタイルは右に置きます。
置いた順に数えます。

第4章 合成・分解 その1

方法とことばかけ

(1)「ない、ない、おなじ」

① たしかめ板を呈示します。

② 子どもの左手の人差し指を援助して、たしかめ板の左側を指さししながら、「こっちは、ない」、右手の人差し指を援助して、右側を指さししながら、「こっちも、ない」と言います。「ない」、「ない」は一緒に言います。

③ 子どもの右手の人指し指を援助して、たしかめ板の右側を指さししながら、「こっちと」、左手の人指し指を援助して、左側を指さししながら、「こっちは」、続けて「おなじ」と言います。「おなじ」と言うときは、両手を援助して、机を3回トントントンとたたきながら一緒に「お」・「な」・「じ」と言うようにします。

④ 「よくできました」とほめます。

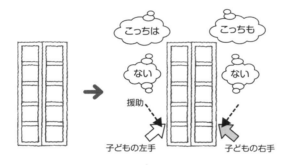

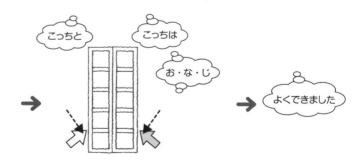

＊まちがえさせないために、最初は子どもより先に「ない」や「おなじ」を言い、できるようになったら、一緒に言うようにします。

(2)「3、ない、ちがう」

①たしかめ板の左側のマス目を指さししながら、「こっちに、3つくるよ」と言います。
②子どもの左手の人差し指を援助して、たしかめ板の左側のマス目を下から順に指さししながら、「ここに、1・2・3、3つくるよ。タイルを置くから、一緒に言ってね」とことばかけをします。
③たしかめ板の左側に呈示皿を置きます。
④呈示皿の上に白のタイルを3個置きます。

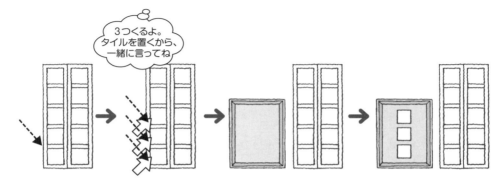

⑤たしかめ板の左側の一番下のマス目から順に、白のタイルを一緒に数えながら指導者が置きます。「1」、「2」、「3」。
⑥呈示皿を撤去します。
⑦「数えるよ」とことばかけをします。子どもの左手の人差し指を援助して、置いたタイルを指さししながら一緒に数えます。「1」、「2」、「3」。

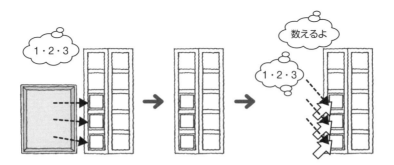

＊まちがえさせないために、最初は子どもより先に「1」、「2」、「3」を言い、できるようになったら、一緒に言うようにします（以下、タイルを数えるときは、同じ方法で数えるようにします）。

⑧子どもの左手の人差し指を援助して、たしかめ板の左側を指さししながら、「こっちは、3」、右手の人差し指を援助して、たしかめ板の右側を指さししながら、「こっちは、ない」と言います。「3」、「ない」は一緒に言います。

　　＊まちがえさせないために、最初は子どもより先に「3」や「ない」を言い、できるようになったら、一緒に言うようにします。

⑨子どもの右手の人指し指を援助して、たしかめ板の右側を指さししながら、「こっちと」、左手の人指し指を援助して、たしかめ板の左側を指さししながら、「こっちは」、続けて「ちがう」と言います。「ちがう」と言うときは、右手を横に振りながら一緒に「ち」・「が」・「う」と言います。

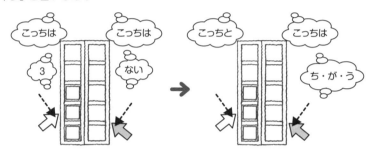

　　＊まちがえさせないために、最初は子どもより先に「ちがう」を言い、できるようになったら、一緒に言うようにします。

(3)「3、2、ちがう」

①たしかめ板の右側を指さしながら「こっちに、2つくるよ」と言います。

②子どもの右手の人差し指を援助して、たしかめ板の右側のマス目を下から順に指さししながら、「ここに、1・2、2つくるよ。タイルを置くから、一緒に言ってね」とことばかけをします。

③たしかめ板の右側に呈示皿を置きます。

④呈示皿の上に白のタイルを2個置きます。

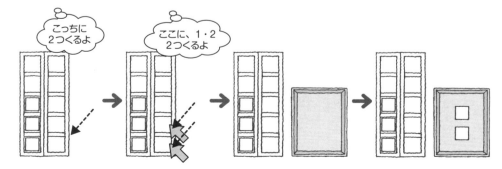

⑤たしかめ板の右側の一番下のマス目から順に、白のタイルを、一緒に数えながら指導者が置きます。「1」、「2」。
⑥呈示皿を撤去します。
⑦子どもの右手の人差し指を援助して、たしかめ板の右側のタイルを指さししながら、「こっちを、数えるよ」と言います。
⑧子どもの右手の人差し指を援助して、置いたタイルを指さししながら、一緒に数えます。「1」、「2」。
⑨「こっちは、2」と言います。「2」は一緒に言います。

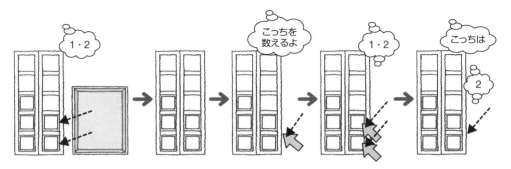

＊まちがえさせないために、最初は子どもより先に「2」を言い、できるようになったら、一緒に言うようにします。

⑩子どもの左手の人差し指を援助して、たしかめ板の左側のタイルを指さししながら、「こっちも、数えるよ」と言います。
⑪子どもの左手の人差し指を援助して、左側のタイルを指さししながら、一緒に数えます。「1」、「2」、「3」。
⑫「こっちは、3」と言います。「3」は一緒に言います。

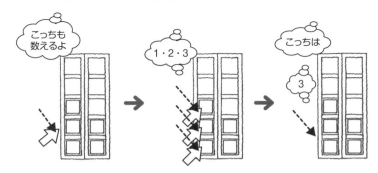

＊まちがえさせないために、最初は子どもより先に「3」を言い、できるようになったら、一緒に言うようにします。

第4章 合成・分解 その1

⑬子どもの左手の人差し指を援助して、たしかめ板の左側を指さししながら、「こっちは、3」、右手の人差し指を援助して、右側を指さししながら、「こっちは、2」と言います。「3」、「2」は一緒に言います。

⑭子どもの右手の人指し指を援助して、たしかめ板の右側を指さししながら、「こっちと」、左手の人指し指を援助して、左側を指さししながら、「こっちは」、続けて「ちがう」と言います。「ちがう」と言うときは、右手を横に振りながら一緒に「ち」・「が」・「う」と言います。

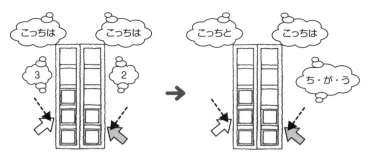

＊まちがえさせないために、最初は子どもより先に「ちがう」を言い、できるようになったら一緒に言うようにします。
＊指導者の発声より先に子どもが「ちがう」と言うようになったら、指導者は言うのをやめてもよいでしょう。

(4)「3とおなじにする」

①たしかめ板の右側の下から3番めのマス目を指さししながら、「ここにタイルを置いて」、左側のタイルを指さししながら「こっちの3とおなじにするよ」と言います。
②たしかめ板の右側に呈示皿を置きます。
③呈示皿の上に赤のタイルを1個置きます。

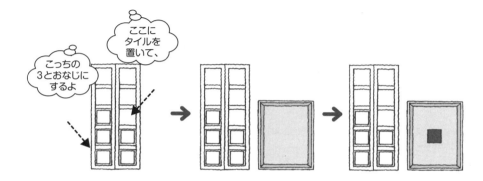

④たしかめ板の右側の下から3番めのマス目を指さししながら、「ここに、数えながら置いてね。1だよ」と言います。
⑤子どもが数えながらタイルを置きます。「1」。
　＊まちがえさせないために、最初は子どもより先に「1」を言い、できるようになったら一緒に言うようにします。
⑥子どもがタイルをたしかめ板に置いたら、「そうだね」と言いながら、呈示皿を撤去します。
⑦「よくできたね」とほめます。

＊指導者が タイルを「1」、「2」と数えて置いたあと、子どもが1個のタイルを置くとき、「3」と言うことが 多くみられます。これが「数えたし」につながります。子どもが「3」と言う前に、指導者が「1」と言うことが大切です。

(5)「3、3、おなじ」

①子どもの右手の人差し指を援助して、たしかめ板の右側に置いたタイルを指さししながら、一緒に数えます。「1」、「2」、「3」。
②子どもの右手の人差し指を援助して、たしかめ板の右側を指さししながら、「こっちは、3」と言います。「3」は一緒に言います。
③子どもの左手の人差し指を援助して、たしかめ板の左側に置いたタイルを指さししながら、一緒に数えます。「1」、「2」、「3」。
④子どもの左手の人差し指を援助して、たしかめ板の左側を指さししながら、「こっちも、3」と言います。「3」は一緒に言います。

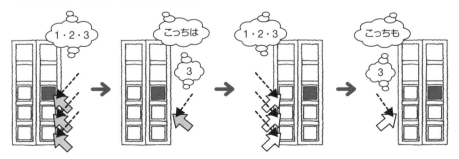

＊まちがえさせないために、最初は子どもより先に「3」を言い、できるようになったら、一緒に言うようにします。

第4章 合成・分解 その1

⑤子どもの左手の人差し指を援助して、たしかめ板の左側を指さししながら、「こっちと」、右手の人差し指を援助して、右側を指さししながら、「こっちは」、続けて「おなじ」と言います。「おなじ」と言うときは、両手を援助して、机を3回トントントンとたたきながら一緒に「お」・「な」・「じ」と言うようにします。
　＊まちがえさせないために、最初は子どもより先に「3」や「おなじ」を言い、できるようになったら、一緒に言うようにします。

⑥「よくできたね」とほめます。

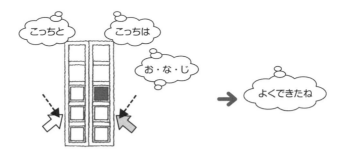

※数え込むことが大切です。何度も数えることが、数の基礎概念の形成につながります。初期の段階では、タイルを置く前に、マス目を指さしして、子どもと一緒に数えるなど、数え込みの機会を増やす工夫をするとよいでしょう。

(6)「2と1、全部で3」

①「先生が置いたタイルを数えるよ」と言います。
②子どもの右手の人差し指を援助して、右側の白のタイルを指さししながら、一緒に数えます。「1」、「2」。
③子どもの右手の人差し指を援助して、右側の白のタイルを指さししながら、「先生が置いたのは、2」と言います。

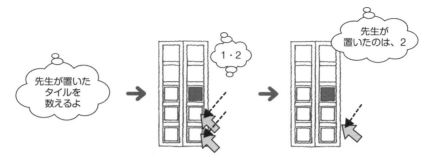

＊「指導者が置いたタイル」を理解することが難しい場合は、たしかめ板からタイルを取り出し、指導者の手のひらに載せて一緒に数えます。

④「○○さんが置いたタイルを数えるよ」と言います。
⑤子どもの右手の人差し指を援助して、右側の赤のタイルを指さししながら、一緒に数えます。「1」。
⑥子どもの右手の人差し指を援助して、右側の赤のタイルを指さししながら、「○○さんが置いたのは、1」と言います。

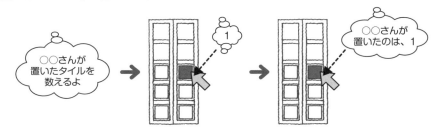

＊「自分が置いたタイル」を理解することが難しい場合は、たしかめ板からタイルを取り出し、指導者の手のひらに載せて一緒に数えます。
＊指導者が置いたタイルを「1・2」と数えてから子どもが置いた1個のタイルを数えるとき、「3」と言うことが多くみられます。子どもが「3」と言う前に、指導者が「1」と言うことが大切です。

⑦子どもの右手の人差し指を援助して、たしかめ板の右側の白のタイルと赤のタイルを指さししながら、一緒に「2と1、全部で3」と言います。
＊はじめから、一人で言える子どもはほとんどいません。まねをして言うようにします。はじめのうちは「『2と1、全部で3』と言うよ」と言ってから、一緒に「2と1、全部で3」と言います。

⑧「全部続けて数えるよ」とことばかけをします。子どもの右手の人差し指を援助して、たしかめ板の右側の白と赤のタイルを下から指さししながら、続けて一緒に数えます。「1」、「2」、「3」。
⑨「全部で、3」と一緒に言います。

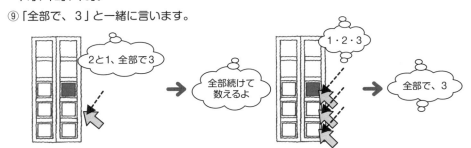

⑩「こっちも数えるよ」とことばかけをします。子どもの左手の人差し指を援助して、たしかめ板の左側の白のタイルを下から指さししながら数えます。「1」、「2」、「3」。
⑪「こっちも、3」と一緒に言います。

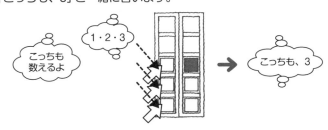

第4章 合成・分解 その1

⑫ 子どもの左手の人差し指を援助して、たしかめ板の左側を指さししながら、一緒に「こっちは、3」、右手の人差し指を援助して、たしかめ板の右側を指さししながら、「こっちも、3」と言います。

⑬ 子どもの右手の人差し指を援助して、たしかめ板の右側を指さししながら、「こっちと」、左手の人差し指を援助して、たしかめ板の左側を指さししながら、「こっちは」、続けて「おなじ」と言います。「おなじ」と言うときは、両手を援助して、机を3回トントントンとたたきながら一緒に「お」・「な」・「じ」と言うようにします。

⑭ 「できた、上手だね」とよくほめます。

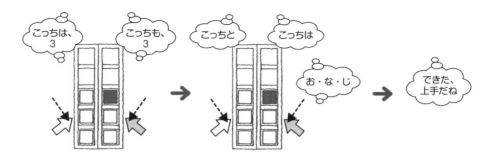

> **Point** 質問しないことがポイント
>
> 　たしかめ板での合成・分解の学習では、質問はしません。
> 　この段階で質問すると、まだ理解していないので、黙ってしまったり、まちがった答えを言ってしまったりします。
> 　このようなことを繰り返すと学習意欲が低下します。
> 　「こっちは（いくつ）？」、「こっちとこっちは（おなじ）？」、「こっちとこっちは（ちがう）？」、「先生が置いたのは（いくつ）？」、「○○さんが置いたのは（いくつ）？」などと聞かないことが、学習意欲を高めることになります。
> 　「こっちは、3」、「こっちとこっちは、おなじ」、「こっちとこっちは、ちがう」、「先生が置いたのは、2」、「○○さんが置いたのは、1」などと一緒に言うようにすることが最も大切です。
> 　このことが合成・分解の理解と定着につながります。

たしかめ板を用いる合成・分解

> **Point** 「2と1、全部で3」の理解
>
> 　「先生が置いたタイルは2。私が置いたタイルは1」のところを理解して言うことがとても難しいです。学習のはじめにおいては、置いてあるタイルを「1」、「2」と数えてから、子どもが置く1個のタイルを「3」と言うことが多く見られます。子どもが、自分が置く1個のタイルを「3」と言わないように工夫します。そのために、子どもがタイルを置く右側の3番めのマス目を、子どもの右手の人差し指を持って指さしして、子どもが「3」と言う前に、指導者が「1」と言い、子どもがまねをして言うことができるようにすることが大切です。
>
> 　「先生が置いたタイルは2。私が置いたタイルは1」と子どもがひとりで言えるようになるまで繰り返し丁寧に学習することが必要です。
>
> 　指導者と子どもが操作するタイルが違う色でできるようになったら、同じ色のタイルでできるようになることが次の課題に進むために大切です。

3. 「必要な数」と「余分な数」

> 例：3は2と1

(1) 「必要な数」の呈示

　呈示皿に赤のタイルひとつ（必要な数）を呈示します。たしかめ板の右側の下から3番めのマス目を指さししながら「ここにタイルを置いて」、左側のタイルを指さししながら「こっちの3とおなじにするよ」と言います。子どもは数えながら置きます。「1」。タイルを置いたら呈示皿を撤去します。

(2) 「余分な数」の呈示

　呈示皿に赤のタイル2つ（余分な数）を呈示します。たしかめ板の右側の下から3番めのマス目を指さししながら、「ここにタイルを置いて」、左側のタイルを指さししながら「こっちの3とおなじにするよ」と言います。子どもは数えながら置きます。「1」。タイルを置いたらすぐに残ったタイルを呈示皿ごと撤去します。

101

第4章 合成・分解 その1

(3)「余分な数」のときのタイルの撤去のステップ

余分なタイルの撤去は、次のようなステップで行うとよいでしょう。

Step 1 タイルを置くと同時に「そうだね、それでいいよ」と言いながら、ただちに余分なタイルを呈示皿ごと撤去します。

Step 2 タイルを置くと同時に「そうだね、それでいいよ」と言いながら、少し間をおいてから余分なタイルを呈示皿ごと撤去します。この間は、初めは1秒から、そして2秒、3秒と少し長くします。間は、長くても3秒までとします。

Step 3 「そうだね、それでいいよ」と言うことばかけを、少しずつ間を取って言うようにします。言ってから余分なタイルを呈示皿ごと撤去します。

Step 4 上記間のとき、残ったタイルに視線がいったり、手が伸びたりしなくなった段階で、撤去しないで学習します。

視覚障害がある場合

視覚障害があって見えない場合の教材の工夫や方法とことばかけについて説明します。たしかめ板を用いて合成・分解の学習をします。子どもは右利きとします。

例:「3は2と1」

教材

・たしかめ板:タイルを5個ずつ2列に並べられるもので、タイルとタイルの間に仕切りがあるもの。たしかめ板の右側と左側がさわってはっきり区別でき、反対側に誤ってタイルを置いたりしないように、真ん中の仕切りはほかの仕切りよりも太く高くします。幅は約1cm、高さは2cm程度がよいでしょう。

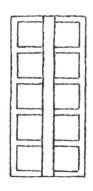
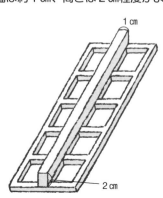

たしかめ板を用いる合成・分解

・指導者用タイル：(白)10個　☐☐☐☐☐☐☐☐☐☐
・子ども用タイル：(赤) 5個　■■■■■

指導者用のタイルと子ども用のタイルがさわって区別できるように、片方のタイルの素材を変えたり、片方のタイルの表面にざらざらしているものを貼ったりするなどの工夫が大切です。例えば、片方のタイルを木やスチレンボードなどで作るとよいでしょう。また、片方のタイルにサンドペーパーや面ファスナー（マジックテープ）などを貼るのもよいです。
サンドペーパーや面ファスナーは、タイルの全面に貼ります。全面に貼るとタイルとタイルの境目がわかりにくい場合は、サンドペーパーや面ファスナーを15㎜×15㎜程度の大きさに切ってタイルの中央に貼るとよいでしょう。

・呈示皿：2枚

タイルは、必ず下から置きます。
右利きの子どもの場合は、指導者の操作するタイルを子どもから見て左に、子どもが操作するタイルは右に置きます。
置いた順に数えます。

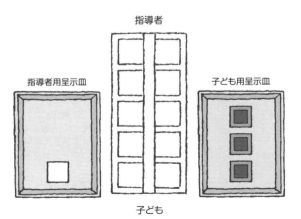

103

第4章 合成・分解 その1

方法とことばかけ

(1)「ない、ない、おなじ」

①たしかめ板を呈示します。

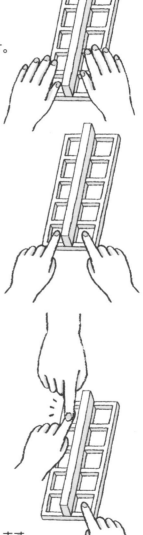

— たしかめ板の全体をさわる —
- 「たしかめ板だよ。さわってみましょう」と言います。
- 両手を援助して、たしかめ板の全体を一緒にさわります。

— たしかめ板の左側のマス目をさわる —
- 「たしかめ板の左側をさわってみましょう」と言います。
- 子どもの左手の人差し指を援助して左側の一番下のマス目に置き、右手の人差し指を援助して右側の一番下のマス目に置きます。

- 子どもの左手の人差し指を援助して、たしかめ板の上をすべらせながら、一緒に「1・2・3・4・5」と数えます。
- 一番上のマス目にある人差し指をタッピングして「こっちにマス目が5つあるよ」と言います。

> **タッピング**
> 子どもの指先などをトントンと軽くたたいて意識するようにすることをいいます。

- 左手の人差し指を一番下のマス目にすべらせながら戻します。
- 左手の人差し指を左側の一番下のマス目の上に置いたままにしておきます。

104

たしかめ板を用いる合成・分解

― たしかめ板の右側のマス目をさわる ―

- 「たしかめ板の右側をさわってみましょう」と言います。
- たしかめ板の右側の一番下のマス目に置いてある子どもの右手の人差し指を援助して、たしかめ板の上をすべらせながら、一緒に「1・2・3・4・5」と数えます。
- 一番上のマス目にある人差し指をタッピングして「こっちもマス目が5つあるよ」と言います。
- 右手の人差し指を一番下のマス目にすべらせながら戻します。
- 右手の人差し指を右側の一番下のマス目の上に置いたままにしておきます（両手の人差し指は、たしかめ板の一番下に置いてある状態です）。

＊人差し指を動かすとき、たしかめ板から指が離れないようにすることが大切です。たしかめ板の上をゆっくりとすべらせます。仕切りも乗り越えるようにすべらせます。指をすべらせることが、たしかめ板がわかるようになるポイントです。

②たしかめ板をさわって、「ない」と言います。

― たしかめ板の左側のマス目をさわって「ない」―

- 「たしかめ板の左側をさわってみましょう」と言います。
- たしかめ板の左側の一番下のマス目に置いてある子どもの左手の人差し指を援助して、たしかめ板の上をすべらせながら、一番上のマス目まで動かします。
- 左手の人差し指を一番下のマス目にすべらせながら戻します。
- 指を動かしながら、「こっちはタイルが入ってないね」と言います。
- 「もう一度さわるよ」「こっちはない、と言うよ」と言います。
- たしかめ板の左側の一番下のマス目に置いてある子どもの左手の人差し指を援助して、たしかめ板の上をすべらせながら、一番上のマス目まで動かします。
- 左手の人差し指を一番下のマス目にすべらせながら戻します。
- 指を動かしながら、「こっちは、ない」と言います。

第4章 合成・分解 その1

― たしかめ板の右側のマス目をさわって「ない」 ―

・「たしかめ板の右側をさわってみましょう」と言います。

・たしかめ板の右側の一番下のマス目に置いてある子どもの右手の人差し指を援助して、たしかめ板の上をすべらせながら、一番上のマス目まで動かします。

・右手の人差し指を一番下のマス目にすべらせながら戻します。

・指を動かしながら、「こっちもタイルが入ってないね」と言います。

・「もう一度さわるよ」「こっちもない、と言うよ」と言います。

・たしかめ板の右側の一番下のマス目に置いてある子どもの右手の人差し指を援助して、たしかめ板の上をすべらせながら、一番上のマス目まで動かします。

・右手の人差し指を一番下のマス目にすべらせながら戻します。

・指を動かしながら、「こっちも、ない」と言います。

＊人差し指を動かすとき、たしかめ板から指が離れないようにすることが大切です。たしかめ板の上をゆっくりとすべらせます。仕切りも乗り越えるようにすべらせます。指をすべらせることが、たしかめ板がわかるようになるポイントです。

③「おなじ」と言います。

子どもの右手の人指し指を援助して、たしかめ板の右側をさわりながら「こっちと」、左手の人指し指を援助して、たしかめ板の左側をさわりながら「こっちは」、続けて「おなじ」と言います。「おなじ」と言うときは、両手を援助して、机を3回トントントンとたたきながら一緒に「お」・「な」・「じ」と言うようにします。

④「よくできました」とほめます。

＊まちがえさせないために、最初は子どもより先に「ない」や「おなじ」を言い、できるようになったら、一緒に言うようにします。

106

(2)「3、ない、ちがう」

①子どもの左手の人差し指を援助して、たしかめ板の左側のマス目をすべらせながら一緒にさわって「こっちに、3つくるよ」と言います。

②子どもの左手の人差し指を援助して、たしかめ板の左側のマス目を下から順に一緒にすべらせながらさわって「ここに、1・2・3、3つくるよ。タイルを置くから、一緒に言ってね」とことばかけをします。

③たしかめ板の左側の一番下のマス目から順に、タイルを一緒に数えながら指導者が置きます。「1」、「2」、「3」。

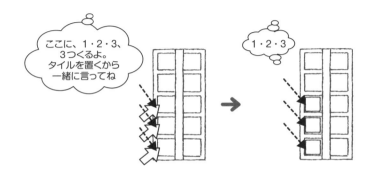

④「数えるよ」とことばかけをして、子どもの左手の人差し指を援助して、置いたタイルを一緒にすべらせながらさわって数えます。「1」、「2」、「3」。
　＊まちがえさせないために、最初は子どもより先に「1」、「2」、「3」を言い、できるようになったら、一緒に言うようにします（以下、タイルを数えるときは、同じ方法で数えるようにします）。

⑤子どもの左手の人差し指を援助して、たしかめ板の左側をさわりながら「こっちは、3」、右手の人差し指を援助して、たしかめ板の右側をさわりながら「こっちは、ない」と言います。「3」、「ない」は一緒に言います。
　＊まちがえさせないために、最初は子どもより先に「3」や「ない」を言い、できるようになったら、一緒に言うようにします。

⑥子どもの右手の人指し指を援助して、たしかめ板の右側をさわりながら「こっちと」、左手の人指し指を援助して、たしかめ板の左側をさわりながら「こっちは」、続けて「ちがう」と言います。「ちがう」と言うときは、援助して右手を横に振りながら一緒に「ち」・「が」・「う」と言います。
　＊まちがえさせないために、最初は子どもより先に「ちがう」を言い、できるようになったら、一緒に言うようにします。

第4章 合成・分解 その1

(3) 「3、2、ちがう」

①子どもの右手の人差し指を援助して、たしかめ板の右側を一緒にすべらせながらさわって「こっちに、2つくるよ」と言います。

②子どもの右手の人差し指を援助して、たしかめ板の右側のマス目を下から順に一緒にすべらせながらさわって「ここに、1・2、2つくるよ。タイルを置くから、一緒に言ってね」とことばかけをします。

③たしかめ板の右側の一番下のマス目から順に、タイルを一緒に数えながら指導者が置きます。「1」、「2」。

④子どもの右手の人差し指を援助して、たしかめ板の右側のタイルを一緒にすべらせながらさわって「こっちを、数えるよ」と言います。

⑤子どもの右手の人差し指を援助して、置いたタイルを一緒にすべらせながらさわって数えます。「1」、「2」。

⑥「こっちは、2」と言います。「2」は一緒に言います。
　＊まちがえさせないために、最初は子どもより先に「2」を言い、できるようになったら、一緒に言うようにします。

⑦子どもの左手の人差し指を援助して、たしかめ板の左側のタイルを一緒にすべらせながらさわって「こっちも、数えるよ」と言います。

⑧子どもの左手の人差し指を援助して、左側のタイルを一緒にすべらせながらさわって数えます。「1」、「2」、「3」。

⑨「こっちは、3」と言います。「3」は一緒に言います。
　＊まちがえさせないために、最初は子どもより先に「3」を言い、できるようになったら、一緒に言うようにします。

⑩子どもの左手の人差し指を援助して、たしかめ板の左側をさわりながら、「こっちは、3」、右手の人差し指を援助して、右側をさわりながら、「こっちは、2」と言います。「3」、「2」は一緒に言います。

⑪子どもの右手の人指し指を援助して、たしかめ板の右側をさわりながら、「こっちと」、左手の人指し指を援助して、たしかめ板の左側をさわりながら、「こっちは」、続けて「ちがう」と言います。「ちがう」と言うときは、援助して右手を横に振りながら一緒に「ち」・「が」・「う」と言います。
　＊まちがえさせないために、最初は子どもより先に「ちがう」を言い、できるようになったら一緒に言うようにします。
　＊指導者の発声より先に子どもが「ちがう」と言うようになったら、指導者は言うのをやめてもよいでしょう。

(4)「3とおなじにする」

①子どもの右手の人差し指を援助して、たしかめ板の右側を下から一緒にすべらせながら3番めのマス目をさわって「ここにタイルを置いて」、子どもの左手の人差し指を援助して左側のタイルを一緒にすべらせながらさわって「こっちの3とおなじにするよ」と言います。
②たしかめ板の右側に呈示皿を置きます。
③呈示皿の上にサンドペーパーを貼ったタイルを1個置きます。
　＊サンドペーパーを貼ったタイルについては、教材（103ページ）を参照してください。

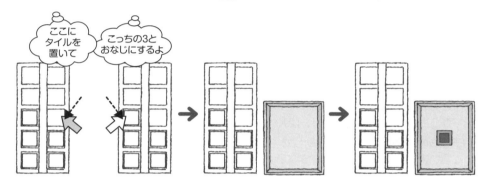

④子どもの左手の人差し指を援助して、たしかめ板の右側を下から一緒にすべらせながら3番めのマス目をさわって「ここに、数えながら置いてね。1だよ」と言います。
　子どもの左手の人差し指は援助して、下から3番めのマス目に置いたままにしておきます。
⑤子どもの右手を援助して、子どもの左手の人差し指が置いてあるマス目に、数えながらタイルを置きます。「1」。
　＊まちがえさせないために、最初は子どもより先に「1」を言い、できるようになったら一緒に言うようにします。
⑥子どもがタイルをたしかめ板に置いたら、「そうだね」と言いながら、呈示皿を撤去します。
⑦「よくできたね」とほめます。

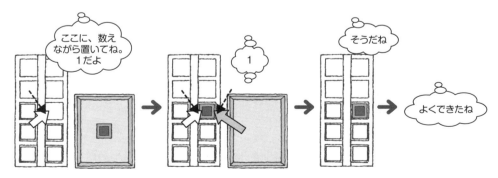

合成・分解　その1

⑧援助して子どもの左手の人差し指をたしかめ板の左側の一番下に、子どもの右手の人差し指をたしかめ板の右側の一番下に置いておきます。

＊指導者が タイルを「1」、「2」と数えて置いたあと、子どもが1個のタイルを置くとき、「3」と言うことが多くみられます。これが「数えたし」につながります。子どもが「3」と言う前に、指導者が「1」と言うことが大切です。

(5)「3、3、おなじ」

①子どもの右手の人差し指を援助して、たしかめ板の右側に置いたタイルを一緒にすべらせながらさわって数えます。「1」、「2」、「3」。

②子どもの右手の人差し指を援助して、たしかめ板の右側をさわりながら、「こっちは、3」と言います。「3」は一緒に言います。

③子どもの左手の人差し指を援助して、たしかめ板の左側に置いたタイルを一緒にすべらせながらさわって数えます。「1」、「2」、「3」。

④子どもの左手の人差し指を援助して、たしかめ板の左側をさわりながら、「こっちも、3」と言います。「3」は一緒に言います。

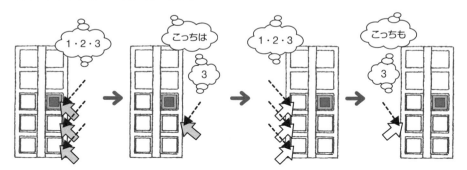

＊まちがえさせないために、最初は子どもより先に「3」を言い、できるようになったら、一緒に言うようにします。

⑤子どもの左手の人指し指を援助して、たしかめ板の左側をさわりながら、「こっちと」、右手の人差し指を援助して、右側をさわりながら、「こっちは」、続けて「おなじ」と言います。「おなじ」と言うときは、両手を援助して、机を3回トントントンとたたきながら一緒に「お」・「な」・「じ」と言うようにします。

＊まちがえさせないために、最初は子どもより先に「3」や「おなじ」を言い、できるようになったら、一緒に言うようにします。

⑥「よくできたね」とほめます。

＊数え込むことが大切です。何度も数えることが、数の基礎概念の形成につながります。初期の段階では、タイルを置く前に、マス目をさわりながら子どもと一緒に数えるなど、数え込みの機会を増やす工夫をするとよいでしょう。

（6）「2と1、全部で3」

① 「先生が置いたタイルを数えるよ」と言います。

② 子どもの右手の人差し指を援助して、右側のタイルを下から一緒にすべらせながらさわって数えます。「1」、「2」。

③ 子どもの右手の人差し指を援助して、右側のタイルを下から一緒にすべらせながらさわって「先生が置いたのは、2」と言います。
子どもの右手の人差し指は援助して、指導者が置いた2番めのタイルの上に置いたままにしておきます。たしかめ板から人差し指を離さないようにするのがポイントです。

　＊「指導者が置いたタイル」を理解することが難しい場合は、たしかめ板からタイルを取り出し、指導者の手のひらに載せて一緒に数えます。

④ 「○○さんが置いたタイルを数えるよ」と言います。

⑤ 子どもの右手の人差し指を援助して、右側の子どもが置いたタイルを一緒にすべらせながらさわって数えます。「1」。
子どもの右手の人差し指は援助して、子どもが置いたタイルの上に置いたままにしておきます。

⑥ 子どもの右手の人差し指を援助して、右側の子どもが置いたタイルを一緒にすべらせながらさわって「○○さんが置いたのは、1」と言います。

　＊「自分が置いたタイル」を理解することが難しい場合は、たしかめ板からタイルを取り出し、指導者の手のひらに載せて一緒に数えます。

　＊指導者が置いたタイルを「1・2」と数えてから子どもが置いた1個のタイルを数えるとき、「3」と言うことが多くみられます。子どもが「3」と言う前に、指導者が「1」と言うことが大切です。

⑦ 子どもの右手の人差し指を援助して、たしかめ板の右側の指導者が置いたタイルと子どもが置いたタイルを一緒にすべらせながらさわって「2と1、全部で3」と言います。

　＊はじめから、ひとりで言える子どもはほとんどいません。まねをして言うようにします。はじめのうちは「『2と1、全部で3』と言うよ」と言ってから、一緒に「2と1、全部で3」と言います。

⑧ 「全部続けて数えるよ」とことばかけをします。子どもの右手の人差し指を援助して、たしかめ板の右側の指導者が置いたタイルと子どもが置いたタイルを下から一緒にすべらせながらさわって続けて数えます。「1」、「2」、「3」。

⑨ 「全部で、3」と一緒に言います。

⑩ 「こっちも数えるよ」とことばかけをします。子どもの左手の人差し指を援助して、たしかめ板の左側のタイルを下から一緒にすべらせながらさわって数えます。「1」、「2」、「3」。

⑪ 「こっちも、3」と一緒に言います。

⑫ 子どもの左手の人差し指を援助して、たしかめ板の左側をさわりながら一緒に「こっちは、3」、右手の人差し指を援助して、たしかめ板の右側をさわりながら、一緒に「こっちも、3」と言います。

⑬ 子どもの右手の人差し指を援助して、たしかめ板の右側をさわりながら「こっちと」、左手の人差し指を援助して、たしかめ板の左側をさわりながら「こっちは」、続けて「おなじ」と言います。「おなじ」と言うときは、両手を援助して、机を3回トントントンとたたきながら一緒に「お」・「な」・「じ」と言うようにします。

⑭ 「できた、上手だね」とよくほめます。

第4章　合成・分解　その1

運動機能障害がある場合

　運動機能障害があって手が使えない場合の「合成・分解の方法とことばかけ」は、「本章　❷ 合成・分解の方法とことばかけ（91ページ）」と概ね同じです。

　運動機能障害がある子どもたちへは、以下のようなことを配慮しながら学習を進めるとよいでしょう。

(1) タイルを数えることについて

　上肢にまひなどがあって、タイルにふれたり指さししたりすることが難しい場合でも、100%援助して、できるだけタイルにふれたり指さししたりしながらよく見て数えるようにします。そのことが、数を正しく数えることの定着につながります。

　援助しても手を動かすことが難しい場合は、指導者が指さしするのをよく見て、一緒に数えるようにします。

　数詞が言えない場合は、以下のように、子どもができる方法で行います。

＜例＞

・指導者がタイルを指さししながら数詞を発声するのに合わせて声を出す。

・指導者がタイルを指さししながら数詞を発声するのに合わせて「ン、ン、ン……」と言う。

・指導者がタイルを指さししながら数詞を発声するのに合わせてうなずく。

・指導者がタイルを指さししながら数詞を発声するのに合わせて口をあける。

・指導者がタイルを指さししながら数詞を発声するのに合わせてまばたきをする。

・指導者がタイルを指さししながら数詞を発声するのに合わせて指をピクリと動かす。

　本書ではこのように例を挙げましたが、指導者がタイルを指さししながら数詞を発声するのに合わせて、子どもが自発的にできる動きで行います。子どもの実態に合わせて工夫するとよいでしょう。

＊少しずつ子どもが表出する発声や動きが、数えるタイルの数と同じになるように学習します。

(2) タイルを必要な数だけ選んで「おなじにする」ことについて

　上肢にまひなどがあって、タイルを操作することが難しい場合は、以下のような方法で学習します。

　指導者が、たしかめ板の左側に白のタイルを3個、たしかめ板の右側に白のタイルを2個置いたところから説明します。

- ●「イエス」のサインがはっきりしている場合は、子どもが置く赤いタイルを指導者が置くごとに「これでおなじですか」と聞きながら学習を進めます。
- ●表出サインがはっきりしないけれども視線で選ぶことができる子どもは、以下の手順で学習を進めます。

①たしかめ板の右側の下から3番めのマス目を指さししながら、「ここにタイルを置いて」、左側のタイルを指さししながら「こっちの3とおなじにするよ」と言います。

②呈示皿を、たしかめ板の左側と右側に1枚ずつ置きます。

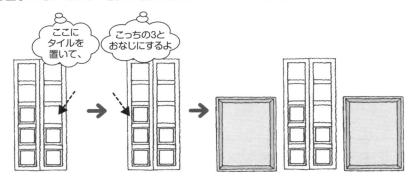

③たしかめ板の左側の呈示皿に、赤のタイルを2個置きます。

④たしかめ板の右側の呈示皿に、赤のタイルを1個置きます。

⑤たしかめ板の右側の下から3番めのマス目を指さししながら、「ここに置いて」、たしかめ板の左側を指さししながら「こっちの3とおなじになるのはどっちですか」と言います。

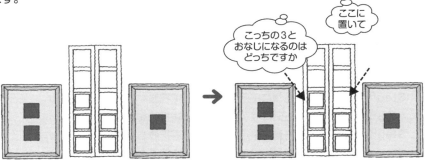

第4章 合成・分解 その1

⑥子どもは、たしかめ板の右側のタイルを見ます。

⑦見た瞬間、右側の呈示皿に置いたタイルをポインティングしながら「そうだね」と言います。と同時にたしかめ板の左側のタイルを呈示皿ごと撤去します。

⑧たしかめ板の右側の下から3番めのマス目に、指導者が「1」と言いながら赤のタイルを置きます。

これ以降は、「本章 ❷ 合成・分解の方法とことばかけ (5)「3、3、おなじ」(97ページ～)」を応用します。

＊「タイルを数える」、「おなじにする」などについては、「 (1) タイルを数えることについて (112ページ)」を応用します。

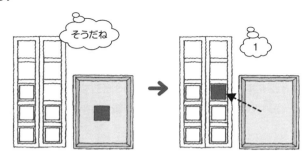

> **Point** 正選択肢のタイルの数について
>
> 正選択肢と誤選択肢のタイルの数については、差が大きいほどやさしいです。
>
> Step 1：正選択肢と誤選択肢の数の差が3個以上
> Step 2：正選択肢と誤選択肢の数の差が2個
> Step 3：正選択肢と誤選択肢の数の差が1個

> **Point** 正選択肢の位置と呈示の順序による難易度
>
> 正選択肢が利き手側にある方がやさしいです。
> 正選択肢を誤選択肢のあとに呈示する方がやさしいです。
> 子どもは右利きとして説明します。
>
> Step 1：誤選択肢を左側に呈示してから正選択肢を右側に呈示します。
> Step 2：誤選択肢を右側に呈示してから正選択肢を左側に呈示します。
> Step 3：正選択肢を右側に呈示してから誤選択肢を左側に呈示します。
> Step 4：正選択肢を左側に呈示してから誤選択肢を右側に呈示します。

第5章

合成・分解 その2
~トレイを用いる合成・分解~

第**5**章　合成・分解　その2

トレイを用いる 合成・分解

　たしかめ板を使って合成・分解の学習が十分できるようになったら、次はトレイを用いて合成・分解の学習を進めましょう。トレイでの学習に入る目安は、たしかめ板で5までの合成・分解が確実にできるようになったときと考えています。6以上の学習でトレイだけでは難しい場合は、たしかめ板で学習してから同じ組み合わせの数をトレイで学習するとよいでしょう。

　トレイでの学習でも、左側のトレイと右側のトレイが同じであるということが最も大切です。トレイでの合成・分解の学習は、合成・分解の理解を深めるとともに、数字の導入、数式につながる学習です。

1. 合成・分解の学習の系統性

　10までの数の合成・分解の学習の系統性の考え方は、5までの数の合成・分解の学習の原則と同じです。

　合成・分解の学習では、分解した数の組み合わせによって、難易度が異なります。

　もとの数（合成した数）が小さいほどやさしいです。子どもが考えて導き出す数が小さいほどやさしいです。

　10までの数の合成・分解の学習順序は、次のようになります。

易 → 難

1	2	3	4	5	6	7	8	9	10
	1と<u>1</u>	2と<u>1</u>	3と<u>1</u>	4と<u>1</u>	5と<u>1</u>	6と<u>1</u>	7と<u>1</u>	8と<u>1</u>	9と<u>1</u>
		1と<u>2</u>	2と<u>2</u>	3と<u>2</u>	4と<u>2</u>	5と<u>2</u>	6と<u>2</u>	7と<u>2</u>	8と<u>2</u>
			1と<u>3</u>	2と<u>3</u>	3と<u>3</u>	4と<u>3</u>	5と<u>3</u>	6と<u>3</u>	7と<u>3</u>
				1と<u>4</u>	2と<u>4</u>	3と<u>4</u>	4と<u>4</u>	5と<u>4</u>	6と<u>4</u>
					1と<u>5</u>	2と<u>5</u>	3と<u>5</u>	4と<u>5</u>	5と<u>5</u>
						1と<u>6</u>	2と<u>6</u>	3と<u>6</u>	4と<u>6</u>
							1と<u>7</u>	2と<u>7</u>	3と<u>7</u>
								1と<u>8</u>	2と<u>8</u>
									1と<u>9</u>

易 ↓ 難

※下線の付いた数字が、子どもが考えて導き出す数。

学習する順序には、大きく分けて２つあります。

　ひとつめは、「７は６と<u>１</u>」、「７は５と<u>２</u>」、「７は４と<u>３</u>」、「７は３と<u>４</u>」、「７は２と<u>５</u>」、「７は１と<u>６</u>」というように、ひとつの数についてすべての組み合わせを続けて学習していく方法です。

　２つめは、「２は１と<u>１</u>」、「３は２と<u>１</u>」、「４は３と<u>１</u>」、「５は４と<u>１</u>」、「６は５と<u>１</u>」、「７は６と<u>１</u>」、「８は７と<u>１</u>」、「９は８と<u>１</u>」、「10は９と<u>１</u>」などのように、子どもが考えて導き出す数が小さいものを続けて学習するという方法です。

　あるひとつの数について、いろいろな組み合わせ（分解）があることを理解しやすいのは、ひとつめの方でしょう。

　どちらの方法がよいかは、子どもの実態によって異なります。子どもの実態に応じて学習を進めましょう。

2. 答えの位置による、学習の系統性

　答え（子どもが考えて導き出す部分）の位置によって、難易度が異なります。

例：４の合成・分解の場合

　合成・分解の表し方には、「ｃはａとｂ」、「ａとｂでｃ」の２つの形式があります。４の合成・分解では、例えば「４は３と１」、「３と１で４」となります。

　「ｃはａとｂ」（「４は３と１」）の形式に慣れている子どもの場合、答え（子どもが考えて導き出す部分）の位置による学習順序は右のようになります。

> ① ４は３と□
> ② ４は□と１
> ③ □は３と１
> ④ ３と□で４
> ⑤ □と１で４
> ⑥ ３と１で□

　「ａとｂでｃ」（「３と１で４」）という形式に慣れている子どもの場合の学習順序は、④⑤⑥①②③となります。

　子どもの実態によっては、①④、②⑤、③⑥という順で学習した方がわかりやすい場合もあります。

第5章 合成・分解 その2

　4の合成・分解の場合、「4は3と1」の組み合わせから学習を始めます。

　「4は3と1」の組み合わせで①から⑥まで学習します。

　できるようになったら①から⑥までランダムに学習します。

　続いて、「4は2と2」の組み合わせの学習を行います。

　同様に学習して、できるようになったら、次に「4は1と3」の組み合わせの学習を行います。

　そして、4の合成・分解の学習のまとめとして、「3と1」、「2と2」、「1と3」のすべての組み合わせを①から⑥までランダムに学習します。

　子どもによっては、「4は3と1」の次に「4は2と2」ではなく、「4は1と3」を学習した方がわかりやすい場合があります。

　このように、分解した数「3」と「1」を逆にした形を続けて学習した方がわかりやすい場合や、分解した数が「2と2」のように同じ数であるものよりも、「1と3」のように違う数であった方がわかりやすい場合などは、学習する順番を入れ替えます。

　合成・分解の学習は、わかるようになってきたら、ステップを省略して学習を進めてもよいでしょう。わかるようになるまでは、省略せず、繰り返し丁寧に学習することが大切です。

> ## Point　学習の順序について
>
> 　実際の指導では学習課題の難易度は、これまで述べたような原則通りであるとは限りません。むしろ、原則通りでない場合の方が多いかもしれません。
>
> 　子どもの数に対する理解の程度や理解のしかたによって難易度の決め方が異なります。
>
> 　学習の系統性やスモールステップの順序を決めるのは指導者ではなく、子どもの実態です。学習の系統性やステップは、子どもの実態に応じて組み換えることが大切です。

118

3. 合成・分解の方法とことばかけ

トレイを用いて合成・分解の学習をします。
子どもは右利きとします。

例：「4は3と1」

教材

・トレイ：約10cm×20cmのもので、ふちの高さが1cm程度のもの。
　　　　　ふちの高さは高すぎると、見えにくく、操作しにくくなります。

・トレイの中に置く色画用紙：約10cm×10cmのもの1枚。

・タイル：10個

・呈示皿：1枚

タイルは、トレイ・トレイに置いた色画用紙・呈示皿に置いたときに、見えやすい色のものにします。
タイルは、必ず左から置きます。

方法とことばかけ

(1)「ない、ない、おなじ」その1

①トレイを2つ横に並べて呈示します。

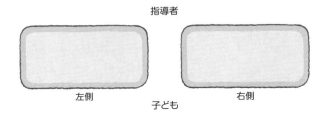

②子どもの左手の人差し指を援助して、左側のトレイを指さししながら、「こっちは、ない、（ゼロ）」、右手の人差し指を援助して、右側のトレイを指さししながら、「こっちも、ない、（ゼロ）」と言います。「ない、（ゼロ）」、「ない、（ゼロ）」は一緒に言います。

③子どもの右手の人指し指を援助して、右側のトレイを指さししながら、「こっちと」、左手の人指し指を援助して、左側のトレイを指さししながら、「こっちは」、続けて「おなじ」と言います。「おなじ」と言うときは、両手を援助して、机を3回トントントンとたたきながら一緒に「お」・「な」・「じ」と言うようにします。

④「よくできました」とほめます。

＊「ない」と「ゼロ」のことばかけ
　はじめのうちは「こっちは、ない」と言います。「ない」ということを子どもが理解してきたら、「こっちは、ない、ゼロ」と、「ない」と「ゼロ」の両方を言うようにします。子どもが「ゼロ」と言えるようになったら、「ない」は言わずに「こっちは、ゼロ」と言うようにします。「ない」も「ゼロ」も、指導者が早めに言い、子どもがまねて言うことができるようにします。次に、指導者と子どもが同時に言います。そして、子どもがひとりで「ゼロ」と言うことができるようになるまで学習します。

※「0」は「ゼロ」か、「れい」と言います。
　どちらの言い方をしてもよいですが、「ゼロ」と言ったり、「れい」と言ったりしないでどちらか一方に統一して言うようにします。

Point　「おなじ」の質問のしかた

　子どもがひとりで「お」・「な」・「じ」と言うことができるようになったら、質問をするようにして学習を進めます。「お」・「な」・「じ」とひとりで言えるようになるまで、質問はしません。

　質問のしかたのステップについて、次に示します。

Step 1　質問はしません。「お」・「な」・「じ」と一緒に言うようにします。

Step 2　「こっちとこっちはちがう？　おなじ？」と質問し、子どもが答えます。

Step 3　「こっちとこっちはおなじ？　ちがう？」と質問し、子どもが答えます。
＊あとから聞いたことばが記憶に残りやすいので、**Step 2**の方が「おなじ」と言いやすいです。

Step 4　「こっちとこっちは？」と質問し、子どもが答えます。

Step 2・3・4では、子どもが「ちがう」と言ってから訂正していたのでは、定着しません。このようなときには、子どもが言う前に、指導者が「おなじ」と言うことがポイントです。

　学習が進んで、わかるようになってきたら、**（1）**を省略して次の**（2）**から学習してもよいでしょう。

(2)「ない、ない、おなじ」その2

トレイの中に色画用紙を置いても、タイルがない状態を、「ない、(ゼロ)」であるということを理解する学習です。

①右側にあるトレイの中の、右半分に色画用紙を置きます。トレイを2つ横に並べて呈示します。

②子どもの左手の人差し指を援助して、左側のトレイを指さししながら、「こっちは、ない、(ゼロ)」、右手の人差し指を援助して、右側のトレイを指さししながら、「こっちも、ない、(ゼロ)」と言います。「ない、(ゼロ)」、「ない、(ゼロ)」は一緒に言います。

③子どもの右手の人指し指を援助して、右側のトレイを指さししながら、「こっちと」、左手の人指し指を援助して、左側のトレイを指さししながら、「こっちは」、続けて「おなじ」と言います。「おなじ」と言うときは、両手を援助して、机を3回トントントンとたたきながら一緒に「お」・「な」・「じ」と言うようにします。

④「よくできました」とほめます。

*新しい教材なので、(1) (2) は、子どもの手を援助して行います。(3) 以降は子どもがひとりで行うようにします。子どもがひとりで行うのが難しい場合は、援助して一緒に行います。

(3)「4、ない、ちがう」

①左側のトレイを指さししながら、「こっちに、4つくるよ」と言います。

②左側のトレイを指さししながら、「ここに、1・2・3・4、4つくるよ。タイルを置くから、一緒に言ってね」とことばかけをします。

③右側のトレイと指導者の間に呈示皿を置きます。

④呈示皿の上にタイルを4個置きます。

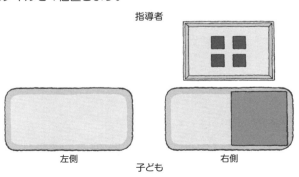

第5章 合成・分解 その2

⑤左側のトレイに、左から順にタイルを一緒に数えながら指導者が置きます。「1」、「2」、「3」、「4」。
　＊タイルとタイルは、間をあけて並べます。

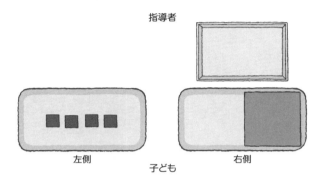

⑥左側のトレイのタイルを指さししながら、「指さししながらタイルを数えてください」と言います。
⑦子どもは、左側のトレイのタイルを左から順に指さししながら数えます。「1」、「2」、「3」、「4」。
　＊子どもがひとりで指さしするのが難しい場合は、子どもの右手の人差し指を援助して一緒に指さしして数えます。
⑧「いくつ？」と聞きます。子どもは「4」と言います。
⑨「そうだね、よくできたね」と言います。
⑩左側のトレイのタイルを指さししながら、「こっちはいくつ？」と聞きます。子どもは「4」と言います。
⑪右側のトレイを指さししながら、「こっちは？」と聞きます。子どもは「ない、(ゼロ)」と言います。
⑫「そうだね」と言います。
⑬右側のトレイを指さししながら一緒に「こっちは、ない、(ゼロ)」、左側のトレイを指さししながら一緒に「こっちは、4」と言います。
⑭左側のトレイを指さししながら一緒に「こっちと」、右側のトレイを指さししながら一緒に「こっちは」、続けて「ちがう」と言います。「ちがう」と言うときは、右手を横に振りながら一緒に「ち」・「が」・「う」と言います。
⑮「よくできました」とほめます。

> **Point** 「ちがう」の質問のしかた
>
> 　子どもがひとりで「ちがう」と言うことができるようになったら、質問をするようにして学習を進めます。「ちがう」とひとりで言えるようになるまで、質問はしません。
> 　質問のしかたのステップについて、次に示します。
>
> **Step 1** 　質問はしません。「ち」・「が」・「う」と一緒に言うようにします。
> **Step 2** 　「こっちとこっちはおなじ？　ちがう？」と質問し、子どもが答えます。
> **Step 3** 　「こっちとこっちはちがう？　おなじ？」と質問し、子どもが答えます。
> *あとから聞いたことばが記憶に残りやすいので、Step 2の方が「ちがう」と言いやすいです。
> **Step 4** 　「こっちとこっちは？」と質問し、子どもが答えます。
>
> Step 2・3・4では、子どもが「おなじ」と言ってから訂正していたのでは、定着しません。このようなときには、子どもが言う前に、指導者が「ちがう」と言うことがポイントです。

(4)「4、3、ちがう」

①右側のトレイの色画用紙のない部分（右側のトレイの左半分）を指さししながら「こっちに、3つくるよ」と言います。
②右側のトレイの色画用紙のない部分を指さししながら、「ここに、1・2・3、3つくるよ。タイルを置くから、一緒に言ってね」とことばかけをします。
③呈示皿の上にタイルを3個置きます。

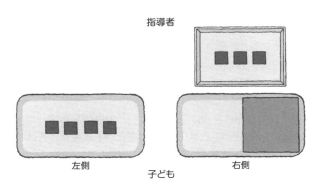

第5章 合成・分解　その2

④右側のトレイの色画用紙のない部分に、左から順にタイルを一緒に数えながら指導者が置きます。「1」、「2」、「3」。

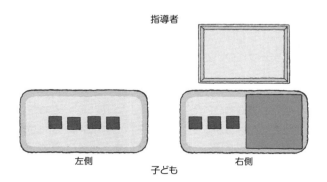

⑤右側のトレイの色画用紙のない部分のタイルを指さししながら、「こっちのタイルを指さししながら数えてください」と言います。

⑥子どもは、右側のトレイの色画用紙のない部分のタイルを左から順に指さししながら数えます。「1」、「2」、「3」。

⑦「いくつ？」と聞きます。子どもは「3」と言います。

⑧「そうだね、よくできたね」と言います。

⑨左側のトレイのタイルを指さししながら、「こっちのタイルを指さししながら数えてください」と言います。

⑩子どもは、左側のトレイのタイルを左から順に指さししながら数えます。「1」、「2」、「3」、「4」。

⑪「いくつ？」と聞きます。子どもは「4」と言います。

⑫「そうだね、よくできたね」と言います。

⑬左側のトレイのタイルを指さししながら、「こっちはいくつ？」と聞きます。子どもは「4」と言います。

⑭右側のトレイの色画用紙のない部分のタイルを指さししながら、「こっちはいくつ？」と聞きます。子どもは「3」と言います。

⑮「そうだね、よくできたね」と言います。

⑯右側のトレイの色画用紙のない部分を指さししながら、「こっちは？」と聞きます。子どもは「3」と言います。左側のトレイを指さししながら「こっちは？」と聞きます。子どもは「4」と言います。

⑰左側のトレイを指さししながら一緒に「こっちと」、右側のトレイを指さししながら一緒に「こっちは」、続けて「ちがう」と言います。「ちがう」と言うときは、右手を横に振りながら一緒に「ち」・「が」・「う」と言います。

⑱「よくできました」とほめます。

＊前述したように、子どもがひとりで「ちがう」と言うことができるようになったら、質問をするようにして学習を進めます。

124

(5)「4と同じにする」

①右側のトレイの色画用紙のある部分を指さししながら「ここにタイルを置いて」、左側のトレイのタイルを指さししながら「こっちの4とおなじにするよ」と言います。

②右側のトレイの色画用紙のない部分のタイルを指さししながら、「3と、あといくつで4とおなじになりますか？」と聞きます。子どもは「1」と言います。

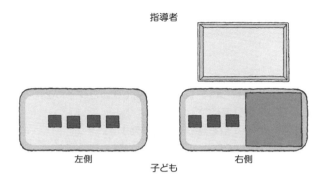

> **Point** まちがえさせない工夫
>
> 「3と、あといくつで4とおなじになりますか？」と聞いて、すぐに答えられないときは、待たずに、子どもが正しく答えられるように工夫します。待って、まちがった答えを言ってから訂正していたのでは、なかなか定着しません。
>
> ❶トレイと子どもの間に
>   タイル4個を呈示します。
>
>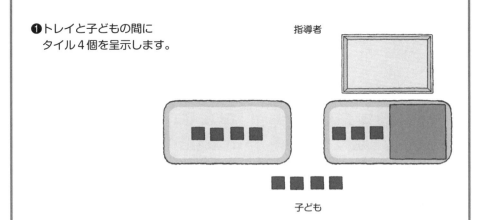
>
> ❷「指さししながらタイルを数えてください」と言います。子どもが指さししながら数えます。「1」・「2」・「3」・「4」。
>
> ❸「いくつ？」と聞きます。子どもは「4」と答えます。

第5章 合成・分解 その2

❹「タイル3個を左に動かすよ。一緒に数えてね」と言います。
❺指導者が、左端のタイルから3個を1個ずつ左に5㎝程度動かします。
　動かしながら子どもと一緒に数えます。「1」、「2」、「3」。

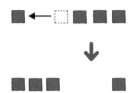

❻左側に動かしたタイルを指さしして「3と」、右側に残ったタイルを指さしして「あといくつで4とおなじになりますか?」と聞きます。
❼子どもは、右側に残ったタイルを見て「1」と答えます。

＊この方法で学習し、子どもが理解したと判断したら、このタイルの呈示はせずに、「3と、あといくつで4とおなじになりますか?」と聞きます。タイルの呈示をせずに子どもが「1」と答えられるようになるまで丁寧に学習しましょう。
　何度も繰り返しこの方法で学習しても正しく答えることができない場合は、後述する「❺「あといくつで同じになるか」がわかるようになるためのステップ（130ページ）」で学習するとよいです。

③「そうだね、よくできたね」と言います。
④呈示皿の上にタイルを1個置きます。

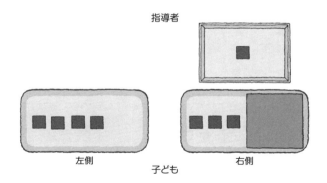

⑤右側のトレイの色画用紙のある部分（右側のトレイの右半分）を指さししながら「ここに、数えながら置いてください。1だよ」と言います。
⑥子どもが数えながらタイルを置きます。「1」。
⑦「よくできました」とほめます。

＊指導者が タイルを3個置いたあと、子どもが1個のタイルを置くとき、「4」と言うことがよく見られます。これが「数えたし」につながります。このようなときは、子どもが「4」と言う前に、指導者が「1」と言うことが大切です。

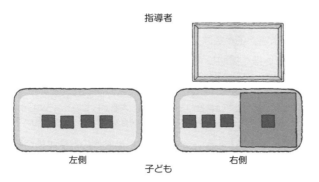

(6)「4、4、おなじ」

①右側のトレイのタイル全体を指さししながら、「こっちのタイルを指さししながら数えてください」と言います。子どもは右側のトレイのタイルを左から順に指さししながら数えます。「1」、「2」、「3」、「4」。

②右側のトレイのタイルを指さししながら、「こっちは？」と聞きます。子どもは「4」と言います。

③左側のトレイのタイルを指さししながら、「こっちのタイルを指さししながら数えてください」と言います。子どもは左側のトレイのタイルを左から順に指さししながら数えます。「1」、「2」、「3」、「4」。

④左側のトレイのタイルを指さししながら、「こっちも？」と聞きます。子どもは「4」と言います。

⑤左側のトレイを指さしながら「こっちと」、右側のトレイを指さししながら「こっちは？」と聞きます。子どもは、「おなじ」と言います。「おなじ」と言うときは、両手で、机を3回トントントンとたたきながら「お」・「な」・「じ」と言うようにします。

(7)「3と1、全部で4」

①右側のトレイの色画用紙のない部分のタイルを指さししながら、「先生が置いたタイルを指さししながら数えてください」と言います。子どもは、右側のトレイの左側の部分（色画用紙のない部分）のタイルを指さししながら数えます。「1」、「2」、「3」。

②「先生が置いたのはいくつ？」と聞きます。子どもは「3」と言います。

第5章 合成・分解 その2

③右側のトレイの色画用紙のある部分のタイルを指さししながら、「○○さんが置いたタイルを指さししながら数えてください」と言います。子どもは右側のトレイの色画用紙のある部分のタイルを指さししながら数えます。「1」。

④右側のトレイの色画用紙を置いた部分のタイルを指さししながら、「○○さんが置いたのはいくつ?」と聞きます。子どもは「1」と言います。

⑤子どもの右手の人差し指を援助して、右側のトレイの色画用紙のない部分のタイルと、右側のトレイの色画用紙のある部分を指さししながら、一緒に「3と1、全部で4」と言います。

　　＊はじめから、ひとりで言える子どもはほとんどいません。まねをして言うようにします。はじめのうちは「『3と1、全部で4』と言うよ」と言ってから、一緒に「3と1、全部で4」と言います。

⑥「全部続けて数えてください」と言います。子どもは右側のトレイの色画用紙のない部分のタイルと、右側のトレイの色画用紙のある部分を指さししながら、続けて一緒に数えます。「1」、「2」、「3」、「4」。

⑦「全部で?」と聞きます。子どもは「4」と言います。

⑧左側のトレイを指さししながら「こっちのタイルも指さししながら数えてください」と言います。子どもは左側のトレイのタイルを指さししながら数えます。「1」、「2」、「3」、「4」。

⑨「こっちも?」と聞きます。子どもは「4」と言います。

⑩左側のトレイのタイルを指さししながら「こっちと」、右側のトレイを指さししながら「こっちは?」と聞きます。子どもは、「おなじ」と言います。「おなじ」と言うときは、両手で、机を3回トントントンとたたきながら「お」・「な」・「じ」と言うようにします。

⑪「そうだね、よくできたね」と心からほめます。

＊「先生が置いたタイルは3。○○さんが置いたタイルは1」のところを理解して言うことがとても難しいです。「先生が置いたタイルは3。わたし(ぼく)が置いたタイルは1」と子どもがひとりで言えるようになるまで繰り返し丁寧に学習することが必要です。
指導者が置いたタイルと自分が置いたタイルがなかなか区別できない、混乱してしまう、このようなときには、わかりやすくまちがえさせないための工夫として、指導者が使うタイルと子どもが使うタイルの色を変える方法もあります。この場合には違う色のタイルでできるようになってから、同じ色のタイルで学習してできるようになることが次の課題に進むために重要です。

＊たしかめ板でできるようになった5までの合成・分解を、このトレイを用いた方法で再度丁寧に学習することが、6以上の合成・分解の学習に円滑に移行できるポイントです。

(8) 合成・分解の確認

　「左側のトレイ」・「右側のトレイの色画用紙のない部分」・「右側のトレイの色画用紙のある部分」のタイルを、ことばかけに合わせて指さししながら、合成・分解の確認をします。次の ① ② ③ のどの形式で聞かれても答えられるようになったら、合成・分解の理解がかなり進んだといえます。

① 「3と1 全部でいくつ?」と聞きます。子どもは「4」と言います。

② 「4は3とあといくつ?」と聞きます。子どもは「1」と言います。

③ 「4は1とあといくつ?」と聞きます。子どもは「3」と言います。

＊子どもがまちがえた答えを言ってから訂正していたのでは、学習が定着しません。まちがえさせないようにする
　ことが大切です。指さししてタイルをしっかり見て答えるようにすることがポイントです。

＊子どもが正しく答えたとき、すぐに「よくできたね」と心からほめることが、学習意欲を高め、定着につながります。

Point　ほめることがポイント

　　ことばかけは、指導者が先に言って子どもがまねをする、指導者・子どもが一緒
に言う、そして子どもがひとりで言えるようになるまで丁寧に学習します。

　　まちがえさせないために、そして学習意欲を高め、定着を図るために、「うん、
そうだね」、「上手だね」、「よくできるね」などの適切なことばかけで必ずよくほめ
ることが大切です。

　　学習が進んでくるにしたがって、つい、ほめることを忘れてしまったり、最後に
まとめてほめたりするようになりがちです。子どもがどのような段階でもよくほめ、
学習の最後だけでなく、途中でも、意識して心からほめるようにしましょう。

---

4. 「必要な数」と「余分な数」

(1) 「ない、ない、おなじ」その1

　子どもが操作する色画用紙に置くタイルは、必要な数だけ呈示皿に置いて呈示します。

(2) 「余分な数」

　必要な数でできるようになったら、必要な数よりいくつか多くタイルを呈示皿に置
いて学習します。

　余分な数のタイルを呈示された場合、必要な数のタイルを取り、トレイに置いたと
ころで残ったタイルを取ろうとしないで手の動きが止まることが、量を理解すること
につながります。

第5章 合成・分解　その2

　　まちがえさせないための工夫として、必要な数のタイルをトレイに置いたところで、
「そうだね、それでいいよ」などのことばかけをしながら残っているタイルを呈示皿ごと撤去します。
　　学習の進展につれて呈示皿は撤去しないで、「そうだね、それでいいよ」などのことばかけだけでできるようにします。

（3）「余分な数」のときのタイルの撤去のステップ

　　余分なタイルの撤去は、次のようなステップで行うとよいでしょう。

Step 1　子どもがタイルを置くと同時に「そうだね、それでいいよ」と言いながら、ただちに余分なタイルを呈示皿ごと撤去します。

Step 2　子どもがタイルを置くと同時に「そうだね、それでいいよ」と言いながら、少し"間"をおいてから余分なタイルを呈示皿ごと撤去します。この"間"は、初めは1秒から、そして2秒、3秒と少し長くします。"間"は、長くても3秒までとします。

Step 3　「そうだね、それでいいよ」という言葉かけを、少しずつ"間"を長くして言うようにします。言ってから余分なタイルを呈示皿ごと撤去します。

Step 4　上記の"間"のとき、残ったタイルに視線がいったり、手が伸びたりしなくなった段階で、撤去しないで学習します。

5. 「あといくつで同じになるか」が わかるようになるためのステップ

　　「本章 ❸ 合成と分解の方法とことばかけ 　（5）「4と同じにする」 （125ページ）」のところで、「3と、あといくつで4とおなじになりますか？」と聞かれてすぐに答えられない場合は、「本章 ❸ 合成と分解の方法とことばかけ 　（5）「4とおなじにする」 （125ページ）」の「まちがえさせない工夫」で示した方法で学習します。それでも答えられないときは、以下の方法で行うとよいでしょう。

> トレイを用いる合成・分解

> 例：「4は3と1」

「3と、あといくつで4とおなじになりますか？」と聞かれて、課題を理解し正しく答えられるようになるために、以下のようなステップで学習を進めます。

ことばかけは、「本章 ❸. 合成と分解の方法とことばかけ (5)「4とおなじにする」（125ページ）、(6)「4、4、おなじ」（127ページ）」を応用するとよいでしょう。

Step 1：右側のトレイの色画用紙のある部分に置くタイルを、必要な数（1個）だけ呈示皿に入れて呈示します。
子どもは、<u>タイルを置いて同じにしてから</u>、置いたタイルの数を言います。

ことばかけ：「○○さんが、置いたのはいくつ？」「1」

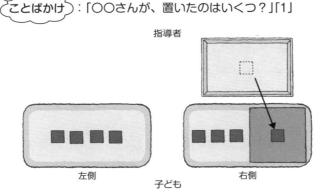

指導者
左側　子ども　右側

Step 2：右側のトレイの色画用紙のある部分に置くタイルを、必要な数（1個）だけ呈示皿に入れて呈示します。
子どもは、<u>置くタイルの数を言ってから</u>、タイルを置いて同じにします。

ことばかけ：「3と、あといくつで4とおなじになりますか？」「1」

> **Point** 答えられるようになるためのポイント
>
> この段階では、「3と、あといくつで4とおなじになりますか？」と聞かれただけで、タイルの数を正しく答えられることがまだ定着していません。指導者が呈示皿にタイル1個を置くことによって、それを見て、答えるようします。
> この学習を行うことで、次第に、呈示皿にタイルを置かなくても「3と、あといくつで4とおなじになりますか？」と聞かれて、答えられるようになっていきます。

第5章 合成・分解 その2

Step 3：右側のトレイの色画用紙のある部分に置くタイルを、必要な数よりいくつか多く（2～3個）呈示皿に入れて呈示します。
子どもは、<u>タイルを置いて同じにしてから</u>、置いたタイルの数を言います。

ことばかけ：「〇〇さんが、置いたのはいくつ？」「1」

＊余分な量のタイルを呈示された場合、必要な量のタイルをトレイに置いたところで手の動きが止まることが、課題を理解し数概念を形成するうえで重要なことです。

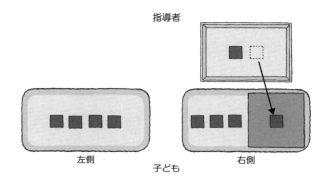

Step 4：右側のトレイの色画用紙のある部分に置くタイルを、必要な数よりいくつか多く（2～3個）呈示皿に入れて呈示します。
子どもは、<u>置くタイルの数を言ってから</u>、タイルを置いて同じにします。

ことばかけ：「3と、あといくつで4とおなじになりますか？」「1」

6. もとの数（合成した数）のタイルの並べ方

もとの数（合成した数）のタイルをトレイに並べるとき、課題の理解を助け、まちがえさせないように、次のような工夫をします。

トレイを用いる合成・分解

例:「4は3と1」

①もとの数(合成した数)のタイル4個を、3と1に分けて並べます。

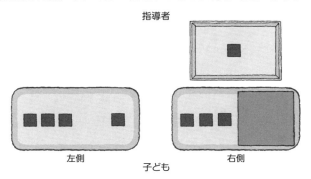

② ①で、できるようになったら、もとの数(合成した数)のタイル4個を等間隔に並べます。

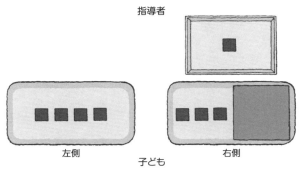

*タイルの数が多くなってきたら、2段にして並べるとよいでしょう。
　2段に分けるときは、分解した数で分けます。
　1段目と2段目のタイルの位置は、左から同じ位置になるように呈示します(下例参照)。

例:「6は4と2」

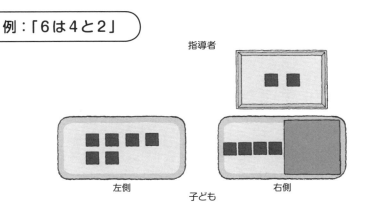

133

第**5**章 合成・分解 その2

第6章

合成・分解 その3
～タイルを2つに分ける方法～

第6章 合成・分解 その3

タイルを2つに分ける方法

「第5章 合成・分解 その2 トレイを用いる合成・分解（116ページ）」と並行して、「タイルを2つに分ける方法」で合成・分解の学習を行います。

呈示したタイルを左右の手で2つに分けて隠します。片方の手を開いてそのタイルを見て、もう片方に隠されているタイルの数を答える学習です。

たしかめ板やトレイなどがなくても、タイルと机があれば子どもと向き合って学習できるので、いろいろな場所や時間を有効に使うことによって、合成・分解の定着を図ることができます。

1. タイルを2つに分ける学習の方法とことばかけ

例：4は3と1

タイル4個を左右の手で隠して2つに分け、タイルが「3」の方を開いて見せて、隠れている「1」を答えます。

子どもは右利きとします。

教材
・タイル：4個 ■■■■

方法とことばかけ

(1) タイルの呈示

①タイルを4個呈示します。＊タイルは横に間をあけて並べます。

指導者

子ども

タイルを2つに分ける方法

② 「一緒に数えるよ」と言います。タイルを左から順に指さししながら、子どもと一緒に数えます。「1」、「2」、「3」、「4」。
③ 「いくつ？」と聞きます。子どもは「4」と答えます。
④ 「そうだね、4だね」と言います。

(2) タイルを左右に2つに分ける

① 指導者が、タイル4個を左右の手で隠し、机上をすべらせて右手（子どもから見て左側）に3個、左手（子どもから見て右側）に1個になるように分けます。
② 「4を分けました」と言います。
③ 右手を開いてタイルを見せます。
④ タイルを指さししながら、「数えてください」と言います。子どもは、左から指さししながら数えます。「1」、「2」、「3」。
⑤ 「こっちはいくつ？」と聞きます。子どもは「3」と答えます。
⑥ 「そうだね。3だね」と言います。
⑦ はじめにタイル4個を呈示した場所を指さししながら、「はじめにあったのはいくつ？」と聞きます。子どもは「4」と答えます。
⑧ 「そうだね。4だね」と言います。

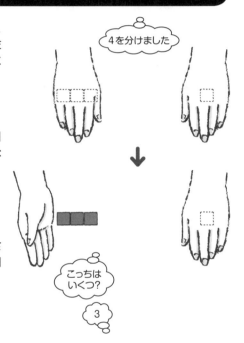

(3) 4は3とあといくつ

① タイル4個を呈示した場所を指さししながら、「4を分けました」と言います。指導者の右手に隠してあったタイル3個を指さしして、「こっちはいくつ？」と聞きます。子どもは「3」と答えます。
② 「そうだね。3だね」と言います。
③ タイル4個を呈示した場所を指さしして「4は」、見せたタイルを指さしして「3と」、隠した手を指さししながら「あといくつ？」と聞きます。子どもは「1」と答えます。

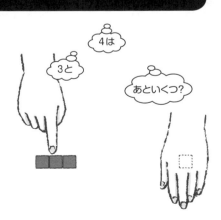

137

第6章 合成・分解 その3

＊答えるのに間があったり、迷ったりしているときは、待たないですぐに隠しているタイルを見せます。そして、「数えてごらん」と言って、数えてから、「いくつ？」と聞きます。子どもがまちがった答えを言ってから、訂正するのでは定着しません。

④子どもが答えると同時に、指導者の左手を開いてタイルを見せながら「そうだね。1だね」と言います。

⑤指導者の左手に隠してあったタイル1個を指さしして、「数えてください」と言います。子どもは指さししながら数えます。「1」。

⑥「いくつ？」と聞きます。子どもは「1」と答えます。

⑦「そうだね、1だね」と言います。

(4) 4は3と1、3と1全部で4

①タイル4個を呈示した場所、タイル3個、タイル1個を順番に指さししながら一緒に「4は3と1」と言います。

②続けて「4は3とあといくつ？」と聞きます。子どもが「1」と答えます。

③タイル3個とタイル1個をすべらせて合わせながら、一緒に「3と1、全部で4」と言います。

④続けて「3と1、全部でいくつ？」と聞きます。子どもが「4」と答えます。

⑤「よくできたね」と心からほめます。

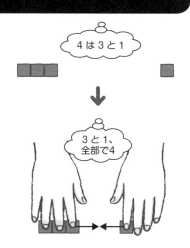

2. 合成・分解の学習の系統性

合成・分解の学習の系統性の原則は、先にも述べたように、次のようなものです。

・もとの数（合成した数）が小さいほどやさしいです。
・子どもが考えて導き出す数が小さいほどやさしいです。

合成・分解の学習では、分解した数の組み合わせによって、難易度が異なります。

＊「第5章　合成・分解　その2　トレイを用いる合成・分解　❶ 合成・分解の学習の系統性（116ページ）」を参照。

4の合成・分解の場合、上記の原則で考えると次のような順番になります。

①「4は3と1」
②「4は2と2」
③「4は1と3」
　　（下線を付けた数字が、子どもが考えて導き出す数）

　分解した数「3」と「1」を逆にした形を続けて学習した方がわかりやすい場合や、分解した数が「2と2」のように同じ数であるものよりも、「1と3」のように違う数であった方がわかりやすい場合は、次のような順番で学習してもよいでしょう。
①「4は3と1」
②「4は1と3」
③「4は2と2」

　上記の順番のどちらで行うかは、子どもの実態に応じて考えましょう。

3. タイルを分ける学習のステップ

Step1：指導者がタイルを見せながら分けます。

タイルを隠さないで分けます。タイルがいつも見えている状態なので、課題も方法もわかりやすいです。まちがえさせない工夫であり、子どもは正しく答えることができます。ここで課題や方法を十分理解させておくことが大切です。

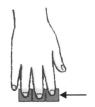

Step2：子どもの手の上に指導者の手をのせてタイルを分けます。

子どもの手のひらがタイルにふれている状態で、子どもの左手の上に指導者の右手を、子どもの右手の上に指導者の左手を置いて、机上ですべらせて学習します。5ないし6くらいまでの数では、2つに分けたとき子どもの手のひらがタイルにふれているので、いくつあるのかがわかりやすいです。まちがえさせない工夫であり、正しく答えることができます。

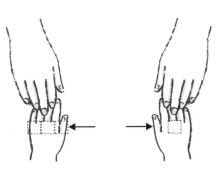

第6章 合成・分解 その3

Step3：指導者の手の上に子どもの手をのせてタイルを分けます。

指導者の左手の上に子どもの右手を、指導者の右手の上に子どもの左手を置いて、机上ですべらせて学習します。タイルにふれているのは指導者の手のひらで、子どもの手はタイルにふれていないので、Step2より難しくなります。タイルをよく見てよく考えるように学習することが大切です。

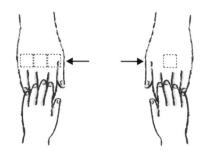

Step4：指導者の手だけでタイルを分けます。

指導者がタイルを隠して分け、子どもはよく見て考えて答えます。

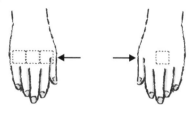

＊Step 1、2、3、4を一連のまとまりとして学習します。
＊「4は3と1」の場合、
　・手を開いて「3」を見て、「1」を答える。
　・手を開いて「1」を見て、「3」を答える。
　を続けて行うとき、「3」と「1」にタイルを分けた左右の呈示位置を変えないで行う方が、子どもにわかりやすいです。

視覚障害がある場合

　視覚障害がある場合は、タイルを見て、タイルの数を言うことはできません。そこで、タイルを手でさわって指でふれながら数えて考えることになります。
　方法とことばかけについて説明します。
　子どもは右利きとします。

例：4は3と1

　タイル4個を3と1に分けます。タイルが3の方をさわらせて数えます。もう一方のタイルの数を考えて言うようにします。

タイルを2つに分ける方法

> 教材

・タイル：4個　■ ■ ■ ■

　普通のタイルでわかりにくい場合は、前述した「**第1章　❸ 数え板を使って数える**　**(1) タイルを動かして数える**　（視覚障害がある場合）（11ページ）」のサンドペーパーなどを貼ったタイルを用います。

> 方法とことばかけ

(1) タイルの呈示

① タイルを4個呈示します。
　＊タイルは横に間をあけて並べます。

指導者

子ども

② 「一緒に数えるよ」と言います。子どもの左手の人差し指を援助して、一番左側のタイルの上に置きます。子どもの右手の人差し指を援助して、一番左側のタイルの上、左手の人差し指の横に置きます。右手の人差し指を援助して、一緒にゆっくりさわってタイルを数えます。「1」、「2」、「3」、「4」。
③ 「いくつ？」と聞きます。子どもは「4」と答えます。
④ 「そうだね、4だね」と言います。

(2) タイルを左右に2つに分ける

① 「4を2つに分けます」と言います。指導者は右手をタイルの3個の上に、左手をタイル1個の上に置きます。「先生の手の上に手をのせてください」と言い、援助して指導者の右手の上に子どもの左手を、指導者の左手の上に子どもの右手をのせます。子どもの両手をのせたまま、指導者は右手をタイル3個の上に、左手をタイル1個の上に置きます。両手を左右にすべらせて2つに分けます。

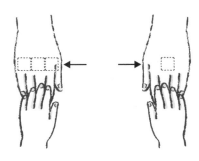

141

② 「4を分けました」と言います。
③ 指導者は、子どもの左手がのっている方の手を軽く動かして「4を、こっちと」、子どもの右手がのっている方の手を軽く動かして「こっちに、分けました」と言います。子どもの左手は、指導者の手の上に置いたままにしておきます。「右手を机の上に置いてください」と言います。子どもは右手を机の上に置きます。
④ 指導者の右手の上にのっている子どもの左手をトントンと軽くたたいて（タッピング）、「こっちをあけるよ」と言います。指導者の右手を開き、援助して子どもの左手でタイルをさわらせます。

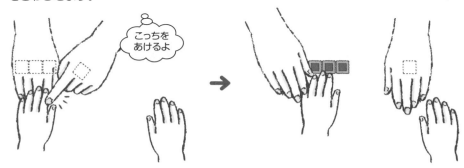

⑤ 数えやすいようにタイル3個を横に間をあけて並べます。「数えてください」と言います。子どもの左手の人差し指を援助して、一番左側のタイルの上に置きます。子どもの右手の人差し指を援助して、一番左側のタイルの上、左手の人差し指の横に置きます。右手の人差し指を援助して、一緒にゆっくりさわってタイルを数えます。「1」、「2」、「3」。

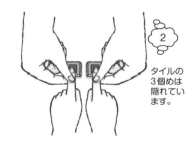

⑥ 「いくつ？」と聞きます。子どもは「3」と言います。
⑦ 「そうだね。3だね」と言います。
⑧ 「はじめにあったのはいくつ？」と聞きます。子どもは「4」と答えます。
⑨ 「そうだね。4だね」と言います。

(3) 4は3とあといくつ

① 「4を分けました」と言います。子どもの左手を援助して、左側のタイル3個をさわらせ、「こっちはいくつ？」と聞きます。子どもは「3」と答えます。
② 「そうだね。3だね」と言います。
③ 指導者の左手をタイル1個の上に置きます。子どもの右手を援助して、指導者の左手の上にのせます。タイル3個の上に置いてある子どもの左手をタッピングしながら、「こっちは3」と言います。

④続けて子どもの左手をタッピングしながら「4をわけました」、「4は3と」と言います。タイル1個の上に置いてある指導者の左手にのっている子どもの右手をタッピングして、「あといくつ?」と聞きます。子どもは「1」と答えます。

*答えるのに間があったり、迷っているときは、待たないですぐに指導者の左手の下にあるタイルをさわらせます。そして一緒に「1」と言います。これが学習の定着を図るポイントです。

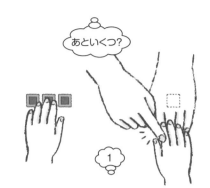

⑤「そうだね。1だね」と言います。
⑥子どもの右手を援助して右側のタイルをさわらせます。子どもの右手をタッピングしながら「数えてください」と言います。
子どもの左手の人差し指を援助して、タイルの上に置きます。子どもの右手の人差し指を援助して、タイルの上、左手の人差し指の横に置きます。右手の人差し指を援助して、一緒にゆっくりさわってタイルを数えます。「1」。
⑦「いくつ?」と聞きます。子どもは「1」と答えます。
⑧「そうだね、1だね」と言います。

(4) 4は3と1、3と1全部で4

①子どもの左手を援助して左側のタイル3個をさわらせながら「こっちは3」、子どもの右手を援助して右側のタイル1個をさわらせながら、「こっちは1」と一緒に言います。

②続けて「4は」と言い、子どもの左手をタッピングして「3と」、子どもの右手をタッピングして「1」、と一緒に言います。

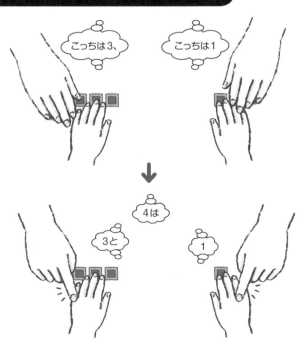

第6章 合成・分解 その3

③「4は3とあといくつ？」と聞きます。
　子どもが「1」と答えます。

④子どもの左手と右手を援助して、左側のタイル、右側のタイルをすべらせて合わせながら、一緒に「3と1、全部で4」と言います。

⑤「3と1、全部でいくつ？」と聞きます。
　子どもが「4」と答えます。

⑥「よくできたね」と心からほめます。

第7章

合成・分解での数字の導入
~タイルから数字への移行~

第**7**章　合成・分解での数字の導入

タイルから数字への移行

これまでの合成・分解は、タイルを操作し、タイルを数える方法で学習しました。

この章では、数字カードを用いて合成・分解の学習をします。

「cはaとb」の［a］［b］［c］という3つのうち、数字カードを用いる場所を1か所から始め、順次2か所、3か所と増やしていきます。

「タイルを2つに分ける方法」と「トレイを用いる方法」の2つの方法で学習し、数字カードで合成・分解ができるようにします。数字を用いたたし算・ひき算へとつながる学習です。

1. タイルを2つに分ける方法での数字カードの導入

数字カードの導入では、用いる数字カードの枚数や位置によって、難易度が異なります。

「cはaとb」（例：「3は2と1」）の中で、数字カードを1か所に用いるのが、最もやさしいです。数字カードを3か所に用いるのが最も難しいです。

また、数字カードを1か所や2か所に用いる場合、数字カードを用いる位置によっても難易度が変わります。

数字カードを、1か所に用いる場合、2か所に用いる場合、3か所に用いる場合と、順次説明します。

学習の方法とことばかけは、「**第6章　合成・分解　その3　タイルを2つに分ける方法**（136ページ）」を応用するとよいでしょう。

　例：3は2と1

[1] [2] [3] は数字カードを表します。

答えとなる部分は □ で表します。

子どもは右利きとします。

「cはaとb」の場合で、「3は2と1」で説明します。

　数字カードを1か所に用いる場合

次のような順序で学習します。

タイルから数字への移行

（1）cはaとb
3は2と□
bの位置に数字カード 1 を用います。

（2）cはaとb
3 は2と□
cの位置に数字カード 3 を用います。

（3）cはaとb
3は 2 と□
aの位置に数字カード 2 を用います。

教材
- タイル：3個 ■■■
- 数字カード： 1 2 3
  （約3cm×3cmのものを厚紙などで作ります。タイルに数字などを書いた用紙を貼って作ってもよいでしょう）

方法とことばかけ

（1）3は2と□

答えの「1」のところに数字カードを用います。

指導者

子ども

①タイル3個を呈示します。
　＊タイルは横に間をあけて並べます。

②タイル3個を指さししながら、「数えてください」と言います。子どもが左から指さししながら数えます。「1、2、3」。

③「いくつ？」と聞きます。子どもは「3」と答えます。

④指導者の左手に数字カード 1 を隠して持ちます（数字カード 1 は親指と手のひらで挟んで持ちます）。

⑤「3を分けます」と言います。

⑥指導者が、タイル3個を左右の手で隠し、机上をすべらせて右手に2個、左手に1個になるように分けます。

⑦右手を開いて、タイルを見せます。

147

第7章 合成・分解での数字の導入

⑧タイルを指さししながら、「数えてください」と言います。子どもが、左から指さししながら数えます。「1、2」。
⑨「こっちはいくつ？」と聞きます。子どもは「2」と答えます。
⑩「そうだね、2だね」と言います。
⑪「3は2とあといくつ？」と聞きます。

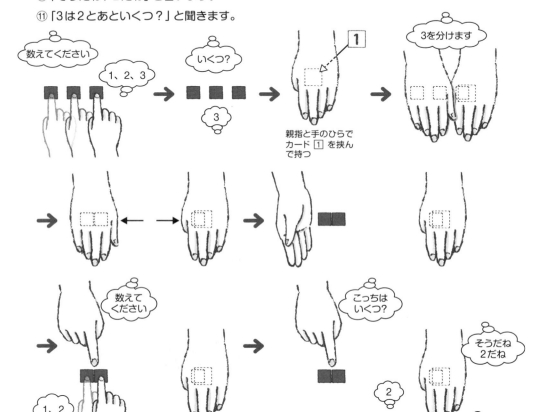

⑫子どもは、タイル2個を見ながら、3は2とあといくつかを考えます。
⑬子どもは「1」と答えます。
⑭「そうだね、1だね」と言います。
⑮子どもが「1」と答えてから、左手に隠して持っている数字カード 1 を見せます。タイル1個は左手で隠したままにしておきます。
⑯数字カード 1 を指さししながら「読んでください」と言います。
⑰一緒に「1」と言います。

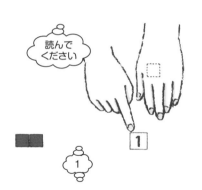

⑱タイル3個を呈示した場所、タイル2個、数字カード 1 を順番に指さししながら、一緒に「3は2と1」と言います。

⑲タイル2個と数字カード 1 をすべらせて合わせながら、一緒に「2と1、全部で3」と言います。

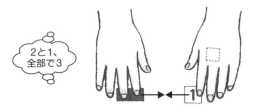

※子どもが「あといくつ」を考えるとき、指導者の手の下に隠れているのがタイルであるときとまったく同じなので、心理的に最も抵抗が少なく安心して答えることができます。
このように、はじめて数字カードを1か所に用いる場合、最初は答えとなるところに用いるのが最もやさしいです。

(2) 3 は2と□

「3」のところに数字カードを用います。

①数字カード 3 を呈示します。
②数字カード 3 を指さししながら「読んでください」と言います。一緒に「3」と言います。
③指導者の右手に2個、左手に1個、タイルを隠して持ちます。
④数字カード 3 のすぐ上（子どもから見て）にタイルを隠して持った両手を寄せて置き、「3を分けます」と言います。
⑤机上をすべらせて左右に2つに分けます。

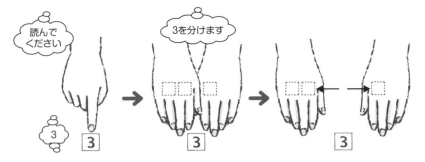

⑥右手を開いてタイル2個を見せます。
⑦タイルを指さししながら、「数えてください」と言います。子どもが左から指さししながら数えます。「1、2」。
⑧「こっちはいくつ？」と聞きます。子どもは「2」と答えます。
⑨「そうだね、2だね」と言います。
⑩「3は2とあといくつ？」と聞きます。

第7章 合成・分解での数字の導入

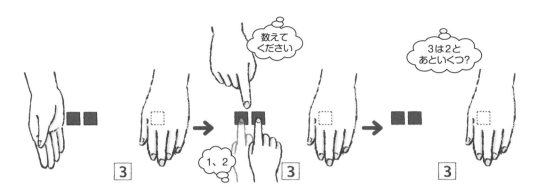

⑪子どもは、数字カード ③ とタイル2個を見ながら、3は2とあといくつかを考えます。
⑫子どもは「1」と答えます。
⑬「そうだね、1だね」と言います。
⑭子どもが「1」と答えてから、左手の下に隠しているタイル1個を左手を開いて見せます。
⑮タイルを指さししながら「数えてください」と言います。子どもが指さししながら数えます。「1」。
⑯「こっちはいくつ？」と聞きます。子どもは「1」と答えます。
⑰数字カード ③ 、タイル2個、タイル1個を順番に指さししながら、一緒に「3は2と1」と言います。

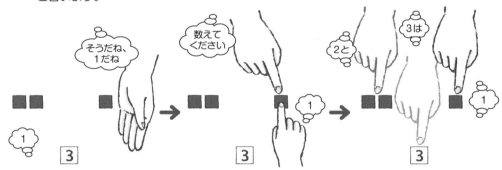

⑱タイル2個とタイル1個をすべらせて合わせながら、一緒に「2と1、全部で3」と言います。

※ここでは、考えるときの基礎となる、もとの数「3」が数字カードです。
数字カード ③ を見て、頭の中にタイル3個を思い浮かべます。
数字カード ③ とタイル2個を見て、3は2とあといくつかを考えることになります。

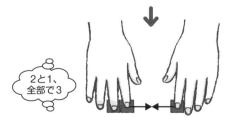

タイルから数字への移行

(3) 3は 2 と □

「2」のところに数字カードを用います。

① タイル3個を呈示します。
   *タイルは横に間をあけて並べます。
② タイル3個を指さししながら「数えてください」と言います。子どもが左から指さししながら数えます。「1、2、3」。
③ 「いくつ？」と聞きます。子どもは「3」と答えます。
④ 指導者の右手に数字カード 2 を隠して持ちます（数字カード 2 は親指と手のひらで挟んで持ちます）。
⑤ 「3を分けます」と言います。
⑥ 指導者が、タイル3個を左右の手で隠し、机上をすべらせて右手に2個、左手に1個になるように分けます。
⑧ 右手にタイルを隠して持ったまま、数字カード 2 を見せます。
⑨ 数字カード 2 を指さししながら「読んでください」と言います。
⑩ 一緒に「2」と言います。
⑪ 「3は2とあといくつ？」と聞きます。
⑫ 子どもは、数字カード 2 を見ながら、3は2とあといくつかを考えます。
⑬ 子どもは「1」と答えます。
⑭ 「そうだね、1だね」と言います。
⑮ 子どもが「1」と答えてから、左手に隠して持っているタイル1個を見せます。
⑯ タイルを指さししながら「数えてください」と言います。子どもが指さししながら数えます。「1」。
⑰ 「こっちはいくつ？」と聞きます。子どもは「1」と答えます。
⑱ 「そうだね、1だね」と言います。

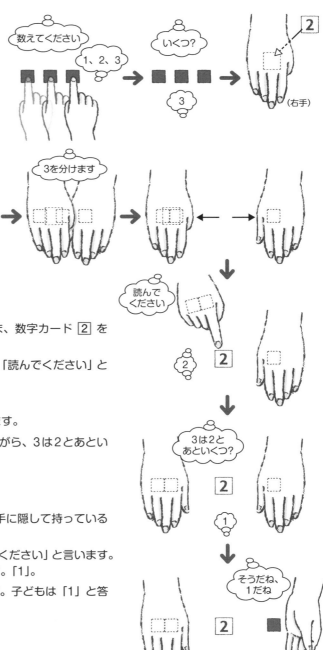

第7章 合成・分解での数字の導入

⑲タイル3個を呈示した場所、数字カード[2]、タイル1個を順番に指さししながら、一緒に「3は2と1」と言います。

⑳数字カード[2]とタイル1個をすべらせて合わせながら、一緒に「2と1、全部で3」と言います。

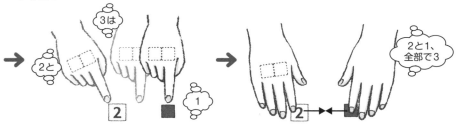

※ここでは、数字カード[2]を見て残りの1個のタイルを考えます。数字カード[2]を見て、頭の中にタイル2個を思い浮かべて、「3は2とあといくつ」を考えることになります。

数字カードを2か所に用いる場合

次のような順序で学習します。

(1) cはaとb
　　[3]は2と□
　　　cの位置に数字カード[3]を、bの位置に数字カード[1]を用います。

(2) cはaとb
　　3は[2]と□
　　　aの位置に数字カード[2]を、bの位置に数字カード[1]を用います。

(3) cはaとb
　　[3]は[2]と□
　　　cの位置に数字カード[3]を、aの位置に数字カード[2]を用います。

教材
・タイル：3個 ■■■
・数字カード：[1] [2] [3]

タイルから数字への移行

> 方法とことばかけ

(1) ３は２と□

「3」と「1」のところに数字カードを用います。

①数字カード ３ を呈示します。

②数字カード ３ を指さししながら「読んでください」と言います。一緒に「3」と言います。

③指導者の右手にタイル2個、左手に数字カード １ を、隠して持ちます。

④数字カード ３ のすぐ上（子どもから見て）にタイルや数字カードを隠して持っている指導者の両手を寄せて置き、「3を分けます」と言います。

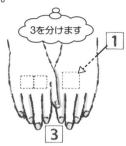

⑤机上をすべらせて左右に2つに分けます。

⑥右手を開いてタイル2個を見せます。

⑦タイル2個を指さししながら「数えてください」と言います。子どもが左から指さししながら数えます。「1、2」。

⑧「こっちはいくつ？」と聞きます。子どもは「2」と答えます。

⑨「そうだね、2だね」と言います。

⑩「3は2とあといくつ？」と聞きます。

⑪子どもは、数字カード ３ とタイル2個を見ながら、3は2とあといくつかを考えます。

⑫子どもは「1」と答えます。

⑬「そうだね、1だね」と言います。

⑭子どもが「1」と答えてから、左手に隠して持っている数字カード １ を左手を開いて見せます。

⑮数字カード １ を指さししながら「読んでください」と言います。

⑯一緒に「1」と言います。

⑰数字カード ３ 、タイル2個、数字カード １ を順番に指さししながら、一緒に「3は2と1」と言います。

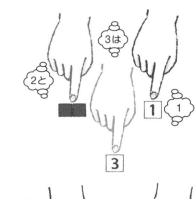

⑱タイル2個と数字カード １ をすべらせて合わせながら、一緒に「2と1、全部で3」と言います。

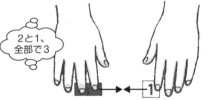

※ここでは、考えるときの基礎となる、もとの数「3」が数字カードです。
数字カード ３ を見て、頭の中にタイル3個を思い浮かべます。数字カード ３ とタイル2個を見て「3は2とあといくつ」を考えることになります。

＊子どもがすぐに言えないときは待たずに教えることがポイントです。

153

第7章 合成・分解での数字の導入

(2) 3は 2 と □

「2」と答えの「1」のところに数字カードを用います。

① タイル3個を呈示します。
② タイル3個を指さししながら「数えてください」と言います。子どもが左から指さししながら数えます。「1、2、3」。
③ 「いくつ?」と聞きます。子どもは「3」と答えます。
④ 指導者の右手に数字カード 2 、左手に数字カード 1 を隠して持ちます。
⑤ タイル3個の上に、数字カードを隠して持った両手を寄せて置き、右手の下に2個、左手の下に1個になるように隠します。「3を分けます」と言います。

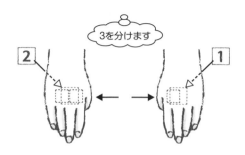

⑥ 机上をすべらせて左右に2つに分けます(右手は、数字カード 2 とタイル2個を隠しています。左手は、数字カード 1 とタイル1個を隠しています)。
⑦ 右手にタイルを隠して持ったまま、数字カード 2 を見せます。
⑧ 数字カード 2 を指さししながら「読んでください」と言います。一緒に「2」と言います。

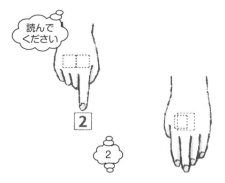

⑨ 「3は2とあといくつ?」と聞きます。
⑩ 子どもは、数字カード 2 を見ながら、3は2とあといくつかを考えます。
⑪ 子どもは「1」と答えます。
⑫ 「そうだね、1だね」と言います。
⑬ 子どもが「1」と答えてから、左手に隠して持っている数字カード 1 を見せます。タイル1個は左手で隠して持ったままにします。

タイルから数字への移行

⑭数字カード [1] を指さししながら「読んでください」と言います。一緒に「1」と言います。

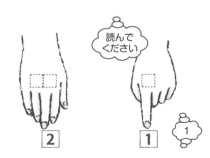

⑮タイル3個を呈示した場所、数字カード [2]、数字カード [1] を順番に指さししながら、一緒に「3は2と1」と言います。

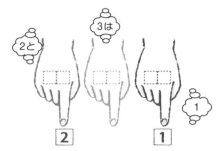

⑯数字カード [2] と数字カード [1] をすべらせて合わせながら、一緒に「2と1、全部で3」と言います。

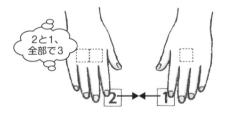

※数字カード [2] を見て残りの1個のタイルを考えます。
数字カード [2] を見て、頭の中にタイル2個を思い浮かべて、3は2とあといくつかを考えることになります。

(3) [3] は [2] と □

「3」と「2」のところに数字カードを用います。

①数字カード [3] を呈示します。
②数字カード [3] を指さししながら「読んでください」と言います。一緒に「3」と言います。
③指導者の右手に数字カード [2]、左手にタイル1個を隠して持ちます。
④数字カード [3] のすぐ上にタイルや数字カードを隠して持っている指導者の両手を寄せて置き、「3を分けます」と言います。
⑤机上をすべらせて左右に2つに分けます。
⑥右手を開いて、数字カード [2] を見せます。
⑦数字カード [2] を指さししながら「読んでください」と言います。一緒に「2」と言います。

⑧「3は2とあといくつ？」と聞きます。

⑨子どもは、数字カード ③ と数字カード ② を見ながら、3は2とあといくつかを考えます。

⑩子どもは「1」と答えます。

⑪「そうだね、1だね」と言います。

⑫子どもが「1」と答えてから、左手に隠して持っているタイル1個を見せます。

⑬タイルを指さししながら「数えてください」と言います。子どもが指さししながら数えます。「1」。

⑭数字カード ③ 、数字カード ② 、タイル1個を順番に指さししながら、一緒に「3は2と1」と言います。

⑮数字カード ② とタイル1個をすべらせて合わせながら、一緒に「2と1、全部で3」と言います。

※子どもは数字カード ③ と ② を見て残りの1個のタイルを考えます。
　数字カード ③ と ② を見て、頭の中にタイル3個、タイル2個を思い浮かべて、3は2とあといくつかを考えることになります。
　考えるときの基礎となる、もとの数「3」と、分けた数「2」が、両方とも数字カードなので難しいです。次ページの「数字カードを3か所に用いる場合」(1) の方が、もとの数「3」がタイルで示されているので、この「数字カードを2か所に用いる場合」の (3) よりやさしいです。子どもの実態に応じて「数字カードを3か所に用いる場合」の (1) を先に学習してもよいでしょう。

数字カードを3か所に用いる場合

次のような順序で学習します。

（1）cはaとb

③ は ② と □
　c、a、bの位置に数字カードを用います。
　数字カード ③ の上にタイルを置きます。

（2）cはaとb

③ は ② と □
　c、a、bの位置に数字カードを用います。
　数字カード ③ の上にタイルは置きません。

教材

・タイル：3個 ■■■
・数字カード： 1 2 3

タイルから数字への移行

方法とことばかけ

(1) ３ は ２ と □ （数字カード ３ の上にタイルを置きます）

数字カードを３か所に用います。

①数字カード ３ を呈示します。
②数字カード ３ を指さししながら「読んでください」と言います。一緒に「3」と言います。

③数字カード ３ のすぐ上にタイルを3個横に並べて置きます。
④タイル３個を指さししながら「数えてください」と言います。子どもが左から指さししながら数えます。「1、2、3」。
⑤「いくつ？」と聞きます。子どもは「3」と答えます。
⑥指導者の右手に数字カード ２ 、左手に数字カード １ を、隠して持ちます。
タイルのすぐ上に、数字カードを隠して持っている指導者の両手を寄せて置き、「3を分けます」と言います。

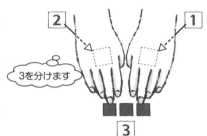

⑦机上をすべらせて左右に２つに分ける動作をします（タイルは分けずにそのままにしておきます）。
⑧右手を開いて数字カード ２ を見せます。
⑨数字カード ２ を指さししながら「読んでください」と言います。一緒に「2」と言います。

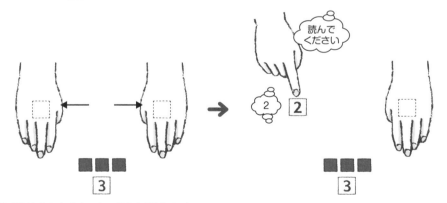

⑩「3は2とあといくつ？」と聞きます。
⑪子どもは、タイル3個と、数字カード ３ と ２ を見ながら、3は2とあといくつかを考えます。
⑫子どもは「1」と答えます。
⑬「そうだね、1だね」と言います。

157

第**7**章　合成・分解での数字の導入

⑭子どもが「1」と答えてから、左手に隠して持っている数字カード 1 を見せます。

⑮数字カード 1 を指さししながら「読んでください」と言います。一緒に「1」と言います。

⑯数字カード 3 、数字カード 2 、数字カード 1 を順番に指さししながら、一緒に「3は2と1」と言います。

⑰数字カード 2 と数字カード 1 をすべらせて合わせながら、一緒に「2と1、全部で3」と言います。

※考えるときの基礎となる、もとの数「3」がタイルで示されているので、わかりやすいです。

(2)　 3 は 2 と □ （数字カード 3 の上にタイルは置きません）

数字カードを3か所に用います。

①数字カード 3 を呈示します。

②数字カード 3 を指さししながら「読んでください」と言います。一緒に「3」と言います。

③指導者の右手に数字カード 2 、左手に数字カード 1 を、隠して持ちます。数字カード 3 のすぐ上に、数字カードを隠して持っている指導者の両手を寄せて置き、「3を分けます」と言います。

④机上をすべらせて左右に2つに分ける動作をします。

⑤右手を開いて数字カード 2 を見せます。

⑥数字カード 2 を指さししながら「読んでください」と言います。一緒に「2」と言います。

⑦「3は2とあといくつ？」と聞きます。

⑧子どもは、数字カード 3 と 2 を見ながら、3は2とあといくつかを考えます。

⑨子どもは「1」と答えます。

⑩「そうだね、1だね」と言います。

⑪子どもが「1」と答えてから、左手に隠して持っている数字カード 1 を見せます。

⑫数字カード 1 を指さししながら「読んでください」と言います。一緒に「1」と言います。

⑬数字カード 3 、数字カード 2 、数字カード 1 を順番に指さししながら、一緒に「3は2と1」と言います。

⑭数字カード 2 と数字カード 1 をすべらせて合わせながら、一緒に「2と1、全部で3」と言います。

※数字カード 3 と 2 を見て「3は2とあといくつ」を考えることになります。数字カードだけなので難しいです。

　❶ の全般を通して、子どもの実態に応じて順序を組み替えて学習するとよいでしょう。

158

タイルから数字への移行

2. トレイを用いる方法での数字カードの導入

ここではトレイを用いて数字カードの導入の学習を行います。
トレイの中の3か所のタイルをすべて数字カードに置き替えて合成・分解ができるようにします。
数字を用いた数式につながる学習です。

> 例：3は2と1

1 2 3 は数字カードを表します。
答えとなる部分は □ で表します。
子どもは右利きとします。
「cはaとb」の場合で、「3は2と1」で説明します。
下図の左側のトレイが［c］、右側のトレイの色画用紙のない部分（右側のトレイの左半分）が［a］、右側のトレイの色画用紙のある部分（右側のトレイの右半分）が［b］になります。
ここでは、タイルや数字カードを置く位置を［a］、［b］、［c］で説明します。

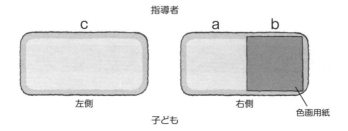

> 数字カードを1か所に用いる場合

次のような順序で学習します。

（1）cはaとb

　　　3は2と □
　　　　bの位置に数字カード 1 を用います。

第7章 合成・分解での数字の導入

（2）cはaとb

 は2と

cの位置に数字カード を用います。

（3）cはaとb

3は ② と □

aの位置に数字カード ② を用います。

教材

- トレイ：約10㎝×20㎝のもので、ふちの高さが1㎝程度のもの2枚
- トレイの中に置く色画用紙：約10㎝×10㎝のもの1枚
- タイル：5個 ■■■■■
- 数字カード： 1 2 3

方法とことばかけ

（1）3は2と□

答えの「1」のところに数字カードを用います。

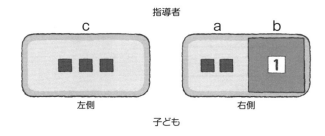

① [c] にタイル3個を呈示します。
②「数えてください」と言います。子どもが数えます。「1、2、3」。

タイルから数字への移行

③「いくつ？」と聞きます。子どもは「3」と答えます。
④ [a] にタイル2個を呈示します。
⑤「数えてください」と言います。子どもが数えます。「1、2」。
⑥「いくつ？」と聞きます。子どもは「2」と答えます。
⑦ [b] を指さししながら、「3は2とあといくつ？」と聞きます。
⑧子どもは、3個と2個のタイルを見ながら、3は2とあといくつかを考えます。
⑨子どもは「1」と答えます。
⑩子どもが「1」と答えてから、[b] に数字カード 1 を置きます。
⑪数字カード 1 を指さししながら「読んでください」と言います。一緒に「1」と言います。
⑫ [c] を指さししながら「こっちはいくつ？」と聞きます。子どもは「3」と言います。
⑬ [a] と [b] を指さししながら「こっちはいくつといくつ？」と聞きます。
⑭子どもは「2と1」と言います。
⑮「2と1全部でいくつ？」と聞きます。子どもは「3」と言います。
⑯ [a] と [b] のトレイを指さししながら「こっちは？」と聞きます。子どもは「3」と言います。
⑰ [c] のトレイを指さししながら「こっちも？」と聞きます。子どもは「3」と言います。
⑱ [c] のトレイを指さししながら「こっちと」、[a] と [b] のトレイを指さししながら「こっちは？」と聞きます。子どもは「おなじ」と言います。
⑲タイル3個、タイル2個、数字カード 1 を順番に指さししながら、一緒に「3は2と1」と言います。
⑳タイル2個、数字カード 1 、タイル3個を順番に指さししながら、一緒に「2と1、全部で3」と言います。

＊子どもがすぐに言えないときは待たずに教えることがポイントです。

(2) 3 は2と □

「3」のところに数字カードを用います。

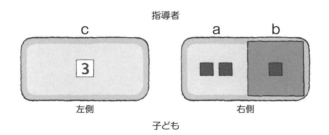

第**7**章 合成・分解での数字の導入

①［c］に数字カード 3 を呈示します。

②数字カード 3 を指さししながら「読んでください」と言います。一緒に「3」と言います。

③［a］にタイル2個を置きます。

④「数えてください」と言います。子どもが数えます。「1、2」。

⑤「いくつ？」と聞きます。子どもは「2」と答えます。

⑥［b］を指さししながら、「3は2とあといくつ？」と聞きます。

⑦子どもは、数字カード 3 とタイル2個を見ながら、3は2とあといくつかを考えます。

⑧子どもは「1」と答えます。

⑨子どもが「1」と答えてから、［b］にタイル1個を置きます。

⑩「数えてください」と言います。子どもが数えます。「1」。

⑪「いくつ？」と聞きます。子どもは「1」と答えます。

⑫［c］を指さししながら「こっちはいくつ？」と聞きます。子どもは「3」と言います。

⑬［a］と［b］を指さししながら「こっちはいくつといくつ？」と聞きます。

⑭子どもは「2と1」と言います。

⑮「2と1 全部でいくつ？」と聞きます。子どもは「3」と言います。

⑯［a］と［b］のトレイを指さししながら「こっちは？」と聞きます。子どもは「3」と言います。

⑰［c］のトレイを指さししながら「こっちも？」と聞きます。子どもは「3」と言います。

⑱［c］のトレイを指さししながら「こっちと」、［a］と［b］のトレイを指さししながら「こっちは？」と聞きます。子どもは「おなじ」と言います。

⑲数字カード 3 、タイル2個、タイル1個を順番に指さししながら、一緒に「3は2と1」と言います。

⑳タイル2個、タイル1個、数字カード 3 を順番に指さししながら、一緒に「2と1、全部で3」と言います。

(3) 3は 2 と □

「2」のところに数字カードを用います。

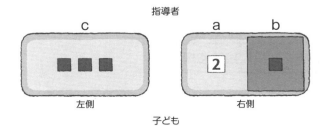

① [c] にタイル3個を呈示します。
② 「数えてください」と言います。子どもが数えます。「1、2、3」。
③ 「いくつ？」と聞きます。子どもは「3」と答えます。
④ [a] に数字カード 2 を置きます。
⑤ 数字カード 2 を指さししながら「読んでください」と言います。一緒に「2」と言います。
⑥ [b] を指さししながら、「3は2とあといくつ？」と聞きます。
⑦ 子どもは、タイル3個と数字カード 2 を見ながら、3は2とあといくつかを考えます。
⑧ 子どもは「1」と答えます。
⑨ 子どもが「1」と答えてから、[b] にタイル1個を置きます。
⑩ 「数えてください」と言います。子どもが数えます。「1」。
⑪ 「いくつ？」と聞きます。子どもは「1」と答えます。
⑫ [c] を指さししながら「こっちはいくつ？」と聞きます。子どもは「3」と言います。
⑬ [a] と [b] を指さししながら「こっちはいくつといくつ？」と聞きます。
⑭ 子どもは「2と1」と言います。
⑮ 「2と1全部でいくつ？」と聞きます。子どもは「3」と言います。
⑯ [a] と [b] のトレイを指さししながら「こっちは？」と聞きます。
⑰ 子どもは「3」と言います。
⑱ [c] のトレイを指さししながら「こっちも？」と聞きます。
⑲ 子どもは「3」と言います。
⑳ [c] のトレイを指さししながら「こっちと」、[a] と [b] のトレイを指さししながら「こっちは？」と聞きます。子どもは「おなじ」と言います。
㉑ タイル3個、数字カード 2 、タイル1個を順番に指さししながら、一緒に「3は2と1」と言います。

第7章 合成・分解での数字の導入

㉒数字カード 2 、タイル1個、タイル3個を順番に指さししながら、一緒に「2と1全部で3」と言います。

数字カードを2か所に用いる場合

次のような順序で学習します。

（1）cはaとb
3 は2と □
cの位置に数字カード 3 を、bの位置に数字カード 1 を用います。

（2）cはaとb
3は 2 と □
aの位置に数字カード 2 を、bの位置に数字カード 1 を用います。

（3）cはaとb
3 は 2 と □
cの位置に数字カード 3 を、aの位置に数字カード 2 を用います。

＊「3は2と1」の場合で、数字カードを2か所に用いる組み合わせは、(1) (2) (3) の3通りです。(3) は、次に述べる「数字カードを3か所に用いる場合」と重複する部分があり、「数字カードを3か所に用いる場合」(1)（169ページ）では、数字カード 3 のところに、タイルを用いるので、「数字カードを2か所に用いる場合」の (3)（167ページ）よりもむしろやさしくなる面があります。子どもの実態に応じて、「数字カードを2か所に用いる場合」の (3) は省略して、「数字カードを3か所に用いる場合」(168ページ) に進んでもよいでしょう。

教材

・トレイ：約10cm×20cmのもので、ふちの高さが
　　　　　1cm程度のもの2枚

・トレイの中に置く色画用紙：約10cm×10cmのもの1枚

・タイル：3個 ■■■

・数字カード：

タイルから数字への移行

> 方法とことばかけ

(1) ③は2と☐

「3」と「1」のところに数字カードを用います。

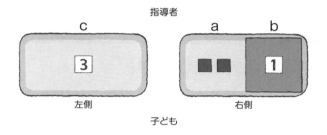

① [c] に数字カード ③ を呈示します。
② 数字カード ③ を指さししながら「読んでください」と言います。一緒に「3」と言います。
③ [a] にタイル2個を呈示します。
④ タイル2個を指さししながら「数えてください」と言います。子どもが数えます。「1、2」。
⑤ 「いくつ？」と聞きます。子どもは「2」と答えます。
⑥ [b] を指さししながら「3は2とあといくつ？」と聞きます。
⑦ 子どもは、数字カード ③ とタイル2個を見ながら、3は2とあといくつかを考えます。
⑧ 子どもは「1」と答えます。
⑨ 子どもが「1」と答えてから、[b] に数字カード ① を置きます。
⑩ 数字カード ① を指さししながら「読んでください」と言います。
⑪ 一緒に「1」と言います。
⑫ [c] を指さししながら「こっちはいくつ？」と聞きます。子どもは「3」と言います。
⑬ [a] と [b] を指さししながら「こっちはいくつといくつ？」と聞きます。
⑭ 子どもは「2と1」と言います。
⑮ 「2と1全部でいくつ？」と聞きます。子どもは「3」と言います。
⑯ [a] と [b] のトレイを指さししながら「こっちは？」と聞きます。子どもは「3」と言います。
⑰ [c] のトレイを指さししながら「こっちも？」と聞きます。子どもは「3」と言います。
⑱ [c] のトレイを指さししながら「こっちと」、[a] と [b] のトレイを指さししながら「こっちは？」と聞きます。子どもは「おなじ」と言います。

第7章 合成・分解での数字の導入

⑲数字カード ③ 、タイル2個、数字カード ① を順番に指さししながら、一緒に「3は2と1」と言います。
⑳タイル2個、数字カード ① 、数字カード ③ を順番に指さししながら、一緒に「2と1、全部で3」と言います。

(2) 3は ② と □

「2」と「1」のところに数字カードを用います。

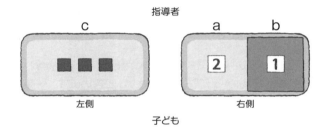

①[c]にタイル3個を呈示します。
②タイル3個を指さししながら「数えてください」と言います。子どもが数えます。「1、2、3」。
③「いくつ?」と聞きます。子どもは「3」と答えます。
④[a]に数字カード ② を呈示します。
⑤数字カード ② を指さししながら「読んでください」と言います。一緒に「2」と言います。
⑥[b]を指さししながら「3は2とあといくつ?」と聞きます。
⑦子どもは、タイル3個と数字カード ② を見ながら、3は2とあといくつかを考えます。
⑧子どもは「1」と答えます。
⑨子どもが「1」と答えてから、[b]に数字カード ① を置きます。
⑩数字カード ① を指さししながら「読んでください」と言います。
⑪一緒に「1」と言います。
⑫[c]を指さししながら「こっちはいくつ?」と聞きます。子どもは「3」と言います。
⑬[a]と[b]を指さししながら「こっちはいくつといくつ?」と聞きます。
⑭子どもは「2と1」と言います。
⑮「2と1全部でいくつ?」と聞きます。子どもは「3」と言います。

⑯ [a]と[b]のトレイを指さししながら「こっちは？」と聞きます。子どもは「3」と言います。
⑰ [c]のトレイを指さししながら「こっちも？」と聞きます。子どもは「3」と言います。
⑱ [c]のトレイを指さししながら「こっちと」、[a]と[b]のトレイを指さししながら「こっちは？」と聞きます。子どもは「おなじ」と言います。
⑲ タイル3個、数字カード 2 、数字カード 1 を順番に指さししながら、一緒に「3は2と1」と言います。
⑳ 数字カード 2 、数字カード 1 、タイル3個を順番に指さししながら、一緒に「2と1、全部で3」と言います。

(3) 3 は 2 と □

「3」と「2」のところに数字カードを用います。

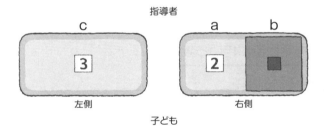

① [c]に数字カード 3 を呈示します。
② 数字カード 3 を指さししながら「読んでください」と言います。一緒に「3」と言います。
③ [a]に、数字カード 2 を呈示します。
④ 数字カード 2 を指さししながら「読んでください」と言います。一緒に「2」と言います。
⑤ [b]を指さししながら、「3は2とあといくつ？」と聞きます。
⑥ 子どもは、数字カード 3 と数字カード 2 を見ながら、3は2とあといくつかを考えます。
⑦ 子どもは「1」と答えます。
⑧ 子どもが「1」と答えてから、[b]にタイル1個を置きます。
⑨ タイル1個を指さししながら「数えてください」と言います。子どもが数えます。「1」。
⑩ 「いくつ？」と聞きます。子どもは「1」と答えます。

第7章 合成・分解での数字の導入

⑪ [c] を指さししながら「こっちはいくつ？」と聞きます。子どもは「3」と言います。
⑫ [a] と [b] を指さししながら「こっちはいくつといくつ？」と聞きます。
⑬ 子どもは「2と1」と言います。
⑭ 「2と1全部でいくつ？」と聞きます。子どもは「3」と言います。
⑮ [a] と [b] のトレイを指さししながら「こっちは？」と聞きます。子どもは「3」と言います。
⑯ [c] のトレイを指さししながら「こっちも？」と聞きます。子どもは「3」と言います。
⑰ [c] のトレイを指さししながら「こっちと」、[a] と [b] のトレイを指さししながら「こっちは？」と聞きます。子どもは「おなじ」と言います。
⑱ 数字カード ３ 、数字カード ２ 、タイル1個を順番に指さししながら、一緒に「3は2と1」と言います。
⑲ 数字カード ２ 、タイル1個、数字カード ３ を順番に指さししながら、一緒に「2と1、全部で3」と言います。

数字カードを3か所に用いる場合

次のような順序で学習します。

（1）cはaとb

　　　　３ は ２ と □
　　　　　c、a、bの位置に数字カードを用います。
　　　　　数字カード ３ の上にタイルを置きます。

（2）cはaとb

　　　　３ は ２ と □
　　　　　c、a、bの位置に数字カードを用います。
　　　　　数字カード ３ の上にタイルは置きません。

教材

・トレイ：約10㎝×20㎝のもので、ふちの高さが
　　　　　1㎝程度のもの2枚

タイルから数字への移行

- トレイの中に置く色画用紙：約10cm×10cmのもの1枚
- タイル：3個 ■■■
- 数字カード： 1 2 3

方法とことばかけ

(1) 3 は 2 と □ （数字カード 3 の上にタイルを置きます）

数字カードを3か所に用います。

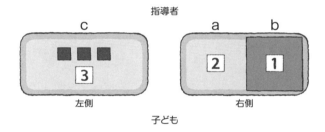

① [c] に数字カード 3 を呈示します。
② 数字カード 3 を指さししながら「読んでください」と言います。
③ 一緒に「3」と言います。
④ 数字カード 3 の上にタイルを3個置きます。
⑤ タイル3個を指さししながら「数えてください」と言います。子どもが数えます。「1、2、3」。
⑥ 「いくつ？」と聞きます。子どもは「3」と答えます。
⑦ [a] に数字カード 2 を呈示します。
⑧ 数字カード 2 を指さししながら「読んでください」と言います。一緒に「2」と言います。
⑨ [b] を指さししながら、「3は2とあといくつ？」と聞きます。
⑩ 子どもは、タイル3個と、数字カード 3 と 2 を見ながら、3は2とあといくつかを考えます。
⑪ 子どもは「1」と答えます。
⑫ 子どもが「1」と答えてから、[b] に数字カード 1 を置きます。

第7章 合成・分解での数字の導入

⑬数字カード 1 を指さししながら「読んでください」と言います。一緒に「1」と言います。

⑭[c]を指さししながら「こっちはいくつ？」と聞きます。子どもは「3」と言います。

⑮[a]と[b]を指さししながら「こっちはいくつといくつ？」と聞きます。

⑯子どもは「2と1」と言います。

⑰「2と1全部でいくつ？」と聞きます。子どもは「3」と言います。

⑱[a]と[b]のトレイを指さししながら「こっちは？」と聞きます。子どもは「3」と言います。

⑲[c]のトレイを指さししながら「こっちも？」と聞きます。子どもは「3」と言います。

⑳[c]のトレイを指さししながら「こっちと」、[a]と[b]のトレイを指さししながら「こっちは？」と聞きます。子どもは「おなじ」と言います。

㉑数字カード 3 、数字カード 2 、数字カード 1 を順番に指さししながら、一緒に「3は2と1」と言います。

㉒数字カード 2 、数字カード 1 、数字カード 3 を順番に指さししながら、一緒に「2と1、全部で3」と言います。

(2) 3 は 2 と □ （数字カード 3 の上にタイルを置きません）

数字カードを3か所に用います。

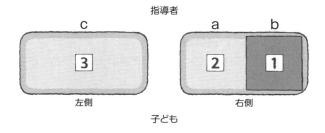

①[c]に数字カード 3 を呈示します。

②数字カード 3 を指さししながら「読んでください」と言います。一緒に「3」と言います。

③[a]に数字カード 2 を呈示します。

④数字カード 2 を指さししながら「読んでください」と言います。一緒に「2」と言います。

⑤「3は2とあといくつ?」と聞きます。

⑥子どもは、数字カード 3 と 2 を見ながら、「3は2とあといくつ」を考えます。

⑦子どもは「1」と答えます。

⑧子どもが「1」と答えてから、数字カード 1 を置きます。

⑨数字カード 1 を指さししながら「読んでください」と言います。一緒に「1」と言います。

⑩ [c] を指さししながら「こっちはいくつ?」と聞きます。子どもは「3」と言います。

⑪ [a] と [b] を指さししながら「こっちはいくつといくつ?」と聞きます。

⑫子どもは「2と1」と言います。

⑬「2と1全部でいくつ?」と聞きます。子どもは「3」と言います。

⑭ [a] と [b] のトレイを指さししながら「こっちは?」と聞きます。子どもは「3」と言います。

⑮ [c] のトレイを指さししながら「こっちも?」と聞きます。子どもは「3」と言います。

⑯ [c] のトレイを指さししながら「こっちと」、[a] と [b] のトレイを指さししながら「こっちは?」と聞きます。子どもは「おなじ」と言います。

⑰数字カード 3 、数字カード 2 、数字カード 1 を順番に指さししながら、一緒に「3は2と1」と言います。

⑱数字カード 2 、数字カード 1 、数字カード 3 を順番に指さししながら、一緒に「2と1、全部で3」と言います。

※子どもの実態に応じて順序を組み替えて学習するとよいでしょう。

3. タイルから数字へスムーズに移行するために

　タイルと数字が同じであることの理解が難しいときは、次に説明する方法で学習するとよいです。数字カードのみの呈示でわかりにくい場合は、カードの数字と同じ数のタイルを呈示して学習します。数字カードとタイルを指さしして「おなじ」と言うことが、数字の理解につながります。

　数字カードを1か所に用いる場合で説明します。

第**7**章　合成・分解での数字の導入

(1)「3は2と□ 」……答えの「1」のところに数字カードを用いる場合

Step 1：「3は2とあといくつ?」と聞いて、子どもが「1」と答えたあと、数字カード □ を呈示する前に、「1」と言いながらタイル1個を呈示します。

タイル1個を指さししながら「数えてください」と言います。子どもが数えます。「1」。

「いくつ?」と聞きます。子どもは「1」と答えます。

そのタイルの下に、「1」と言いながら数字カード □ を呈示します。

タイルと数字カードを指さししながら「これは1、これも1、これとこれはおなじ」と言います。そして、タイル1個を撤去します。

Step 2：「3は2とあといくつ?」と聞いて、子どもが「1」と答えたあと、「1」と言いながら数字カード □ を呈示します。

その数字カードの上に、「1」と言いながら、タイル1個を呈示します。

タイル1個を指さししながら「数えてください」と言います。子どもが数えます。「1」。

「いくつ?」と聞きます。子どもは「1」と答えます。

タイルと数字カードを指さししながら「これは1、これも1、これとこれはおなじ」と言います。そして、タイル1個を撤去します。

(2)「 ③ は2と □ 」……「3」のところに数字カードを用いる場合

Step 1：数字カード ③ を呈示する前に、タイル3個を呈示します。

タイル3個を指さししながら、「数えてください」と言います。子どもが数えます。「1、2、3」。

「いくつ?」と聞きます。子どもは「3」と答えます。

タイル3個の下に「3」と言いながら数字カード ③ を呈示します。

タイルと数字カードを指さししながら「これは3、これも3、これとこれはおなじ」と言います。このタイルを2と1に分けて机上をすべらせます。

172

Step 2 : 「3」と言いながら数字カード 3 を呈示します。

数字カード 3 の上に「3」と言いながらタイル3個を呈示します。

タイル3個を指さししながら、「数えてください」と言います。子どもが
数えます。「1、2、3」。

「いくつ?」と聞きます。子どもは「3」と答えます。

タイルと数字カードを指さししながら「これは3、これも3、これとこれ
はおなじ」と言います。このタイルを2と1に分けて机上をすべらせます。

(3)「3は 2 と □」……「2」のところに数字カードを用いる場合

Step 1 : 数字カード 2 を呈示する前に、「2」と言いながらタイル2個を呈示しま
す。

タイル2個を指さししながら「数えてください」と言います。子どもが数
えます。「1、2」。

「いくつ?」と聞きます。子どもは「2」と答えます。

そのタイルの下に、「2」と言いながら数字カード 2 を呈示します。

タイルと数字カードを指さししながら「これは2、これも2、これとこれ
はおなじ」と言います。そして、タイル2個を撤去します。

Step 2 : 「2」と言いながら数字カード 2 を呈示します。

その数字カード 2 の上に、「2」と言いながら、タイル2個を呈示します。

タイル2個を指さししながら「数えてください」と言います。子どもが数
えます。「1、2」。

「いくつ?」と聞きます。子どもは「2」と答えます。

タイルと数字カードを指さししながら「これは2、これも2、これとこれ
はおなじ」と言います。そして、タイル2個を撤去します。

第7章 合成・分解での数字の導入

合成・分解のプリント学習

合成・分解のプリント学習の例です。

具体物の絵と数字で、やさしい順に4つのステップで例示してあります。

合成・分解のまとめや復習に用いるとよいでしょう。自習や宿題などにもご活用ください。

はじめのうちは、1枚の用紙に1問ずつとし、慣れてきたら1枚の用紙に2～4問にして、続けて行うようにします。

次に、基本の形を示します。

やさしい順に、(1)(2)(3)(4)です。

(1)～(4)と(1)'～(4)'の、どちらで行ってもかまいません。両方を混ぜて行ってもよいです。子どもの実態に応じて考えましょう。

(1)'～(4)'は、(1)～(4)の左右を入れ替えたものです。

基本の形

(1) もとの数と、分解した数の、答えではない方の数の下に具体物のイラストがあります。

(1)'

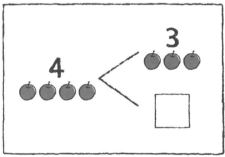
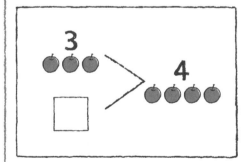

(2) もとの数の下にのみ具体物のイラストがあります。

(2)'

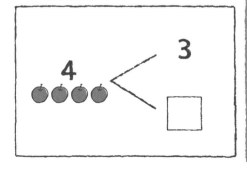
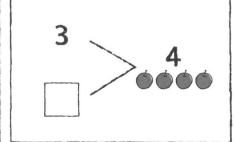

タイルから数字への移行

（3）分解した数の、答えではない方の数の下にのみ具体物のイラストがあります。

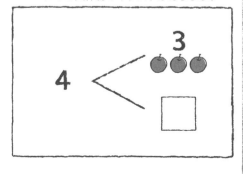

（3）'

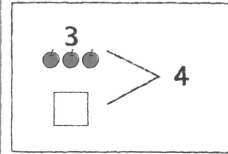

（4）具体物のイラストはありません。

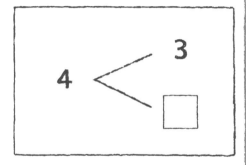

（4）'

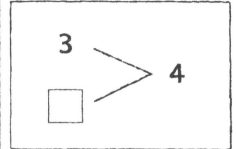

（1）、（1）'でも難しいときは、次のように答えの □ の下にもイラストを入れ、手掛かりを増やします。

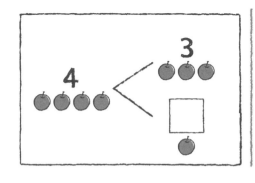

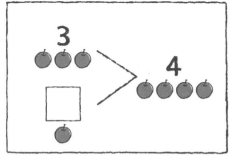

＊(1)から(4)まで、同じ数で続けて行うと、答えを暗記してしまうような場合には、途中で数を変えるとよいでしょう。
＊学習の進み具合で、(1)は行う必要がない場合は(2)(3)(4)を、(1)(2)は行う必要がない場合は(3)(4)を、(1)(2)(3)は行う必要がない場合は(4)のみ行ってもよいです。
＊子どもの実態に応じて、数の組み合わせや、行う段階〈(1)〜(4)〉の難易度を考えましょう。

第**7**章　合成・分解での数字の導入

　数の組み合わせや、行う段階〈(1)～(4)〉には、次の3つのパターンが考えられます。

① (1)から(4)までもとの数が同じで、分解した数の組み合わせも同じもの。
　（174ページの　基本の形　を参照）

② (1)から(4)までもとの数が同じで、分解した数の組み合わせが変化するもの。
　（　例 1 　を参照）

③ (1)から(4)の途中でもとの数が変化し、分解した数の組み合わせも変化するもの。
　（　例 2 　を参照）

　例 1

(1)から(4)までもとの数が同じで、分解した数の組み合わせが変化するもの。

　イラストを用いる場所が多いほど、答えが考えやすくなります。
　子どもが学習を進めていくうえで定着してきた問題については、イラストを用いる場所が少ない(3)や(4)の形で出題し、まだ定着していない問題については、(1)や(2)の形で出題します。

　例 2

(1)から(4)の途中でもとの数が変化し、組み合わせも変化するもの。

※ 例 1 ・ 例 2 の図について、ここでは紙幅の関係上、細長く描いてあります。実際はA4サイズの用紙に、4問縦に並べてお作りください。

タイルから数字への移行

例 1

(1)「4は1と3」で答えが「3」
　　（4と1に具体物のイラストがある）

(2)「4は1と3」で答えが「3」
　　（4にのみ具体物のイラストがある）

(3)「4は2と2」で答えが「2」
　　（2にのみ具体物のイラストがある）

(4)「4は3と1」で答えが「1」

例 2

(1)「5は3と2」で答えが「2」
　　（5と3に具体物のイラストがある）

(2)「5は4と1」で答えが「1」
　　（5にのみ具体物のイラストがある）

(3)「4は1と3」で答えが「3」
　　（1にのみ具体物のイラストがある）

(4)「4は2と2」で答えが「2」

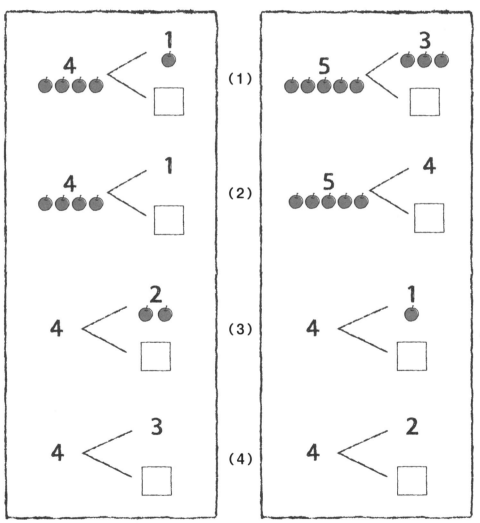

＊上記に挙げたものは、プリントの例です。組み合わせはたくさんあります。子どもの実態と学習の進度に応じて、プリントを作成するとよいでしょう。

＊具体物のイラストは、子どもの好きなものに替えるなど、工夫して行いましょう。

第7章 合成・分解での数字の導入

Point 「タイルと数字カードが同じ」の理解のために

タイルから数字カードへ移行する学習について述べてきました。
「cはaとb」の[a]、[b]、[c]ともに数字で合成・分解ができるようになるためのスモールステップです。
数字は抽象化されたものです。
数字で合成・分解ができるようになるためには、数字カードを見て、具体物や半具体物がイメージできること、例えば数字カード 3 を見て、タイル3個がすぐに頭に浮かび上がってくるようになっていることが大切です。
「本章 ❸ **タイルから数字へスムーズに移行するために**（171ページ）」の方法でも数字カードの導入が難しい場合は、「**第1章 数える学習 その1 ❺ 数える学習の系統性 (6) 数字カードを見て、同じ数のタイルを並べる**（34ページ）、**(7) 数えたタイルと同じ数の数字カードを取る**（37ページ）」の学習を十分に行うとよいでしょう。
（6）でも（7）でも、数字カードをよく見て、ゆっくり指さししながら数詞を言うようにします。そして、数字カードの数字とタイルとが、「同じ」であるということを子どもがよく理解するようにします。
（6）、（7）の図を参考に載せておきます。ことばかけ等は、「**第1章 ❺ の（6）、（7）**」を参照してください。

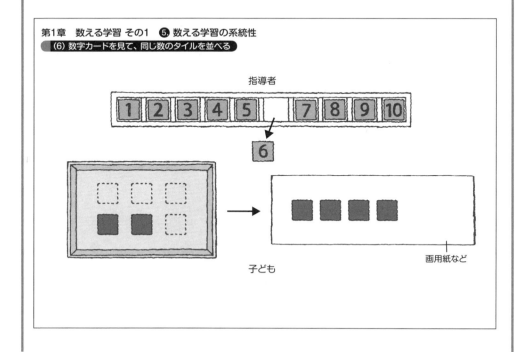

タイルから数字への移行

第1章 数える学習 その1　❺ 数える学習の系統性
(7) 数えたタイルと同じ数の数字カードを取る

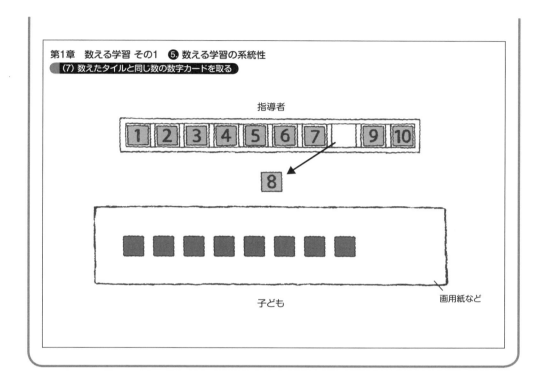

第**7**章　合成・分解での数字の導入

第8章

10までの数を使ったたし算
~和が10までのたし算の学習~

第**8**章　10までの数を使ったたし算

和が10までの
たし算の学習

　本章では、数字（カード）を用いて、答えが10までのたし算の学習を行います。
1位数（1桁）と1位数（1桁）の繰り上がりのないたし算の学習です。

　これまで、具体物や半具体物から数字へと、数の基礎概念の学習を進めてきました。
数を数える学習から始め、合成・分解が理解できたところで、たし算の学習に入ります。

　この章からは、数字を使うことが中心になります。

　たし算の学習でも、子どもがわからなくなりそうなときは、いつでもタイルなどを
補助的に使って、理解を助けるようにします。子どもが迷っているときや答えられな
いときは、待たずにすぐに適切な援助をして、子どもがまちがった答えを言わないよ
うにすることが大切です。

　まちがった答えを言ったとき、「違います」「この前やったばかりですよ。もう忘れた
の」「なぜわからないの」などと言われることが続くと、子どもは算数嫌いになってしま
います。まちがえさせないような適切な援助をする、子どもが数えたり答えたりする
ごとによくほめる、などを大切にして学習を進めましょう。

　たし算に入ったときの方法とことばかけが、算数が好きになるかどうかのひとつの
ポイントと言えるでしょう。

1. たし算の意味

　具体物（お手玉など）や、半具体物（タイルなど）で、数の基礎概念の形成について
丁寧に学習してきました。合成・分解がわかったところでいよいよたし算です。

　一般に、「たし算」というと、「a ＋ b ＝ c」という式がすぐ思い浮かびます。そして、「a
＋ b ＝」の答えを言えることが、たし算ができること、と捉えてしまうことが多いよう
です。「a ＋ b ＝ c」を丸暗記している子どもたちによく出会います。そのような子ど
もに、「2 ＋ 3 はいくつですか？」ではなく、「ボール 2 個と 3 個、合わせていくつです
か？」と聞いたり、「1 と 3 とでは、どちらの数がいくつ大きいですか？」と聞いたり
すると、答えられないことがあります。

　たし算の学習では、ただ答えが出せるようになるだけでなく、その意味を理解する
ことが重要です。例えば、「5＋3＝□」の式で、「8」と答えが出せるだけでなく、「5 と 3、
全部で 8」あるいは「5 と 3、合わせて 8」ということが日常の生活の中でわかるように
なることです。たし算の意味について、ここでは「増加」と「合併」の例で説明します。

182

和が10までのたし算の学習

（1）増加

最初にある数に、あとからいくつか追加して、増えた全部の数を求めるものです。

> 例題：キャラメルが2個あります。あとから1個もらいました。
> キャラメルは全部で何個になりましたか。

教材

・皿：1枚
　皿は適切な大きさのものを用います。できるだけ平らなものが、教材が見えやすく操作しやすいです。
・キャラメル：3個

方法とことばかけ

Step 1　指導者が行ってみせます（模範）

① 皿を呈示します。
②「先生がやるのをよく見ててね」と言います。
③「キャラメルが2個あります」と言いながら、皿の中にキャラメルを2個横に並べて置きます。
④「あとから1個もらいました」と言いながら、皿の中にキャラメルを1個、一番右に並べて置きます。
⑤「キャラメルは全部で」と言います。
⑥ 皿の中を指さししながら、「3個になりました」と言います。
⑦「よく見てたね」とほめます。

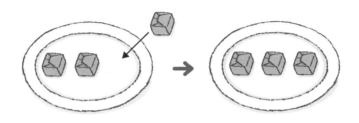

第**8**章　10までの数を使ったたし算

Step 2　子どもと一緒に行います

①皿を呈示します。

②「一緒にやるよ」と言います。

③一緒に「キャラメルが2個あります」と言いながら、皿の中にキャラメルを2個横に並べて置きます。

④一緒に「あとから1個もらいました」と言いながら、皿の中にキャラメルを1個、一番右に並べて置きます。

⑤一緒に「キャラメルは全部で」と言います。

⑥一緒に皿の中を指さししながら、「3個になりました」と言います。

⑦「よくできたね」とほめます。

＊はじめのうちは、子どもがまねをして言うようにします。一緒に言いながら操作できるようになるまで、学習するとよいでしょう。

Step 3　指導者がことばかけをし、子どもが行います

①皿を呈示します。

②「先生が言うから、言うのに合わせてやってね」と言います。

③指導者が「キャラメルが2個あります」と言います。言うのに合わせて子どもが皿の中にキャラメルを2個横に並べて置きます。
　＊子どもがすぐにできないときは、手を添えて一緒にキャラメルを2個置きます。
　＊子どもが、置く場所がわからないようなときは、「こことここに置いて」と置く場所を指さしして教えます。

④指導者が「あとから1個もらいました」と言います。言うのに合わせて子どもが皿の中にキャラメルを1個、一番右に並べて置きます。
　＊子どもがすぐにできないときは、手を添えて一緒にキャラメルを1個置きます。
　＊子どもが、置く場所がわからないようなときは、「ここに置いて」と置く場所を指さしして教えます。

⑤指導者が「キャラメルは全部で何個になりましたか」と言います。

⑥子どもが皿の中を指さししながら、「3個（になりました）」と言います。

⑦「よくできたね」とほめます。

＊⑤で、Step1、Step2と異なることばかけが出てきます。子どもが戸惑うようであれば、⑤のことばかけをする前に、「キャラメルは全部で何個になりましたか、と言うから、皿の中を指さししながら答えてください」と言います。

Step 4　子どもがひとりで行います

①皿を呈示します。

184

和が10までのたし算の学習

②「ひとりでやってね」と言います。
③子どもが「キャラメルが2個あります」と言いながら、皿の中にキャラメルを2個横に並べて置きます。
④子どもが「あとから1個もらいました」と言いながら、皿の中にキャラメルを1個、一番右に並べて置きます。
⑤指導者が「キャラメルは全部で何個になりましたか」と言います。
⑥子どもが皿の中を指さししながら、「3個（になりました）」と言います。
⑦「よくできたね」とほめます。

＊子どもがことばを出せないときは、待たずにすぐに教えます。

●具体物でできるようになったら、Step1～Step4を、タイルでも同様に行います。
●増加のたし算になるようないろいろな言葉を使って学習しましょう。
「はじめに」、「あとから」、「増えると」、「入れると」、「もらうと」、「全部で」、「みんなで」などの言葉を使って実際の生活場面を想定しながら、増加の意味が理解できるように学習することがポイントです。

> **Point** 具体物・半具体物の操作について── 増加
> 　キャラメルやタイルなどを次のように操作すると、手の動きを通して増加の意味がわかりやすくなります。
> 　　スライド式数え板（第1章 ❸ 数え板を使って数える　(1) タイルを動かして数える
> ・8ページ参照）の左端に2個、右端に1個タイルを置きます。右端の1個をすべらせて、左側のタイルに合わせるようにします。
>
>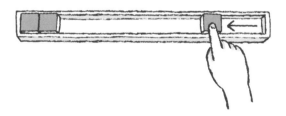

(2) 合併

別々に同時にあるものを合わせた数を求めるものです。

第8章 10までの数を使ったたし算

> 例題：キャラメルが左の皿に2個あります。右の皿には1個あります。
> キャラメルは合わせて何個ですか。

教材

- 皿：2枚
  皿は適切な大きさのものを用います。できるだけ平らなものが、教材が見えやすく操作しやすいです。
- 適切な大きさの画用紙：1枚
- キャラメル：3個

方法とことばかけ

Step 1 指導者が行ってみせます（模範）

① 皿を左右に2枚呈示します。
②「先生がやるのをよく見ててね」と言います。
③ 左の皿を指さしして、「こっちにキャラメルが2個あります」と言いながら、左の皿の中にキャラメルを2個横に並べて置きます。
④ 右の皿を指さしして、「こっちにはキャラメルが1個あります」と言いながら、右の皿の中にキャラメルを1個置きます。
⑤ 中央に画用紙を呈示します。
⑥「合わせます」と言いながら、左右の皿のキャラメル2個と1個を、中央の画用紙に横に並べて置きます。
⑦「キャラメルは合わせて」と言います。
⑧ 画用紙の中を指さししながら、「3個です」と言います。
⑨「よく見てたね」とほめます。

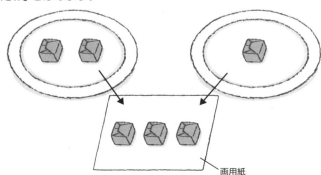

和が10までのたし算の学習

Step 2　子どもと一緒に行います

①皿を左右に2枚呈示します。

②「一緒にやるよ」と言います。

③一緒に左の皿を指さしして、「こっちにキャラメルが2個あります」と言いながら、左の皿の中にキャラメルを2個横に並べて置きます。

④一緒に右の皿を指さしして、「こっちにはキャラメルが1個あります」と言いながら、右の皿の中にキャラメルを1個置きます。

⑤中央に画用紙を呈示します。

⑥一緒に「合わせます」と言いながら、左右の皿のキャラメル2個と1個を、中央の画用紙に横に並べて置きます。
　＊画用紙の左端に2個、右端に1個を置いて、すべらせて画用紙の中央で合わせるようにしてもよいです。

⑦一緒に「キャラメルは合わせて」と言います。

⑧一緒に画用紙の中を指さししながら、「3個です」と言います。

⑨「よくできたね」とほめます。

＊はじめのうちは、子どもがまねをして言うようにします。一緒に言いながら操作できるようになるまで、学習するとよいでしょう。

Step 3　指導者がことばかけをし、子どもが行います

①皿を左右に2枚呈示します。

②「先生が言うから、言うのに合わせてやってね」と言います。

③指導者が左の皿を指さしして、「こっちにキャラメルが2個あります」と言います。言うのに合わせて子どもが左の皿の中にキャラメルを2個横に並べて置きます。
　＊子どもがすぐにできないときは、手を添えて一緒にキャラメルを2個置きます。
　＊子どもが、置く場所がわからないようなときは、「こことここに置いて」と置く場所を指さしして教えます。

④指導者が右の皿を指さしして、「こっちにはキャラメルが1個あります」と言います。言うのに合わせて子どもが右の皿の中にキャラメルを1個置きます。
　＊子どもがすぐにできないときは、手を添えて一緒にキャラメルを1個置きます。
　＊子どもが、置く場所がわからないようなときは、「ここに置いて」と置く場所を指さしして教えます。

⑤中央に画用紙を呈示します。

⑥指導者が「合わせます」と言います。言うのに合わせて子どもが左右の皿のキャラメル2個と1個を、中央の画用紙に横に並べて置きます。
　＊子どもがすぐにできないときは、手を添えて一緒にキャラメルを中央の画用紙に3個並べて置きます。
　＊子どもが、置く場所がわからないようなときは、「ここに置いて」と置く場所を指さしして教えます。
　＊画用紙の左端に2個、右端に1個を置いて、指ですべらせて画用紙の中央で合わせるようにしてもよいです。

第**8**章　10までの数を使ったたし算

⑦指導者が「キャラメルは合わせて何個ですか」と言います。

⑧子どもが画用紙の中を指さししながら、「3個（です）」と言います。

⑨「よくできたね」とほめます。

＊⑦で、Step1、Step2と異なることばかけが出てきます。子どもが戸惑うようであれば、⑦のことばかけをする前に、「キャラメルは合わせて何個ですか、と言うから、皿の中を指さししながら答えてください」と言います。

Step 4　子どもがひとりで行います

①皿を左右に2枚呈示します。

②「ひとりでやってね」と言います。

③子どもが左の皿を指さしして、「こっちにキャラメルが2個あります」と言いながら、左の皿の中にキャラメルを2個横に並べて置きます。

④子どもが右の皿を指さしして、「こっちにはキャラメルが1個あります」と言いながら、右の皿の中にキャラメルを1個置きます。

⑤中央に画用紙を呈示します。

⑥子どもが「合わせます」と言いながら、左右の皿のキャラメル2個と1個を、中央の画用紙に横に並べて置きます。

　＊画用紙の左端に2個、右端に1個を置いて、指ですべらせて画用紙の中央で合わせるようにしてもよいです。

⑦指導者が「キャラメルは全部で何個ですか」と言います。

⑧子どもが画用紙の中を指さししながら、「3個（です）」と言います。

⑨「よくできたね」とほめます。

＊子どもがことばを出せないときは、待たずにすぐに教えます。

●具体物でできるようになったら、Step1～ Step4を、タイルでも同様に行います。

●合併のたし算になるようないろいろな言葉を使って学習しましょう。

　「～と～で」、「合わせると」、「全部で」、「みんなで」などの言葉を使って実際の生活場面を想定しながら合併の意味が理解できるように学習することがポイントです。

> 　この段階では、3くらいまでの数は、具体物を数えなくても目で見ただけでわかると考えています。それで、前記「増加」「合併」の　方法とことばかけ　には、数えることばかけは入れてありません。数えた方がわかりやすい子どもは、具体物を呈示したときに、その具体物を指さししながら数えるとよいでしょう。発声しながら、あるいは目だけで数えるなどは、子どもの実態に応じて行います。

和が10までのたし算の学習

> **Point** 具体物・半具体物の操作について —— 合併
>
> 　キャラメルやタイルなどを次のように操作すると、手の動きを通して合併の意味がわかりやすくなります。
> 　スライド式数え板（第1章 **3.** 数え板を使って数える **(1) タイルを動かして数える**・8ページ参照）の左端に2個、右端に1個タイルを置きます。両方からすべらせて真ん中で合わせるようにします。

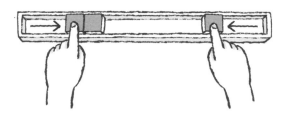

2. たし算の式

　たし算の意味について学習しました。
　ここで、記号［＋］、［＝］を用いた「式」の学習に入ります。記号の意味をひとつひとつ丁寧に説明しながら学習を進めることが大切です。

(1) トレイを用いて

　左側のトレイを［c］、右側のトレイの色画用紙のない部分（右側のトレイの左半分）を［a］、右側のトレイの色画用紙のある部分（右側のトレイの右半分）を［b］とします。
　ここでは、タイルや数字カードを置く位置を［a］、［b］、［c］で説明します。

　　例1： 3＝2＋1

教材
・トレイ：約10cm×20cmのもので、ふちの高さが
　　　　　1cm程度のもの2枚

第8章 10までの数を使ったたし算

- トレイの中に置く色画用紙：約10cm×10cmのもの1枚
- タイル：同じ色のもの6個 ■■■■■■
- 数字カード： 1 2 3 （約3cm×3cm）
- 記号カード： + = （約3cm×3cm）

—「=」を置く —

方法とことばかけ

① 2枚のトレイを左右に並べて置きます。右側のトレイの右半分に色画用紙を置きます。

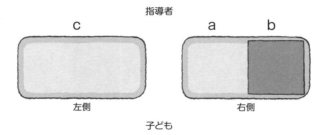

② 「よく見ててね」と言いながら、=のカードをトレイとトレイの間に置きます。=のカードを指さししながら「これは『おなじ』という意味だよ」と言います。

③ ［c］のトレイを指さししながら「こっちと」、［a］と［b］のトレイを指さししながら「こっちを」、=のカードを指さししながら「おなじにするよ」と言います。

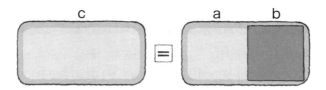

④ ［a］を指さして、「ここにタイルを2個置くよ」と言いながら［a］にタイルを2個置きます。

⑤ ［b］を指さして、「ここにタイルを1個置くよ」と言いながら［b］にタイルを1個置きます。

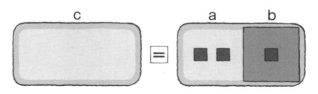

和が10までのたし算の学習

⑥ [a] と [b] を指さししながら、「こっちは2と1、全部でいくつ?」と聞きます。子どもが「3」と言います。
⑦ 「そうだね」「こっちにも3個置いておなじにするよ」と言いながら、[c] にタイルを3個置きます。

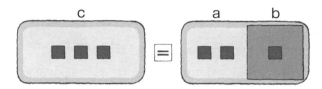

⑧ [c] のトレイを指さししながら「こっちは3」、[a] と [b] のトレイを指さししながら「こっちは2と1、全部で3」、[a] と [b] のトレイを指さししながら「こっちと」、[c] のトレイを指さししながら「こっちは」、= のカードを指さししながら「おなじ」と言います。

— 「+」を置く —

・タイルを用いて

方法とことばかけ

① 2枚のトレイを左右に並べて置きます。右側のトレイの右半分に色画用紙を置きます。

② 「よく見ててね」と言いながら、= のカードをトレイとトレイの間に置きます。= のカードを指さししながら「これは『おなじ』という意味だよ」と言います。
③ [c] のトレイを指さししながら「こっちと」、[a] と [b] のトレイを指さししながら「こっちを」、= のカードを指さししながら「おなじにするよ」と言います。

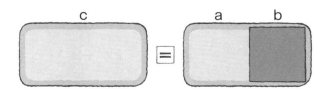

191

第8章 10までの数を使ったたし算

④ [a] を指さしして、「ここにタイルを2個置くよ」と言いながら [a] にタイルを2個置きます。
⑤ [b] を指さしして、「ここにタイルを1個置くよ」と言いながら [b] にタイルを1個置きます。

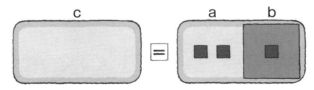

⑥ 「よく見ててね」と言いながら、[a] のタイル2個と [b] のタイル1個の間に ＋ のカードを置きます。＋ のカードを指さししながら「これは『全部で』という意味だよ」と言います。

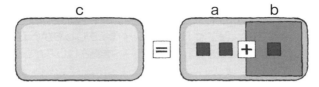

⑦ [a] のタイル2個を指さししながら「2と」、[b] のタイル1個を指さししながら「1」、＋ のカードを指さししながら「全部でいくつ？」と聞きます。
子どもは「3」と言います。
⑧ 「そうだね」「こっちにも3個置いておなじにするよ」と言いながら、[c] にタイルを3個置きます。

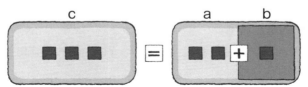

⑨ [c] のトレイを指さししながら「こっちは3」、[a] と [b] のトレイを指さししながら「こっちは2と1、全部で3」、[a] と [b] のトレイを指さししながら「こっちと」、[c] のトレイを指さししながら「こっちは」、＝ のカードを指さししながら「おなじ」と言います。

・**数字カードを用いて**

タイル2個の代わりに数字カード 2 を、タイル1個の代わりに数字カード 1 を、タイル3個の代わりに数字カード 3 を置きます。
方法とことばかけは、**タイルを用いて** と同様です。

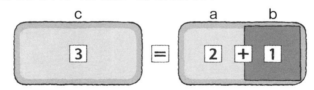

※「タイルを用いて」と「数字カードを用いて」は、続けて行います。

和が10までのたし算の学習

例2： 2＋1＝3

「3＝2＋1」の左辺と右辺を逆にします。
方法とことばかけは、「3＝2＋1」を応用します。

・**タイルを用いて**

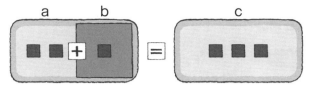

・**数字カードを用いて**

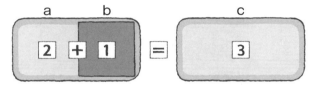

(2) 数式板を用いて

例1： 3＝2＋1

教材

・数式板：長さ30cm程度、幅3.5cm程度の板に枠をつけたものを上下に2つ並べたもの。
　　　　　＝と＋のカードを置く場所は、カードが動かないようにくり抜き、底板を貼る。

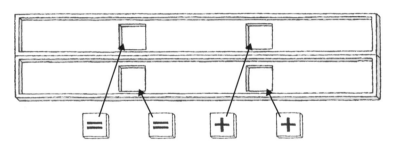

193

第8章 10までの数を使ったたし算

・タイル：同じ色のもの6個 ■■■■■■
・数字カード： 1 2 3
・記号カード： ＋ ＝ 各2枚
　　　　　　＊数字カードと記号カードは、数式板の中に置くことができる適切な大きさで作成します。

・**上段：タイルを用いて**

方法とことばかけ

①数式板を呈示します。
（以後、「a、b、c、a'、b'、c'、あ、い、う、え」は位置とゾーンを示すもので、実際に文字はありません）

指導者

c	あ	a	い	b
c'	う	a'	え	b'

子ども

②「よく見ててね」と言いながら、[あ] の位置に、＝ のカードを置きます。＝ のカードを指さしして「これは」、左辺（[c]）を指さしして「こっちと」、右辺（[a]、[い]、[b]）を指さしして「こっちは」、＝ を指さしして「『おなじ』という意味だよ」「『は（わ）』と言うよ」と言います。

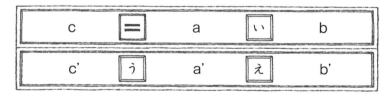

③左辺と右辺を指さししながら「こっちとこっちをおなじにするよ」と言います。
④[a] を指さしして、「ここにタイルを2個置くよ」と言いながら [a] にタイルを2個置きます。

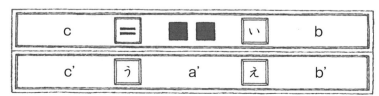

⑤ [b] を指さしして、「ここにタイルを1個置くよ」と言いながら [b] にタイルを1個置きます。

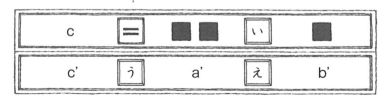

⑥ 「よく見ててね」と言いながら、[い] に ＋ のカードを置きます。＋ のカードを指さしして「これは」、タイル2個を指さしして「こっちと」、タイル1個を指さしして「こっち」、右辺全体を指でぐるりと囲って「『全部で』という意味だよ」「『たす』と言うよ」と言います。

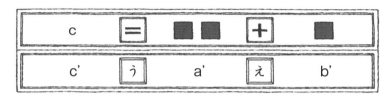

⑦ [a] のタイル2個を指さししながら「2と」、[b] のタイル1個を指さししながら「1」、＋ のカードを指さししながら「全部でいくつ？」と聞きます。
子どもは「3」と言います。

⑧ 「そうだね」「こっちにも3個置いておなじにするよ」と言いながら、[c] にタイルを3個置きます。

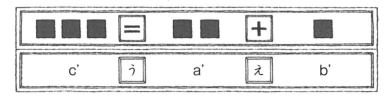

⑨ 左辺を指さししながら「こっちは3」、右辺を指さししながら「こっちは2と1、全部で3」、右辺を指さししながら「こっちと」、左辺を指さししながら「こっちは」、＝ のカードを指さししながら「おなじ」と言います。

⑩ タイル3個、＝ のカード、タイル2個、＋ のカード、タイル1個を順番に指さししながら、「これは、『3は、2たす1』と言います。一緒に言いましょう」とことばかけします。
子どもは一緒に「3は、2たす1」と言います。

＊一緒に言えるようになるまでは、子どもが言うのを待たずに指導者が先に言って、子どもがまねをして言うようにします。

第8章 10までの数を使ったたし算

・**下段：数字カードを用いて**

[a'] に数字カード ② を、[b'] に数字カード ① を、[c'] に数字カード ③ を置きます。[う] に = のカードを、[え] に + のカードを置きます。
方法とことばかけは、「**上段：タイルを用いて**（194ページ）」を応用します。

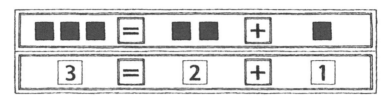

※「タイルを用いて」とこの「数字カードを用いて」は、続けて行います。

例2： 2＋1＝3

「3＝2＋1」の左辺と右辺を逆にします。
方法とことばかけは、「3＝2＋1」(193ページ) を応用します。

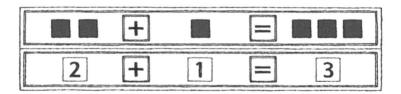

和が10までのたし算の学習

> **Point** 「左辺と右辺がおなじ」がポイント
>
> 　「おなじにする」という考え方で数の基礎学習を行っています。数式でいえば「＝」は「おなじ」という意味であり、左辺と右辺をおなじにするということです。「2＋1は3になる」というより、「2＋1は3とおなじである」という考え方で学習を進めています。
>
> 　たし算を、「2＋1＝□」の形式で学習することに慣れている子どもの中には、「2たす1は3、答えは3」と暗記して言っている場合がよく見受けられます。このような子どもは、「2＋1」と「3」は「＝」で「おなじ」の関係にあるという考えをほとんど理解していないことが多いです。
>
> 　「2＋1＝□」の形式になじめばなじむほど、式と答えを暗記していき、「おなじ」という考えがどんどん薄らいでいきます。
>
> 　本書では「□＝2＋1」の形式から学習することにしました。この形式は、見慣れていないか、なじみが薄いため、「＝」が「おなじ」という考えをより意識させることができると考えています。この形式で、「左辺と右辺を同じにする」ということを学習することを通して、たし算の意味をよく理解できるようにします。
>
> 　「2＋1＝□」の形式にこだわる子どももいます。そのような場合は、「2＋1＝□」の形式から学習してもよいでしょう。
>
> 　最後には、どちらの形式でもできるようにすることが大切です。

(3) 用紙を用いて

　用紙に式を書いて学習します。
　はじめのうちは、1枚の用紙に式をひとつ書いて呈示します。

　例1：　□＝2＋1

教材
・横書きの式「□＝2＋1」を書いた用紙
・鉛筆

方法とことばかけ
① 「□＝2＋1」と書いた用紙を呈示します。

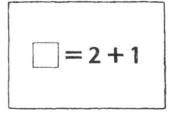

第8章 10までの数を使ったたし算

②左辺の□、「＝」、右辺の「2＋1」を順番に指さししながら、「これは、『□（しかく）は、2たす1』と言います。一緒に言いましょう」とことばかけします。
　子どもは一緒に「□（しかく）は、2たす1」と言います。

③左辺の□、右辺の「2＋1」、「＝」を順番に指さししながら、「こっちとこっちをおなじにします」と言います。

④右辺を指さししながら、「2たす1、全部でいくつ？」と聞きます。子どもは「3」と答えます。

⑤「そうだね」と言います。
　＊すぐに答えられないときは、タイル2個と1個を呈示します。まちがった答えを言う前にタイルを見せて、正しく答えられるようにすることが大切です。

⑥左辺の□を指さししながら、「ここに、何と書きますか？」と聞きます。子どもは「3」と答えます。

⑦「そうだね、書いてください」と言います。子どもは□に「3」と書きます。
　＊書くときに「鉛筆を持ってください」、書き終わったら「鉛筆を置いてください」とことばかけします。書くとき以外は鉛筆を持たせないようにすることがポイントです。

⑧「よくできました」とほめます。

⑨「一緒に読むよ」と言います。「3」、「＝」、「2＋1」を順番に指さししながら、一緒に「3は2たす1」と言います。
　答えに○をつけたり、シールを貼ったりするとよいでしょう。
　＊一緒に言えるようになるまでは、子どもが言うのを待たずに指導者が先に言って、子どもがまねをして言うようにします。

⑩左辺を指さししながら「こっちは3」、右辺を指さししながら「こっちは2たす1、全部で3」と一緒に言います。

⑪右辺、左辺を順番に指さししながら「こっちは3、こっちも3」、左辺、右辺、「＝」を順番に指さししながら「こっちと、こっちは、おなじ」と一緒に言います。

＊用紙が動いてしまうような場合は、クリップボードに挟んで学習するとよいでしょう。

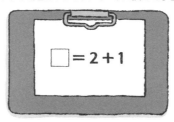

＊数字が書けない子どもには、次のような「数字の数系列板」（第1章 ❺ 数える学習の系統性　(6) 数字カードを見て、同じ数のタイルを並べる　教材 を参照・34ページ）を呈示して、答えの数字をそこから選んで置くようにするとよいでしょう。数字カードは、□に入る適切な大きさで作成します。同じ数字を2つ使う場合は、「数字の数系列板」を2組用意します。

和が10までのたし算の学習

例2： 2＋1＝□

「3＝2＋1」の左辺と右辺を逆にします。
方法とことばかけは、「3＝2＋1」を応用します。

$$2 + 1 = \boxed{}$$

3. たし算の学習の系統性

2つの数aとbのたし算「c＝a＋b、a＋b＝c」で、aのことを、たされる数・被加数といい、bのことを、たす数・加数といいます。たした数cのことを和といいます。

和＝被加数＋加数
被加数＋加数＝和

たし算の学習では、和の数と加数の数によって、難易度が異なります。
10までの数のたし算の学習の系統性を考えるとき、和が小さいほどやさしいです。
加数が小さいほどやさしいです。この2つが、難易度の考え方の原則です。
和が10までの数のたし算の学習順序は、次のようになります。

易 → 難

加数＼和	1	2	3	4	5	6	7	8	9	10
1		1+1	2+1	3+1	4+1	5+1	6+1	7+1	8+1	9+1
2			1+2	2+2	3+2	4+2	5+2	6+2	7+2	8+2
3				1+3	2+3	3+3	4+3	5+3	6+3	7+3
4					1+4	2+4	3+4	4+4	5+4	6+4
5						1+5	2+5	3+5	4+5	5+5
6							1+6	2+6	3+6	4+6
7								1+7	2+7	3+7
8									1+8	2+8
9										1+9

易↓難

この表のように、和が小さい順、加数が小さい順に学習します。
「和を固定して学習する方法」と「加数を固定して学習する方法」の2つの学習方法が考えられます。

第**8**章　10までの数を使ったたし算

（1）和を固定して学習する方法（和は、小さい順に学習します）

①加数の小さい順に学習します。

【和が「5」の場合の加数が小さい順の学習例】

c＝a＋b	a＋b＝c
5＝4＋1	4＋1＝5
5＝3＋2	3＋2＝5
5＝2＋3	2＋3＝5
5＝1＋4	1＋4＝5

＊学習の進展につれて、「5＝4＋1」の次に「5＝1＋4」を学習する方が早く定着する子どもがいます。
　その場合には学習順序を入れ替えます。

②①ができるようになったら、加数をランダムにして学習します。

【和が「5」の場合の加数をランダムにした学習例】
c＝a＋b　のとき、
「5＝2＋3」、「5＝4＋1」、「5＝1＋4」、「5＝3＋2」

（2）加数を固定して学習する方法（加数は、小さい順に学習します）

①被加数の小さい順に学習します。

【加数が「1」の場合の、被加数が小さい順の学習例】

c＝a＋b	a＋b＝c
2＝1＋1	1＋1＝2
3＝2＋1	2＋1＝3
4＝3＋1	3＋1＝4
5＝4＋1	4＋1＝5
6＝5＋1	5＋1＝6
7＝6＋1	6＋1＝7
8＝7＋1	7＋1＝8
9＝8＋1	8＋1＝9
10＝9＋1	9＋1＝10

②①ができるようになったら、被加数をランダムにして学習します。

【加数が「1」の場合の、被加数をランダムにした学習例】
c＝a＋b　のとき、
「8＝7＋1」、「3＝2＋1」、「10＝9＋1」・・・

＊原則は「（1）和を固定して学習する方法」です。子どもの実態に応じて、（2）で行った方が理解しやすい
　場合は、（2）の方法で学習してもよいでしょう。

和が10までのたし算の学習

「0（ゼロ）」について

10までの数のたし算の学習がある程度できるようになったところで、「0」を用いるたし算の学習を行います。この学習を通して「0」の理解を図ります。「0」を用いるたし算の学習順序は次の通りです。

(1)「c＝a＋b」において、
　　①bに「0」を用いる
　　　例：「1＝1＋0」、「2＝2＋0」、「3＝3＋0」

　　②aに「0」を用いる
　　　例：「1＝0＋1」、「2＝0＋2」、「3＝0＋3」

　　③aとbに「0」を用いる
　　　「0＝0＋0」

(2)「a＋b＝c」において、
　　①bに「0」を用いる
　　　例：「1＋0＝1」、「2＋0＝2」、「3＋0＝3」

　　②aに「0」を用いる
　　　例：「0＋1＝1」、「0＋2＝2」、「0＋3＝3」

　　③aとbに「0」を用いる
　　　「0＋0＝0」

「**第5章　合成・分解　その2　～トレイを用いる合成・分解～　❸ 合成・分解の方法とことばかけ**」（119ページ）で、何もないことを指して「0（ゼロ）」ということを学習しました。

ここで、数式だけで「0」を含んだたし算が理解できる場合は、数式で学習を進めます。数式だけで「0」を含んだたし算が理解できない場合は、「本章　**❶ たし算の意味**（182ページ）、**❷ たし算の式**　(1) トレイを用いて　『「＋」を置く』（191ページ）、(2) 数式板を用いて（193ページ）」の方法とことばかけを応用して、理解を図ります。

どの方法とことばかけで学習を行うかは、子どもの実態に応じて考えます。

方法とことばかけの例を2つ示します。

201

第8章　10までの数を使ったたし算

> 例1： 2とゼロ、合わせて2

> 例題：キャラメルが左の皿に2個あります。右の皿には何もありません。
> キャラメルは全部で何個ですか。

教材

・皿：2枚
　皿は適切な大きさのものを用います。できるだけ平らなものが、教材が見えやすく操作しやすいです。
・適切な大きさの画用紙：1枚
・キャラメル：2個

方法とことばかけ

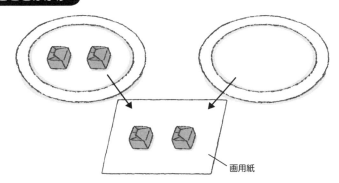
画用紙

①皿を左右に2枚呈示します。
②「先生がやるのをよく見ててね」と言います。
③左の皿を指さしして、「こっちにキャラメルが2個あります」と言いながら、左の皿の中にキャラメルを2個横に並べて置きます。
④右の皿を指さしして、「こっちにはキャラメルはありません。ゼロです」と言いながら、右の皿の中を見せます。
⑤中央に画用紙を呈示します。
⑥「合わせます」と言います。左の皿のキャラメル2個を、中央の画用紙に横に並べて置きながら「こっちは2個です」と言います。右の皿には何もありませんが、手でキャラメルをつかみ、画用紙の上に置く動作をしながら「こっちには何もありません。ゼロです」と言います。
⑦「キャラメルは全部で」と言います。
⑧画用紙の中を指さしながら、「2個です」と言います。
⑨「よく見てたね」とほめます。

和が10までのたし算の学習

例2： 2＝2＋0

・上段：タイルを用いて

①数式板を呈示します。

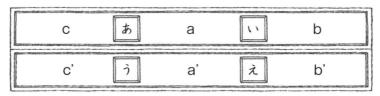

②「よく見ててね」と言いながら、[あ]の位置に、＝のカードを置きます。

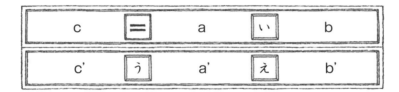

③左辺（[c]）と右辺（[a]、[い]、[b]）を指さししながら「こっちとこっちをおなじにするよ」と言います。

④[a]を指さして、「ここにタイルを2個置くよ」と言いながら[a]にタイルを2個置きます。

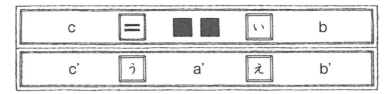

⑤[b]を指さして、「ここには、タイルはありません。ゼロです」と言います。

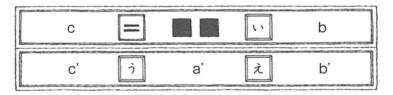

第8章 10までの数を使ったたし算

⑥「よく見ててね」と言いながら、[い] に ➕ のカードを置きます。

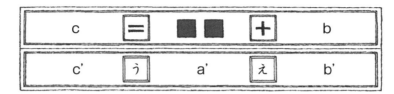

⑦ [a] のタイル2個を指さししながら「2と」、[b] の場所を指さししながら「0」、➕ のカードを指さししながら「全部でいくつ？」と聞きます。子どもは「2」と言います。

⑧「そうだね」「こっちにも2個置くよ」と言いながら、[c] にタイルを2個置きます。

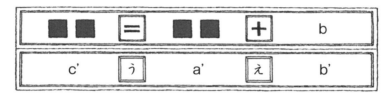

⑨ 左辺を指さししながら「こっちは2」、右辺を指さししながら「こっちは2と0、全部で2」、右辺を指さししながら「こっちと」、[c] を指さししながら「こっちは」、═ のカードを指さししながら「おなじ」と言います。

⑩ [c] のタイル2個、═ のカード、[a] のタイル2個、➕ のカード、[b] を順番に指さししながら、「これは、『2は、2たす0』」と言います。一緒に言いましょう」とことばかけします。子どもは一緒に「2は、2たす0」と言います。

＊一緒に言えるようになるまでは、子どもが言うのを待たずに指導者が先に言って、子どもがまねをして言うようにします。

・**下段：数字カードを用いて**

[a'] に数字カード 2 を、[b'] に数字カード 0 を、[c'] に数字カード 2 を置きます。[う] に ═ のカードを、[え] に ➕ のカードを置きます。
方法とことばかけは、「**上段：タイルを用いて**」と同様です。

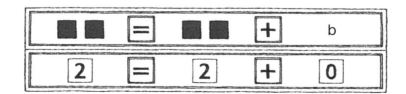

※「タイルを用いて」と「数字カードを用いて」は、続けて行います。

和が10までのたし算の学習

> **例3： 2＋0＝2**

「2＝2＋0」の左辺と右辺を逆にします。
方法とことばかけは、「2＝2＋0」を応用します。

4. 「数えたし」について

「数えたし」とは、例えば「5＋3」の計算をする場合、5の下に線を5本、3の下に線を3本かき、それをひとつずつ数えて答えを出すような方法を言います。

たし算の学習で、指を数えたり、あるいは具体物や半具体物を数えたりして「数えたし」をする子どもに多く出会います。

「数えたし」は、頭の中で計算できるようになるまでのひとつの過程とも考えられます。しかし、いつまでも数えたしをしていては、本当の意味でのたし算ができるようにはなりません。数が大きくなってくると対応できず、そこでつまずいてしまうでしょう。「数えたし」をしている子どもは量を理解するために、合成・分解の学習を十分に行うことが必要です。

先にも述べたように、「数えたし」は子どもの実態によっては、たし算を理解するひとつの過程として意味があるかもしれませんが、できるだけ早い段階で卒業させることが大切です。長く「数えたし」をしていればいるほど、「数えたし」が定着してしまい、「数えたし」をしないと計算ができなくなってしまいます。

子どもが「数えたし」をしている様子には、様々あります。以下に「数えたし」の例を示します。

（1）数えたしに入る前の、指を数える段階

①片方の手の指を開き、もう片方の手の人差し指で開いた指の数を声を出して数えます。
②開いている手の指に口などで触れながら、声を出して数えます。
③指を折ったり開いたりしながら、声を出して数えます。
④開いている手の指を声を出しながら、目で数えます。

205

第8章 10までの数を使ったたし算

(2) 指を使って数えたしをする

指を使って数えたしをする子どもがたくさんいます。

> 例：5＋2＝□

①数字の「5」を見て片方の手の親指から指を折りながら「1・2・3・4・5」、数字の「2」を見てもう片方の手の親指と人差し指を折りながら「6・7」と数えてから「7」と言います。

＊指を握った状態から始める子どももいます。その場合は、数字の「5」を見て片方の手の人差し指、中指、薬指、小指、親指と指を開きながら、「1・2・3・4・5」、数字の「2」を見てもう片方の手の人差し指と中指を開きながら「6・7」と数えてから「7」と言います。

②数字の「5」を見て片方の手の指を全部開いて「5」と言います。数字の「2」を見てもう片方の手の人差し指、中指を順に、開いた手のひらに当てながら「6・7」と数えてから「7」と言います。

手の指を全部開いて「5」と言えることは、量を理解しつつあるといえます。

＊指を開くのではなく、握る子どももいます。その場合は、数字の「5」を見て片方の手の指を全部握って「5」と言い、数字の「2」を見てもう片方の手の親指と人差し指を折りながら「6・7」と数えてから「7」と言います。

③数字の「5」を見て片方の手の指を全部開いて「5」と言います。数字の「2」を見てもう片方の手の人差し指と中指を同時に開いた手のひらに当てて、「6・7」と数えてから「7」と言います。次第に声を出さないで口を動かしたり、うなずいたりしながら数えるようになります。

④数字の「5」を見て片方の手の指を全部開いて「5」と言います。数字の「2」を見てもう片方の手の人差し指と中指を開いた手のひらに当てて、口を動かしたり、うなずいたりしないで「6・7」と頭の中で数えてから「7」と言います。

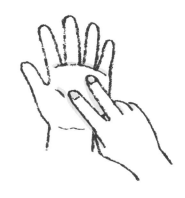

⑤数字の「5」を見て片方の手の指を全部開いて「5」と言います。数字の「2」を見てもう片方の手の人差し指と中指を開いた手のひらに当てただけで、すぐに「7」と言います。数えないで「7」と言えることは、量の理解が進んできているということができます。

⑥数字の「5」を見て「5」と言い、数字の「2」を見て片方の手の親指と人差し指を折りながら頭の中で数えてから「7」と言います。そして、数字の「5」を見て「5」と言い、数字の「2」を見てもう片方の手の親指と人差し指を同時に折って「7」と言います。このような状態は、量の理解がさらに進んできているということができます。

和が10までのたし算の学習

　指を使わないで数字だけで計算してほしいという願いから、「指を使わないように」とことばかけをすることが多いようです。しかし、指を使わなければ答えを出すことができないのですから、子どもは困ってしまいます。指を使うことは、数字へ移行するためのひとつのステップと考えられないでしょうか。とりわけ前述した「指を使って数えたしをする」の⑥の段階では片方の手を数えないで「5」と言っているので、数字のみの学習に少しずつ近づいているといえます。

　指の代わりにタイルなどの半具体物などを用いて学習するようにしていきましょう。それが、量を理解して数字に円滑に移行することにつながります。指よりもタイルの方が、並べて量としてとらえやすく操作しやすいです。

　5までの数では、タイルを縦や横に並べて、目で見ただけで数えないでその数が言えるようになるとよいです。

　たし算やひき算の段階になって、急に数字カードへ移行するのは大変です。合成・分解の学習を十分に行い、合成・分解の学習の後半から少しずつ数字へ移行するようにします（タイルから数字への移行は、**第7章**（146ページ）を参照してください）。

(3) 具体物・半具体物を使って数えたしをする

　指の代わりに具体物や半具体物を使って数えたしをする子どもも多くいます。

　例：5＋2＝□

①数字の「5」の下に具体物を5個、数字の「2」の下に具体物を2個並べます。指でふれながら、「1・2・3・4・5」、「6・7」と声を出して数えます。
　数える対象は、好きなもの、数えやすい具体物から始め、タイルなどの半具体物に移行し、最後には、ドットや線などをかいて数えるようになることが多いようです。

第8章 10までの数を使ったたし算

②数字の「5」の下にタイルを5個、数字の「2」の下にタイルを2個並べます。
　数字の「5」の下のタイルを見て「5」と言い、数字の「2」の下のタイルを見て「6・7」と数えます。タイル5個をひとつひとつ数えずに、見ただけで「5」と言えることは、量を理解しつつあるといえます。
　タイルは、一目で量がわかりやすく、半具体物として学習に用いるのにふさわしい教材です。タイルは、少し離して並べて呈示した方が、見えやすく数えやすいです。

③数字の「5」の下にタイルを5個、数字の「2」の下にタイルを2個並べます。頭の中で数えて「7」と言います。はじめは、指や鉛筆の先でタイルを押さえながら、声を出さないで口を動かしたり、うなずいたりしながら数える様子が見られます。次に指や鉛筆の先でタイルを押さえたり口を動かしたり、うなずいたりしないで目で見て頭の中で数える様子が見られるようになります。そして、数字の「5」の下に置いたタイルと、数字の「2」の下に置いたタイルを見ただけで、すぐに「7」と言うようになります。このような状態は、量の理解が進んできているということができます。

④数字の「5」の下にはタイルを置きません。数字の「5」を見て「5」と言い、数字の「2」の下に置いた2個のタイルを見て頭の中で数えて「7」と言います。そして、数字の「5」を見て「5」と言い、数字の「2」の下に置いた2個のタイルを見てすぐに「7」と言うようになります。このような状態は、量の理解が一段と進んできているということができます。

⑤ドットや線などをかいて数えたしをします。

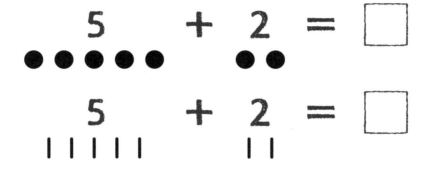

和が10までのたし算の学習

(4) 数詞や数字を使って数えたしをする

数詞を唱えたり、数字を書いたりして数えたしをする子どももいます。

例：5＋2＝□

①数詞を唱える場合
　たされる数の「5」を見て「1・2・3・4・5」と言ったあと、たす数の「2」を見て「6・7」、「答えは7」と言います。

②数字を書く場合
　たされる数の「5」を見て、用紙に「1　2　3　4　5」と書き、たす数の「2」を見て、続けて「6　7」と書き、「答えは7」と言います。

　数えたしについて、よく見られる例を挙げてきました。数の理解が少しずつ進んでいく順に並べてあります。この経過をたどって数えたしから抜け出す子どももいます。また、あるところにとどまり、いつまでも数えたしをしている子どももいます。数えたしから抜け出せない子どもは、次の「タイルを見て数が言えるようになるために」を学習するとよいでしょう。

Point　タイルを見て数が言えるようになるために

　10までの数、特に6から10までの数を、数えないで目で見ただけですぐに言えるようになるための学習です。
　タイルを横に5個、2段に並べられる教材を用意します。タイルとタイルの間に仕切りがあるものがよいです。画用紙に枠をかいてタイルを置いてもよいでしょう。
　はじめは上段にタイルを5個置きます。それを繰り返し数えることを通して、「5」（の量）がパッと見ただけでわかるようにします。次に、下段に1つずつタイルを増やしていき、「6」、「7」、「8」、「9」、「10」が目で見てすぐに言えるように学習します。

　「7」を例にとって説明します。

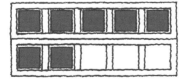

① タイルを7個置きながら、一緒に数えます。
　＊タイルは、必ず左端から置きます。上下のタイルの位置が左からそろうように置くことが、タイルを見て量がわかる呈示のポイントです。

② 置いたタイルを指さししながら、子どもがひとりで数えます。
　＊タイルは、上段から、左から数えるようにします。

③ 「いくつ？」と聞きます。

④ 子どもは「7」と答えます。

⑤ 一度タイルを撤去します。再びタイルを7個置きます。タイルを置くとき、今度は数えません。

⑥ 置いたタイルを指さししながら、子どもがひとりで数えます。

⑦ 「いくつ？」と聞きます。

⑧ 子どもは「7」と答えます。

⑨ もう一度タイルを撤去します。再びタイルを7個置きます。タイルを置くとき、数えません。

⑩ 置いたタイルを指さししないで、子どもが目だけでひとりで数えます。

⑪ 「いくつ？」と聞きます。

⑫ 子どもは「7」と答えます。

　これを繰り返し行うことで、子どもは呈示されたタイルを目で見ただけですぐに「7」と言えるようになってきます。
　6～10を順番に学習し、できるようになったら、ランダムに呈示します。どの順番に呈示しても、すぐに数が言えるようになったら、この学習が定着したといえます。
　このような学習を行うことが、数えたしから抜け出すことにつながっていきます。
　「タイルを見て数が言えるようになるために」の学習でも数えたしから抜け出せない場合は、合成・分解の学習に戻る必要があります。数えたしから脱却するためには、合成・分解の学習が大切です。

5. たし算で「左辺と右辺を同じにする」学習

　数えたしからなかなか脱却できない子どもの場合は、たし算を「左辺と右辺を同じにする」方法で学習します。
　例えば、8が5と3に分解できることがわかっていると、「8＝5＋□」・「5＋□＝8」、「8＝□＋3」・「□＋3＝8」、「□＝5＋3」・「5＋3＝□」の□に入る数字を頭の中にすぐに浮かべることができます。

和が10までのたし算の学習

　5と3をイメージして全部で8、あるいは8をイメージして5と3に分解するなど、頭の中で数をイメージして考えることができます。

　「5と3、全部で8」あるいは「8は5と3」という合成・分解が理解できていないと、「5＋3」を、指や具体物などを使って「1・2・3・4・5」、「6・7・8」と数えたしをすることになります。

　数えたしをしないで合成・分解をもとにしたたし算ができるようになることが大切です。そこで、たし算を、合成・分解をもとにした「左辺と右辺を同じにする」方法で学習します。

　「c＝a＋b」と「a＋b＝c」の、どちらの形でもできるように学習します。

例1： 3＝2＋□

方法とことばかけ

― 1. 式を読む

①式を呈示します。
　ひとりでできるようになるまでは、1枚の用紙に式をひとつだけ書いて行うようにします。
②「式を一緒に読みましょう」と言います。
③一緒に読みます。「3は2たす□（しかく）」。
　ひとりで読めるようになるまでは、指さししながら子どもよりも先に発声して、子どもがまねをして言うようにします。

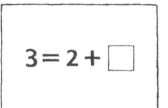

― 2. 同じにする

①左辺を指さししながら「こっちは3」と言います。3は一緒に言います。
②右辺を指さししながら「こっちは2たす□（しかく）、こっちも3にします」と言います。
③左辺を指さししながら、「こっちは3」、右辺を指さししながら、「こっちも3にして」、左辺と右辺を指さししながら「こっちと、こっちを」、「＝」を指さししながら「おなじにするよ」と言います。
④右辺の「2」を指さししながら、「2と」、□を指さししながら「あといくつで」、左辺を指さししながら「3と」、「＝」を指さししながら「おなじになりますか？」と聞きます。

第8章 10までの数を使ったたし算

― 3. あと1

①子どもが「1」と答えます。
②「そうだね」と言ってよくほめます。
③□を指さししながら、「□に1と書いてください」
　と言います。子どもが□に「1」と書きます。
④「上手に書けたね」とほめます。
＊鉛筆は、書くとき以外は持たせないようにします。

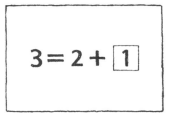

― 4. 3と3、おなじ

①右辺を指さししながら、「こっちは2と1、全部で3」、左辺を指さししながら、「こっちも3」、左辺と右辺を指さししながら「こっちと、こっちは」、「＝」を指さししながら「おなじ」と言います。「3」、「3」、「おなじ」は一緒に言います。

― 5. 式と答えを読む

①「式と答えを読んでください」と言います。子どもが読みます。「3＝2＋1（さん・は・たす・いち）」。はじめのうちは一緒に読むとよいでしょう。
②「よくできたね」と心からほめます。
　答えに○をつけたり、シールを貼ったりするとよいでしょう。

例2： 2＋□＝3

方法とことばかけ

― 1. 式を読む

①式を呈示します。
　ひとりでできるようになるまでは、1枚の用紙に式をひとつだけ書いて行うようにします。
②「式を一緒に読みましょう」と言います。
③一緒に読みます。「2たす□（しかく）は3」。
　ひとりで読めるようになるまでは、指さししながら子どもよりも先に発声して、子どもがまねをして言うようにします。

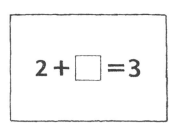

── 2. 同じにする

① 右辺を指さししながら「こっちは3」と言います。3は一緒に言います。
② 左辺を指さししながら「こっちは2+□（しかく）、こっちも3にします」と言います。
③ 右辺を指さししながら、「こっちは3」、左辺を指さししながら、「こっちも3にして」、右辺と左辺を指さししながら「こっちと、こっちを」、[＝]を指さししながら「おなじにするよ」と言います。
④ 左辺の「2」を指さししながら、「2と」、□を指さししながら、「あといくつで」、右辺を指さししながら「3と」、[＝]を指さししながら「おなじになりますか？」と聞きます。

── 3. あと1

① 子どもが「1」と答えます。
② 「そうだね」と言ってよくほめます。
③ □を指さししながら、「□に1と書いてください」と言います。子どもが□に「1」と書きます。
④ 「上手に書けたね」とほめます。
＊鉛筆は、書くとき以外は持たせないようにします。

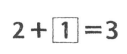

── 4. 3と3、おなじ

① 左辺を指さししながら、「こっちは2と1、全部で3」、右辺を指さししながら、「こっちも3」、右辺と左辺を指さししながら「こっちと、こっちは」、[＝]を指さししながら「おなじ」と言います。「3」、「3」、「おなじ」は一緒に言います。

── 5. 式と答えを読む

① 「式と答えを読んでください」と言います。子どもが読みます。「2＋1＝3（に・たす・いちは・さん）」。はじめのうちは一緒に読むとよいでしょう。
② 「よくできたね」と心からほめます。
　答えに○をつけたり、シールを貼ったりするとよいでしょう。

＊「左辺と右辺を同じにする」学習方法でも難しい場合は、合成・分解に戻って学習することが大切です。

> **Point** まちがえさせないためのポイント
>
> 　「あといくつでおなじになりますか？」と聞かれて、迷っているときやわからないときは待たずにすぐに教えることがポイントです。まちがった答えを言ってから訂正したのでは定着しません。まちがった答えを言わないようにすることが大切です。
> 　迷っているとき、わからないときは、次のようにします。

第8章 10までの数を使ったたし算

①タイルを3つ横に並べます。

② 「数えてください」と言います。子どもは指さししながら、左から数えます。「1・2・3」。
③ 「いくつ？」と聞きます。子どもは「3」と答えます。
④ 「そうだね」とほめます。
⑤タイル2個を、左の方にスライドさせます。

⑥残った1個を指さししながら「3は2と、あといくつですか？」と聞きます。子どもが答えます。「1」。
⑦ 「そうだね」とほめます。
⑧□を指さししながら「□に答えを1と書いてください」と言います。
⑨子どもが□に1と書きます。
⑩ 「よくできたね」と心からほめます。

答えの項の位置による学習の系統性

答えの項の位置によって、難易度が異なります。
答えの項の位置による学習の順序は、次の通りです。

(1) $c = a + b$　　答え□
　①$c = a + \square$
　②$c = \square + b$
　③$\square = a + b$

(2) $a + b = c$　　答え□
　①$a + \square = c$
　②$\square + b = c$
　③$a + b = \square$

和が10までのたし算の学習

「本章　❸ たし算の学習の系統性」（199ページ）では、10までの数のたし算において、「ｃ」（和）が小さいほどやさしい、「ｂ」（たす数・加数）が小さいほどやさしいと説明してあります。この2点がたし算の学習の系統性を考えるうえでの原則です。

「ｃ＝ａ＋ｂ」の形式では、答えの項（□にする部分）がｂ、ａ、ｃの順に学習するのが理解しやすいです。

ただし、ａの方がｂよりも小さい数の場合、（例：5＝1＋4）子どもの実態によってはａの項から学習してもよいでしょう。

数唱表の活用

数字の読みと数唱を定着させるために、次のような「数唱表」を用いて学習するとよいでしょう。

【数唱表】（50までの例）

1	2	3	4	5	6	7	8	9	10
11	12	13	14	15	16	17	18	19	20
21	22	23	24	25	26	27	28	29	30
31	32	33	34	35	36	37	38	39	40
41	42	43	44	45	46	47	48	49	50

この表を一緒に指さししながら声を出して数詞を言います。

はじめのうちは、子どもがすぐに言えない場合は待たずに指導者がすぐに言うようにします。子どもがまねをして言うようにした方が読みが早く定着します。

正しく言えるようになるまで何度も繰り返し行います。

この表では、次のようなことが大切です。

第**8**章 10までの数を使ったたし算

①ひとつのマス目の中央に縦の点線を書き、1の位の数と10の位の数がはっきりわかるようにします。

②横列は10ごとのまとまりで並べ、縦列は1の位の数がそろうように並べます。

③横のマス目とマス目の間は、子どもが見えやすい間隔にします。

④ひとマスのマス目の大きさ、数字の大きさなどは、子どもが最も見えやすく数えやすいものにします。

この数唱表を指さししながら読むことを通して、数唱と数字の読みを定着させるとともに、位取りや10進法を理解する基礎的な力を養うことにつながります。

順序正しく言えるようになったら、指さししながら、10から逆に「10・9・8・7・6・5・4・3・2・1」と言うようにします。それができるようになったら、20から、30から、40から、50から逆唱できるようにします。次に縦列で上から、縦列で下から言うようにするのもよいでしょう。

第9章

10までの数を使ったひき算
~差が9までのひき算の学習~

第**9**章　10までの数を使ったひき算

差が9までの
ひき算の学習

　第8章では、数字を用いて、答えが10までのたし算の学習を行いました。

　本章では、10までの数を使って、差が9までのひき算の学習を行います。

　10以下の数から1桁（1位数）をひく、繰り下がりのないひき算の学習です。

　たし算からひき算の学習に入ると、戸惑ったり、たし算と混同したりする子どももいるでしょう。ひき算の意味を十分に理解するよう、はじめのうちは、具体物や半具体物を使って、丁寧に学習を進めます。数字を用いての学習に入っても、子どもが迷っているときや答えられないときは、待たずにすぐにタイルを補助的に用いるなど、適切な援助をして、子どもがまちがった答えを言わないようにします。また、子どもが数えたり答えたりするごとによくほめることは、これまでの学習と同様にとても大切なことです。

1. ひき算の意味

　たし算の学習では、「増加」と「合併」の例で、その意味を説明しました。ひき算では、「求残」と「求差」を例にとって説明します。

(1) 求残

　最初にある数から、いくつか取り去った残りの数を求めるものです。

> 例題：ミニカーが3台あります。1台あげました。
> のこりは何台ですか。

教材

・青いミニカー：3台

・適切な大きさの画用紙：1枚

差が9までのひき算の学習

> 方法とことばかけ

Step 1　指導者が行ってみせます（模範）

①画用紙を呈示します。
②「先生がやるのをよく見ててね」と言います。
③「ミニカーが3台あります」と言いながら、画用紙にミニカーを3台左から並べて置きます。
④「1台あげました」と言いながら、右端のミニカーを1台、取ります。取ったミニカーは、子どもから見えないところに置きます。
⑤「のこりは」と言います。
⑥画用紙の中を指さししながら、「2台です」と言います。
⑦「よく見てたね」とほめます。

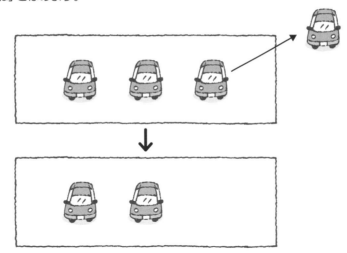

Step 2　子どもと一緒に行います

①画用紙を呈示します。
②「一緒にやるよ」と言います。
③一緒に「ミニカーが3台あります」と言いながら、画用紙の中にミニカーを3台左から並べて置きます。
④一緒に「1台あげました」と言いながら、右端のミニカーを1台、取ります。取ったミニカーは、子どもから見えないところに置きます。
⑤一緒に「のこりは」と言います。

第**9**章　10までの数を使ったひき算

⑥一緒に画用紙の中を指さししながら、「2台です」と言います。

⑦「よくできたね」とほめます。

＊はじめのうちは、子どもがまねをして言うようにします。一緒に言いながら操作できるようになるまで、学習するとよいでしょう。

Step 3　指導者がことばかけをし、子どもが行います

①画用紙を呈示します。

②「先生が言うから、言うのに合わせてやってね」と言います。

③指導者が「ミニカーが3台あります」と言います。言うのに合わせて子どもが画用紙の中にミニカーを3台左から並べて置きます。

　＊子どもがすぐにできないときは、手を添えて一緒にミニカーを3台置きます。

　＊子どもが、置く場所がわからないようなときは、「ここと、ここと、ここに置いて」と置く場所を指さしして教えます。

④指導者が「1台あげました」と言います。言うのに合わせて子どもが右端のミニカーを1台、取ります。子どもが取ったミニカーは指導者が受け取り、子どもから見えないところに置きます。

　＊子どもがすぐにできないときは、手を添えて一緒にミニカーを1台取ります。

⑤指導者が「のこりは何台ですか」と言います。

⑥子どもが画用紙の中を指さししながら、「2台（です）」と言います。

⑦「よくできたね」とほめます。

＊⑤で、Step 1、Step 2と異なることばかけが出てきます。子どもが戸惑うようであれば、⑤のことばかけをする前に、「のこりは何台ですか、と言うから、画用紙の中を指さししながら答えてください」と言います。

Step 4　子どもがひとりで行います

①画用紙を呈示します。

②「ひとりでやってね」と言います。

③子どもが「ミニカーが3台あります」と言いながら、画用紙の中にミニカー3台を左から並べて置きます。

④子どもが「1台あげました」と言いながら、右端のミニカーを1台取ります。

　子どもが取ったミニカーは指導者が受け取り、子どもから見えないところに置きます。

⑤指導者が「のこりは何台ですか」と言います。

⑥子どもが画用紙の中を指さししながら、「2台（です）」と言います。

⑦「よくできたね」とほめます。

　＊子どもが言葉を出せないときは、待たずにすぐに教えます。

- 具体物でできるようになったら、Step 1 〜 Step 4 を、タイルでも同様に行います。
- 求残のひき算になるようないろいろな言葉を使って学習しましょう。
「はじめに」「のこりは」「食べると」「出ていくと」「あげると」「減ると」などの言葉を使って、実際の生活場面を想定しながら、求残の意味が理解できるように学習することがポイントです。

(2) 求差

ある数（大きい数）とある数（小さい数）を比べ、大きい数と小さい数の差を求めるものです。

> 例題：青いミニカーが3台あります。赤いミニカーが1台あります。
> 青いミニカーは赤いミニカーより何台多いですか。

教材

- 青いミニカー：3台
- 赤いミニカー：1台
- 適切な大きさの画用紙：1枚

方法とことばかけ

Step 1　指導者が行ってみせます（模範）

①画用紙を呈示します。
②「先生がやるのをよく見ててね」と言います。
③「青いミニカーが3台あります」と言いながら、画用紙の中に青いミニカーを3台左から並べて置きます。
④「赤いミニカーが1台あります」と言いながら、一番左の青いミニカーの下に赤いミニカーを1台置きます。
⑤青いミニカー3台と赤いミニカー1台を順に指さししながら「青いミニカーは赤いミニカーより」と言います。
⑥真ん中と右の青いミニカーを指さししながら「2台多いです」と言います。

第9章 10までの数を使ったひき算

> 子どもがわかりにくいときは、次のように行います。
> 一緒に言いながら行うようにします。
> - 左端の青いミニカーを指さしして「1(台)」。
> - 赤いミニカーを指さしして「1(台)」。
> - 指さしした青と赤のミニカーを手で隠します
>   (同じ数の分を隠します)。
> - 残った青いミニカーを指さししながら「1(台)、2(台)」と数えます。
> - 残った青いミニカーを指さししながら「2台多いです」と言います。

⑦「よく見てたね」とほめます。

Step 2 子どもと一緒に行います

①画用紙を呈示します。

②「一緒にやるよ」と言います。

③一緒に「青いミニカーが3台あります」と言いながら、画用紙の中に青いミニカーを3台左から並べて置きます。

④一緒に「赤いミニカーが1台あります」と言いながら、一番左の青いミニカーの下に赤いミニカーを1台置きます。

⑤一緒に青いミニカー3台と赤いミニカー1台を順に指さししながら「青いミニカーは、赤いミニカーより」と言います。

⑥一緒に真ん中と右の青いミニカーを指さししながら「2台多いです」と言います。

> 子どもがわかりにくいときは、次のように行います。一緒に言いながら行うようにします。
> - 左端の青いミニカーを指さしして「1(台)」。
> - 赤いミニカーを指さしして「1(台)」。
> - 指さしした青と赤のミニカーを手で隠します (同じ数の分を隠します)。
> - 残った青いミニカーを指さししながら「1(台)、2(台)」と数えます。
> - 残った青いミニカーを指さししながら「2台多いです」と言います。

⑦「よくできたね」とほめます。

＊はじめのうちは、子どもがまねをして言うようにします。一緒に言いながら操作できるようになるまで、学習するとよいでしょう。

Step 3 指導者がことばかけをし、子どもが行います

①画用紙を呈示します。

②「先生が言うから、言うのに合わせてやってね」と言います。

③指導者が画用紙を指さしして、「青いミニカーが3台あります」と言います。言うのに合わせて子どもが画用紙の中に青いミニカーを3台左から並べて置きます。

＊子どもがすぐにできないときは、手を添えて一緒にミニカーを3台置きます。

＊子どもが、置く場所がわからないようなときは、「ここと、ここと、ここに置いて」と置く場所を指さしして教えます。

④指導者が一番左の青いミニカーの下を指さしして、「赤いミニカーが1台あります」と言います。言うのに合わせて子どもが一番左の青いミニカーの下に赤いミニカーを1台置きます。

＊子どもが、置く場所がわからないようなときは、「ここに置いて」と置く場所を指さしして教えます。

⑤指導者が青いミニカー3台と赤いミニカー1台を順に指さししながら「青いミニカーは、赤いミニカーより、何台多いですか」と言います。

⑥子どもが真ん中と右の青いミニカーを指さししながら「2台（多いです）」と言います。

子どもがわかりにくいときは、次のように行います。一緒に言いながら行うようにします。

・左端の青いミニカーを指さしして「1（台）」。

・赤いミニカーを指さしして「1（台）」。

・指さしした青と赤のミニカーを手で隠します（同じ数の分を隠します）。

・残った青いミニカーを指さししながら「1（台）、2（台）」と数えます。

・残った青いミニカーを指さししながら「2台（多いです）」と言います。

---

⑦「よくできたね」とほめます。

＊⑤で、Step 1、Step 2と異なることばかけが出てきます。子どもが戸惑うようであれば、⑤のことばかけをする前に、「青いミニカーは、赤いミニカーより、何台多いですか、と言うから、画用紙の中を指さししながら答えてください」と言います。

Step 4　子どもがひとりで行います

①画用紙を呈示します。

②「ひとりでやってね」と言います。

③子どもが「青いミニカーが3台あります」と言いながら、画用紙の中に青いミニカーを3台左から並べて置きます。

④子どもが「赤いミニカーが1台あります」と言いながら、一番左の青いミニカーの下に赤いミニカーを1台置きます。

⑤指導者が青いミニカー3台と赤いミニカー1台を順に指さししながら「青いミニカーは、赤いミニカーより、何台多いですか」と言います。

⑥子どもが真ん中と右の青いミニカーを指さししながら「2台（多いです）」と言います。

第9章 10までの数を使ったひき算

> 子どもがわかりにくいときは、次のように行います。一緒に言いながら行うようにします。
> ・左端の青いミニカーを指さしして「1（台）」。
> ・赤いミニカーを指さしして「1（台）」。
> ・指さしした青と赤のミニカーを手で隠します（同じ数の分を隠します）。
> ・残った青いミニカーを指さししながら「1（台）、2（台）」と数えます。
> ・残った青いミニカーを指さししながら「2台（多いです）」と言います。

⑦「よくできたね」とほめます。

  ＊子どもがことばを出せないときは、待たずにすぐに教えます。

●具体物でできるようになったら、Step 1 〜 Step 4 を、タイルでも同様に行います。
●求差のひき算になるようないろいろな言葉を使って学習しましょう。
　「いくつ多い」、「いくつ少ない」、「〜が、〜よりいくつ多い」、「〜が、〜よりいくつ少ない」などの言葉を使って、実際の生活場面を想定しながら求差の意味が理解できるように学習することがポイントです。

> 　この段階では、3くらいまでの数は、具体物を数えなくても目で見ただけでわかると考えています。それで、上記「求残」「求差」の　方法とことばかけ　には、数えることばかけは入れてありません。数えた方がわかりやすい子どもは、具体物を呈示したときに、その具体物を指さししながら数えるとよいでしょう。発声しながら、あるいは目だけで数えるなどは、子どもの実態に応じて行います。

2. ひき算の式

　ひき算の意味について学習しました。

　ここで、記号 ［−］、［＝］ を用いた「式」の学習に入ります。記号の意味をひとつひとつ丁寧に説明しながら学習を進めることが大切です。

(1) トレイを用いて

　左側のトレイを ［c］、右側のトレイの色画用紙のない部分（右側のトレイの左半分）を ［a］、右側のトレイの色画用紙のある部分（右側のトレイの右半分）を ［b］とします。

　ここでは、タイルや数字カードを置く位置を ［a］、［b］、［c］ で説明します。

224

差が9までのひき算の学習

> 例1： 2 = 3 − 1

教材

- トレイ：約10cm×20cmのもので、ふちの高さが1cm程度のもの2枚
- トレイの中に置く色画用紙：約10cm×10cmのもの1枚
- タイル：赤4個、黒2個
- 数字カード： 1 2 3
- 記号カード：

― 「= と −」を置く ―

・タイルを用いて

方法とことばかけ

①2枚のトレイを左右に並べて置きます。右側のトレイの右半分に色画用紙を置きます。

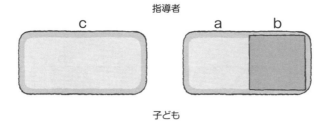

②「よく見ててね」と言いながら、= のカードをトレイとトレイの間に置きます。= のカードを指さししながら「これは『おなじ』という意味だよ」と言います。

③[c]のトレイを指さししながら「こっちと」、[a]と[b]のトレイを指さししながら「こっちを」、= のカードを指さししながら「おなじにするよ」と言います。

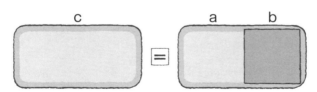

225

第9章 10までの数を使ったひき算

④ [a] を指さしして、「ここにタイルを3個置くよ」と言いながら [a] に左から赤いタイルを2個、黒いタイルを1個置きます。

⑤ [b] を指さしして、「ここにタイルを1個置くよ」と言いながら [b] に黒いタイルを1個置きます。

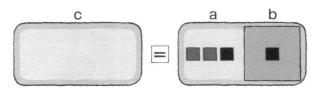

⑥ 「よく見ててね」と言いながら、[a] のタイル3個と [b] のタイル1個の間に ─ のカードを置きます。─ のカードを指さししながら「これは『とる』という意味だよ」と言います。

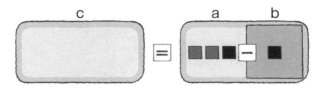

⑦ [a] のタイル3個を指さししながら「3から」、[b] の黒いタイル1個を指さししながら「1」、─ のカードを指さししながら「とります」と言って、[b] の黒いタイルを1個取ります。それに対応させて [a] の黒いタイルを1個取ります。[a] の赤いタイル2個を指さししながら「のこりはいくつ？」と聞きます。子どもは「2」と言います。

⑧ 「そうだね」「こっちにも2個置いておなじにするよ」と言いながら、[c] に赤いタイルを2個置きます。

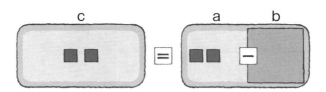

⑨ [c] のトレイを指さししながら「こっちは2」、[a] と [b] のトレイを指さししながら「こっちは3から1とる、のこりは2」、[a] と [b] のトレイを指さししながら「こっちと」、[c] のトレイを指さししながら「こっちは」、= のカードを指さししながら「おなじ」と言います。

差が9までのひき算の学習

・数字カードを用いて

タイル3個の代わりに数字カード $\boxed{3}$ を、タイル1個の代わりに数字カード $\boxed{1}$ を、タイル2個の代わりに数字カード $\boxed{2}$ を置きます。
方法とことばかけは、「 **タイルを用いて** 」と同様です。

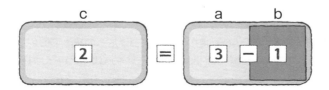

※「タイルを用いて」と「数字カードを用いて」は、続けて行います。

例2 : 3－1＝2

「2＝3－1」の左辺と右辺を逆にします。
方法とことばかけは、「2＝3－1」を応用します。

・タイルを用いて

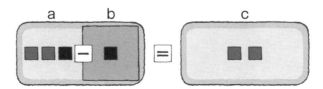

・数字カードを用いて

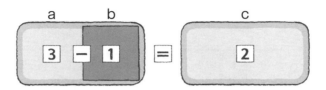

227

第9章 10までの数を使ったひき算

(2) 数式板を用いて

例1： 2 = 3 − 1

▶ 教材

・数式板：長さ30cm程度、幅3.5cm程度の板に枠をつけたものを上下に2つ並べたもの。
　　　　　 = と − のカードを置く場所は、カードが動かないようにくり抜き、底板を貼る。

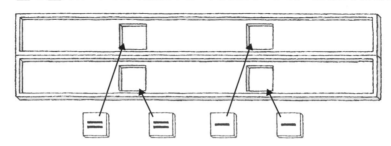

・タイル：同じ色のもの6個 ■■■■■■
・数字カード： 1 2 3
・記号カード： − = 各2枚

　　　＊数字カードと記号カードは、数式板の中に置くことができる適切な大きさで作成します。

・上段：タイルを用いて

▶ 方法とことばかけ

①数式板を呈示します。
　（以後、「a、b、c、a'、b'、c'、あ、い、う、え」は位置とゾーンを示すもので、実際に文字はありません）

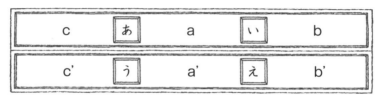

差が9までのひき算の学習

② 「よく見ててね」と言いながら、[あ] の位置に、= のカードを置きます。= のカードを指さしして「これは」、左辺（[c]）を指さしして「こっちと」、右辺（[a]、[い]、[b]）を指さしして「こっちは」、= を指さしして「『おなじ』という意味だよ」「『は（わ）』と言うよ」と言います。

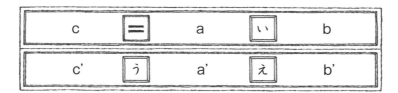

③ 左辺と右辺を指さししながら「こっちとこっちをおなじにするよ」と言います。

④ [a] を指さしして、「ここにタイルを3個置くよ」と言いながら [a] にタイルを3個置きます。

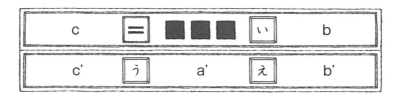

⑤ [b] を指さしして、「ここにタイルを1個置くよ」と言いながら [b] にタイルを1個置きます。

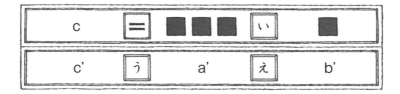

⑥ 「よく見ててね」と言いながら、「い」に − のカードを置きます。− のカードを指さしして「これは」、タイル3個を指さしして「こっちから」、タイル1個を指さしして「こっちを」、「『とる』という意味だよ」、「『ひく』と言うよ」と言います。

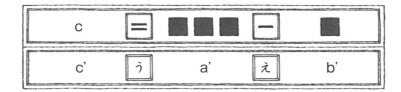

⑦ [a] のタイル3個を指さししながら「3から」、[b] のタイル1個と [a] の右端のタイル1個を指さししながら「1」、− のカードを指さししながら「とる」、[a] の残りのタイル2個を指さししながら「のこりはいくつ？」と聞きます。子どもは「2」と言います。

第9章 10までの数を使ったひき算

⑧「そうだね」「こっちにも2個置いておなじにするよ」と言いながら、［c］にタイルを2個置きます。

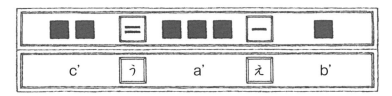

⑨左辺を指さししながら「こっちは2」、右辺を指さししながら「こっちは3から1とる、のこりは2」、右辺を指さししながら「こっちと」、左辺を指さししながら「こっちは」、= のカードを指さししながら「おなじ」と言います。

⑩タイル2個、= のカード、タイル3個、− のカード、タイル1個を順番に指さししながら、「これは、『2は、3ひく1』と言います。一緒に言いましょう」とことばかけします。子どもは一緒に「2は、3ひく1」と言います。

＊一緒に言えるようになるまでは、子どもが言うのを待たずに指導者が先に言って、子どもがまねをして言うようにします。

・**下段：数字カードを用いて**

［a'］に数字カード 3 を、［b'］に数字カード 1 を、［c'］に数字カード 2 を置きます。［う］に = のカードを、［え］に − のカードを置きます。
方法とことばかけは、「**上段：タイルを用いて**」を応用します。

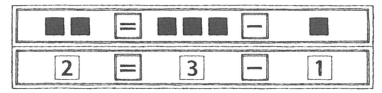

※「タイルを用いて」と「数字カードを用いて」は、続けて行います。

例2： 3−1＝2

「2＝3−1」の左辺と右辺を逆にします。
方法とことばかけは、「2＝3−1」を応用します。

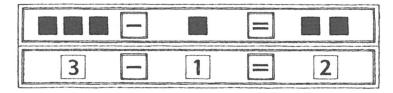

差が9までのひき算の学習

> **Point** 「左辺と右辺がおなじ」がポイント
>
> 「同じにする」という考え方で数の基礎学習を行っています。数式でいえば「＝」は「同じ」という意味であり、左辺と右辺を同じにするということです。「3－1は2になる」というより、「3－1は2と同じである」という考え方で学習を進めています。
>
> 本書では「□＝3－1」の形式から学習することにしました。「3－1＝□」に比べ、この形式は、見慣れていないか、なじみが薄いため、「＝」が「同じ」という考えをより意識させることができると考えています。この形式で、「左辺と右辺を同じにする」ということを学習することを通して、ひき算の意味をよく理解できるようにします。
>
> 「3－1＝□」の形式にこだわる子どももいます。そのような場合は、「3－1＝□」の形式から学習してもよいでしょう。
>
> 最後には、どちらの形式でもできるようにすることが大切です。

(3) 用紙を用いて

用紙に式を書いて学習します。
はじめのうちは、1枚の用紙に式をひとつ書いて呈示します。

例1：□＝3－1

教材
・横書きの式「□＝3－1」を書いた用紙
・鉛筆

方法とことばかけ

① 「□＝3－1」と書いた用紙を呈示します。

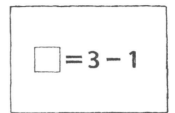

②左辺の□、「＝」、右辺の「3－1」を順番に指さししながら、「これは、『□（しかく）は、3ひく1』と言います。一緒に言いましょう」とことばかけします。
　子どもは一緒に「□（しかく）は、3ひく1」と言います。

231

第9章　10までの数を使ったひき算

③左辺の「□」、右辺の「3－1」、「＝」を順番に指さししながら、「こっちとこっちをおなじにします」と言います。

④右辺を指さししながら、「3ひく1、のこりはいくつ？」と聞きます。子どもは「2」と答えます。

⑤「そうだね」と言います。
　＊すぐに答えられないときは、タイル3個を呈示します。右端のタイル1個を右にスライドさせて、残ったタイルを指さしして「のこりは？」と聞きます。まちがった答えを言う前にタイルを見せて、正しく答えられるようにすることが大切です。

⑥左辺の□を指さししながら、「ここに、何と書きますか？」と聞きます。子どもは「2」と答えます。

⑦「そうだね、書いてください」と言います。子どもは□に「2」と書きます。
　＊書くときに「鉛筆を持ってください」、書き終わったら「鉛筆を置いてください」とことばかけします。書くとき以外は鉛筆を持たせないようにすることがポイントです。

⑧「よくできました」とほめます。

⑨「一緒に読むよ」と言います。「2」、「＝」、「3－1」を順番に指さししながら、一緒に「2は3ひく1」と言います。
　答えに○をつけたり、シールを貼ったりするとよいでしょう。
　＊一緒に言えるようになるまでは、子どもが言うのを待たずに指導者が先に言って、子どもがまねをして言うようにします。

⑩左辺を指さししながら「こっちは2」、右辺を指さししながら「こっちは3ひく1、のこりは2」と一緒に言います。

⑪右辺、左辺を順番に指さししながら、「こっちは2、こっちも2」、左辺、右辺、「＝」を順番に指さししながら「こっちと、こっちは、おなじ」と一緒に言います。

＊用紙が動いてしまうような場合は、クリップボードに挟んで学習するとよいでしょう。

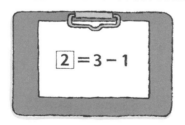

＊数字が書けない子どもには、次のような「数字の数系列板」（第1章 ❺ 数える学習の系統性　(6)数字カードを見て、同じ数のタイルを並べる の 教材 を参照・34ページ）を呈示して、答えの数字をそこから選んで置くようにするとよいでしょう。数字カードは、□に入る適切な大きさで作成します。同じ数字を2つ使う場合は、「数字の数系列板」を2組用意します。

例2： 3－1＝□

「□＝3－1」の左辺と右辺を逆にします。
方法とことばかけは、「□＝3－1」を応用します。

$$3 - 1 = \square$$

3. ひき算の学習の系統性

2つの数aとbのひき算「c＝a－b、a－b＝c」で、aのことを、ひかれる数・被減数といい、bのことを、ひく数・減数といいます。ひいて残った数cのことを差といいます。

差＝被減数－減数
被減数－減数＝差

ひき算の学習では、被減数の数と減数の数によって、難易度が異なります。
10までの数を使ったひき算の学習の系統性を考えるとき、被減数が小さいほどやさしいです。減数が小さいほどやさしいです。この2つが、難易度の考え方の原則です。
差が9までの数のひき算の学習順序は、次のようになります。

易 → 難

減数＼被減数	1	2	3	4	5	6	7	8	9	10
1		2－1	3－1	4－1	5－1	6－1	7－1	8－1	9－1	10－1
2			3－2	4－2	5－2	6－2	7－2	8－2	9－2	10－2
3				4－3	5－3	6－3	7－3	8－3	9－3	10－3
4					5－4	6－4	7－4	8－4	9－4	10－4
5						6－5	7－5	8－5	9－5	10－5
6							7－6	8－6	9－6	10－6
7								8－7	9－7	10－7
8									9－8	10－8
9										10－9

易↓難

この表のように、被減数が小さい順、減数が小さい順に学習します。
「被減数を固定して学習する方法」と「減数を固定して学習する方法」の2つの学習方法が考えられます。

第**9**章 10までの数を使ったひき算

（1）被減数を固定して学習する方法（被減数は、小さい順に学習します）

①減数の小さい順に学習します。

【被減数が「5」の場合の減数が小さい順の学習例】

c＝a－b	a－b＝c
4＝5－1	5－1＝4
3＝5－2	5－2＝3
2＝5－3	5－3＝2
1＝5－4	5－4＝1

②①ができるようになったら、減数をランダムにして学習します。

【被減数が「5」の場合の減数をランダムにした学習例】
「2＝5－3」、「4＝5－1」、「1＝5－4」、「3＝5－2」

（2）減数を固定して学習する方法（減数は、小さい順に学習します）

①被減数の小さい順に学習します。

【減数が「1」の場合の、被減数が小さい順の学習例】

c＝a－b	a－b＝c
1＝2－1	2－1＝1
2＝3－1	3－1＝2
3＝4－1	4－1＝3
4＝5－1	5－1＝4
5＝6－1	6－1＝5
6＝7－1	7－1＝6
7＝8－1	8－1＝7
8＝9－1	9－1＝8
9＝10－1	10－1＝9

②①ができるようになったら、被減数をランダムにして学習します。

【減数が「1」の場合の、被減数をランダムにした学習例】
c＝a－b　のとき、
「7＝8－1」、「3＝4－1」、「9＝10－1」……

＊原則は「（1）被減数を固定して学習する方法」です。子どもの実態に応じて、（2）で行った方が理解しやすい場合は、（2）の方法で学習してもよいでしょう。

> 差が9までのひき算の学習

「0（ゼロ）」について

　10までの数のひき算の学習がある程度できるようになったところで、「0」を用いるひき算の学習を行います。この学習を通して、「0」の理解を図ります。

　「0」を用いるひき算の学習順序は次の通りです。

　　(1)「c＝a－b」において、
　　　　①aとbに同じ数を用いる（「0」を除く）
　　　　　例：「0＝1－1」、「0＝2－2」、「0＝3－3」

　　　　②bに「0」を用いる
　　　　　例：「1＝1－0」、「2＝2－0」、「3＝3－0」

　　　　③aとbに「0」を用いる
　　　　　「0＝0－0」

　　(2)「a－b＝c」において、
　　　　①aとbに同じ数を用いる（「0」を除く）
　　　　　例：「1－1＝0」、「2－2＝0」、「3－3＝0」

　　　　②bに「0」を用いる
　　　　　例：「1－0＝1」、「2－0＝2」、「3－0＝3」

　　　　③aとbに「0」を用いる
　　　　　「0－0＝0」

　「第5章　合成・分解　その2　～トレイを用いる合成・分解～　❸ 合成・分解の方法とことばかけ」（119ページ）で、何もないことを指して「0（ゼロ）」ということを学習しました。

　ここで、数式だけで「0」を含んだひき算が理解できる場合は、数式で学習を進めます。数式だけで「0」を含んだひき算が理解できない場合は、「本章　❶ ひき算の意味（218ページ）、❷ ひき算の式　(1) トレイを用いて 『「＝」と「－」」を置く 』（225ページ）、(2) 数式板を用いて （228ページ）」の方法とことばかけを応用して、理解を図ります。

　どの方法とことばかけで学習を行うかは、子どもの実態に応じて考えます。

　方法とことばかけの例を2つ示します。

235

第9章 10までの数を使ったひき算

> 例 1

> 例題：いちごが2個あります。2個食べました。
> のこりは何個ですか。

> 教材

- いちご：2個
- 皿：1枚
  皿は適切な大きさのものを用います。できるだけ平らなものが、教材が見えやすく操作しやすいです。

> 方法とことばかけ

① 皿を呈示します。
② 「先生がやるのをよく見ててね」と言います。
③ 皿を指さしして、「ここにいちごが2個あります」と言いながら、皿の中にいちごを2個横に並べて置きます。
④ 「いちごを2個食べました」と言いながら、いちごを2個取ります。
⑤ 皿の中を指さししながら、「いちごはありません。ゼロです」と言います。
⑥ 「よく見てたね」とほめます。

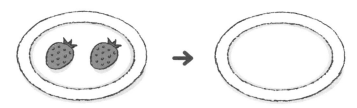

> 例2： 0＝2－2

・上段：タイルを用いて

① 数式板を呈示します。

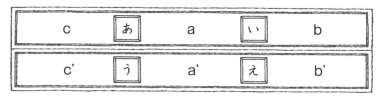

差が9までのひき算の学習

② 「よく見ててね」と言いながら、［あ］の位置に、= のカードを置きます。

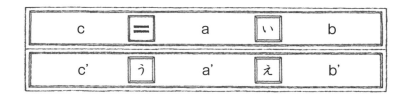

③ 左辺（[c]）と右辺（[a]、[い]、[b]）を指さししながら「こっちとこっちをおなじにするよ」と言います。

④ [a]を指さしして、「ここにタイルを2個置くよ」と言いながら[a]にタイルを2個置きます。

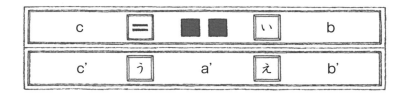

⑤ [b]を指さしして、「ここにも、タイルを2個置くよ」と言います。

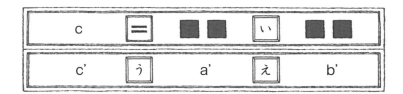

⑥ 「よく見ててね」と言いながら、「い」に − のカードを置きます。

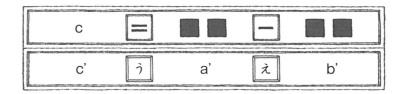

⑦ [a]のタイル2個を指さししながら「2から」、[b]のタイル2個を指さししながら「2」、− のカードを指さししながら「とる」、「のこりはいくつ？」と聞きます。子どもは「0」と言います。

237

⑧ 「そうだね」と言いながら、[a] と [b] のタイルを取ります。

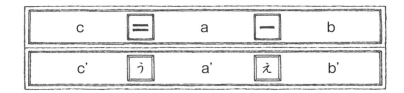

⑨ 左辺を指さししながら「こっちは0」、右辺を指さししながら「こっちも0」、右辺を指さししながら「こっちと」、左辺を指さししながら「こっちは」、= のカードを指さししながら「おなじ」と言います。

⑩ 「もとにもどします」と言いながら、[a] と [b] のタイルをもとに戻します。

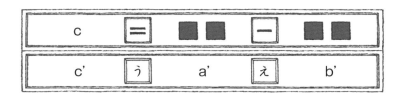

⑪ [c]、= のカード、[a] のタイル2個、− のカード、[b] のタイル2個を順番に指さししながら、「これは、『0は、2ひく2』」と言います。一緒に言いましょう」とことばかけします。子どもは一緒に「0は、2ひく2」と言います。
* 一緒に言えるようになるまでは、子どもが言うのを待たずに指導者が先に言って、子どもがまねをして言うようにします。

・**下段：数字カードを用いて**

[a'] に数字カード 2 を、[b'] に数字カード 2 を、[c'] に数字カード 0 を置きます。[う] に = のカードを、[え] に − のカードを置きます。
方法とことばかけは、「**上段：タイルを用いて**」と同様です。

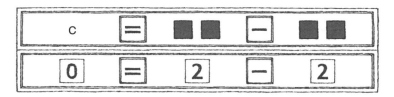

※「タイルを用いて」と「数字カードを用いて」は、続けて行います。

差が9までのひき算の学習

> 例3： 2－2＝0

「0＝2－2」の左辺と右辺を逆にします。
方法とことばかけは、「0＝2－2」を応用します。

4. 「数えひき」について

「数えひき」とは、例えば「5－2」の計算をする場合、5の下に○を5つかき、そこから2つを斜め線で消していき、残りを数えて答えを出すような方法をいいます。

たし算の「数えたし」だけでなく、ひき算でも「数えひき」をしている子どもがいます。「数えひき」では、大きな数になったときには対応できず、ひき算を生活の中で使えるようにはなりません。

「数えひき」は「数えたし」と同様、長く「数えひき」をしていればいるほど、「数えひき」が定着してしまい、「数えひき」をしないと計算ができなくなってしまいます。

子どもが「数えひき」をしている例を以下に示します。

(1) 指を使って数えひきをする

指を使って数えひきをする子どもが見られます。

> 例：5－2＝□

数字の「5」を見て片方の手の指を全部広げます。数字の「2」を見て、「1・2」と数えながら、親指と人差し指（または小指と薬指）を順番に折ります。
残った指を数えて「3」と言います。

(2) 具体物・半具体物を使って数えひきをする

具体物や半具体物を使って数えひきをする子どももいます。

第9章 10までの数を使ったひき算

例：5－2＝□

①数字の「5」の下にタイルを5個並べます。数字の「2」を見て、右側から「1、2」と数えながらタイルを右にスライドさせ、残りのタイルの数を数えて「3」と言います。

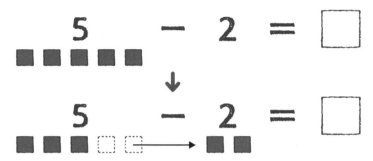

②ドットや線などをかいて数えひきをします。
　数字の「5」の下に、ドットや線を5つかきます。数字の「2」を見て、右側から「1、2」と数えながら鉛筆で斜め線を引いて、ドットや線を2つ消します。残ったドットや線を数えて「3」と言います。

(3) 数詞や数字を使って数えひきをする

数詞を唱えたり、数字を書いたりして数えひきをする子どももいます。

例：5－2＝□

①数詞を唱える場合
　ひかれる数の「5」を見て「1・2・3・4・5」と言ったあと、ひく数の「2」を見て「5・4」と言います。そして、「答えは3」と言います。逆唱するときに、指を折りながら言う子どももいます。

差が9までのひき算の学習

②数字を書く場合

ひかれる数の「5」を見て、用紙に「1　2　3　4　5」と書き、ひく数の「2」を見て、「5　4」の順番に斜め線で消し、「答えは3」と言います。

できるだけ早く「数えひき」から抜け出し、頭の中で量をイメージしてひき算ができるようにすることが大切です。「数えひき」から抜け出すためには、合成・分解の学習を十分に行いましょう。

5. ひき算で「左辺と右辺を同じにする」学習

数えひきからなかなか脱却できない子どもの場合は、ひき算を「左辺と右辺を同じにする」方法で学習します。

例えば、8が5と3に分解できることがわかっていると、「5＝8－□」・「8－□＝5」、「□＝8－3」・「8－3＝□」、「5＝□－3」・「□－3＝5」の□に入る数字を頭の中にすぐに浮かべることができます。

5と3をイメージして全部で8、あるいは8をイメージして5と3に分解するなど、頭の中で数をイメージして考えることができます。

「5と3、全部で8」あるいは「8は5と3」という合成・分解が理解できていないと、「8－3」を、指や具体物などを使って数えひきをすることになります。

数えひきをしないで合成・分解をもとにしたひき算ができるようになることが大切です。そこで、ひき算を、合成・分解をもとにした「左辺と右辺を同じにする」方法で学習します。

「c＝a－b」と「a－b＝c」の、どちらの形ででもできるように学習します。

例1： 2＝3－□

方法とことばかけ

― 1. 式を読む

①式を呈示します。
ひとりでできるようになるまでは、1枚の用紙に式を1つだけ書いて行うようにします。

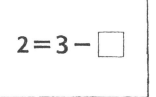

②「式を一緒に読みましょう」と言います。
③一緒に読みます。「2は3ひく□（しかく）」。
　ひとりで読めるようになるまでは、指さししながら子どもよりも先に発声して、子どもがまねをして言うようにします。

── 2. 同じにする

①左辺を指さししながら「こっちは2」と言います。2は一緒に言います。
②右辺を指さししながら「こっちは3ひく□（しかく）、こっちも2にします」と言います。
③左辺を指さししながら、「こっちは2」、右辺を指さししながら、「こっちも2にして」、左辺と右辺を指さししながら「こっちと、こっちを」、［＝］を指さししながら「おなじにするよ」と言います。
④右辺の「3」を指さししながら、「3から」、□を指さししながら「いくつとると」、左辺を指さししながら「2と」、［＝］を指さししながら「おなじになりますか？」と聞きます。

── 3. 1とる

①子どもが「1」と答えます。
②「そうだね」と言ってよくほめます。
③□を指さししながら、「□に1と書いてください」と言います。子どもが□に「1」と書きます。
④「上手に書けたね」とほめます。
＊鉛筆は、書くとき以外は持たせないようにします。

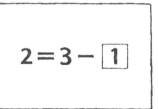

── 4. 2と2、おなじ

①右辺を指さししながら、「こっちは3から1とる、のこりは2」、左辺を指さししながら、「こっちも2」、左辺と右辺を指さししながら「こっちと、こっちは」、［＝］を指さししながら「おなじ」と言います。「2」、「2」、「おなじ」は一緒に言います。

── 5. 式と答えを読む

①「式と答えを読んでください」と言います。子どもが読みます。「2＝3－1（には・さん・ひく・いち）」。はじめのうちは一緒に読むとよいでしょう。
②「よくできたね」と心からほめます。
　答えに○をつけたり、シールを貼ったりするとよいでしょう。

差が9までのひき算の学習

| 例2： 3－□＝2 |

方法とことばかけ

― 1. 式を読む

①式を呈示します。
　ひとりでできるようになるまでは、1枚の用紙に式をひとつだけ書いて行うようにします。

②「式を一緒に読みましょう」と言います。

③一緒に読みます。「3ひく□（しかく）は2」。
　ひとりで読めるようになるまでは、指さししながら子どもよりも先に発声して、子どもがまねをして言うようにします。

― 2. 同じにする

①右辺を指さししながら「こっちは2」と言います。2は一緒に言います。

②左辺を指さししながら「こっちは3ひく□（しかく）、こっちも2にします」と言います。

③右辺を指さししながら、「こっちは2」、左辺を指さししながら、「こっちも2にして」、右辺と左辺を指さししながら「こっちと、こっちを」、［＝］を指さししながら「おなじにするよ」と言います。

④左辺の「3」を指さししながら、「3から」、□を指さししながら、「いくつとると」、右辺を指さししながら「2と」、［＝］を指さししながら「おなじになりますか？」と聞きます。

― 3. 1とる

①子どもが「1」と答えます。

②「そうだね」と言ってよくほめます。

③□を指さししながら、「□に1と書いてください」と言います。子どもが□に「1」と書きます。

④「上手に書けたね」とほめます。

＊鉛筆は、書くとき以外は持たせないようにします。

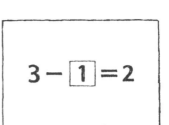

― 4. 2と2、おなじ

①左辺を指さししながら、「こっちは3から1とる、のこりは2」、右辺を指さししながら、「こっちも2」、右辺と左辺を指さししながら「こっちと、こっちは」、［＝］を指さししながら「おなじ」と言います。「2」、「2」、「おなじ」は一緒に言います。

第9章 10までの数を使ったひき算

― 5. 式と答えを読む

① 「式と答えを読んでください」と言います。子どもが読みます。「3-1=2（さん・ひく・いちは・に）」。はじめのうちは一緒に読むとよいでしょう。
② 「よくできたね」と心からほめます。
　答えに○をつけたり、シールを貼ったりするとよいでしょう。

＊「左辺と右辺を同じにする」学習方法でも難しい場合は、合成・分解に戻って学習することが大切です。

Point　まちがえさせないためのポイント

　「いくつとるとおなじになりますか？」と聞かれて、迷っているときやわからないときは待たずにすぐに教えることがポイントです。まちがった答えを言ってから訂正したのでは定着しません。まちがった答えを言わないようにすることが大切です。
　迷っているとき、わからないときは、次のようにします。

①タイルを3つ横に並べます。

②「数えてください」と言います。子どもは指さししながら、左から数えます。
　「1・2・3」。
③「いくつ？」と聞きます。子どもは「3」と答えます。
④「そうだね」とほめます。
⑤タイル1個を、右の方にスライドさせます。

⑥動かした1個を指さししながら「3からいくつとると、2とおなじになりますか？」と聞きます。子どもが答えます。「1」。
⑦「そうだね」とほめます。
⑧□を指さししながら「□に答えを1と書いてください」と言います。
⑨子どもが□に1と書きます。
⑩「よくできたね」と心からほめます。

答えの項の位置による学習の系統性

答えの項の位置によって、難易度が異なります。
答えの項の位置による学習の順序は、次の通りです。

差が9までのひき算の学習

(1) $c = a - b$ 　　答え□
　①$c = a - □$
　②$□ = a - b$
　③$c = □ - b$

(2) $a - b = c$ 　　答え□
　①$a - □ = c$
　②$a - b = □$
　③$□ - b = c$

　「本章　❸. ひき算の学習の系統性」(233ページ) では、10までの数のひき算において、「a」(ひかれる数・被減数) が小さいほどやさしい、「b」(ひく数・減数) が小さいほどやさしいと説明してあります。この2点がひき算の学習の系統性を考えるうえでの原則です。

　「$c = a - b$」の形式では、答えの項 (□にする部分) がb、c、a、の順に学習するのが理解しやすいです。

　③の「aが□」は難しいです。理解が困難な場合は、③を行わず、先に進んでもよいでしょう。

245

第9章 10までの数を使ったひき算

第10章 繰り上がりの計算

第**10**章 繰り上がりの計算

繰り上がりの計算

　ここでは、繰り上がりのあるたし算の学習を行います。

　第8章で、和が10までのたし算の学習について述べました。被加数・加数の数をいろいろ組み合わせて、和が10までのたし算を十分に学習しましょう。

　繰り上がりの計算では、はじめに10の補数を考えることがポイントです。繰り上がりのあるたし算の学習を行うために、和がちょうど10になるたし算について繰り返し学習し、「あといくつで10になるか」をすぐに答えられるようにしておくことが大切です。それが、繰り上がりのあるたし算の学習にスムーズに入ることにつながります。

　繰り上がりの計算でも、まだ「数えたし」をしている子どもが見られます。○や線をかき、それを数えて答えを出している子どもたちです。しかし、それでは繰り上がりの計算ができたとはいえません。1の位で10のまとまりをつくり、10の位に1繰り上がる思考と操作ができてはじめて繰り上がりの計算ができたといえます。数えたしをしている子どもには、10の補数を使って10のまとまりをつくり、10の位に繰り上がるという、繰り上がりの計算のしかたを教え、数えたしから抜け出すようにすることが大切です。

　繰り上がりのあるたし算に入る前に、繰り上がりのない2桁（2位数）のたし算の学習を十分に行い、2桁（2位数）のたし算の計算に慣れておくようにするとよいでしょう。

1. 繰り上がりのあるたし算に入る前に

　横書きの式を見て、和が10までのたし算ができるようになったら、繰り上がりのない2桁（「2桁＋1桁」、「1桁＋2桁」、「2桁＋2桁」）のたし算の学習を行います。筆算の式で学習します。これを行うことによって、筆算の式の形に慣れるとともに、2桁の数を扱うことに慣れることができます。とりわけ、筆算の式で2桁のたし算を行うことで、位取りの学習を行うことができます。筆算の式は、1の位、10の位の位取りを理解するうえでとても有効です。繰り上がりのあるたし算の計算に入る前に、いろいろな数の組み合わせで行っておくことが大切です。

筆算の式における繰り上がりのない1桁、2桁のたし算の学習の系統性

筆算の式における繰り上がりのない1桁、2桁のたし算は、以下の順番で学習します。
① 「2桁＋1桁」
② 「1桁＋2桁」
③ 「2桁＋2桁」

248

例：２５＋３＝□

教材

・横書きの式「25＋3＝□」と、その下に筆算の式のマス目がかいてある用紙。

ここでは、筆算の式のマス目は、被加数の部分が2桁、加数の部分が2桁、答えの部分が2桁のものを用いて説明します。はじめのうちは、1枚の用紙にひとつだけ問題をかくようにします。

＊用紙が動いてしまうような場合は、クリップボードに挟んで学習するとよいでしょう。以下、用紙を用いる場合は、同様に配慮します。

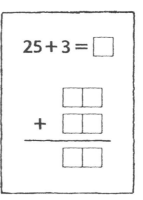

方法とことばかけ

(1) 横書きの式を読む

①横書きの式「25＋3＝□」と、その下に筆算の式のマス目をかいた用紙を呈示します。
②「25＋3＝□」の式を指さしして、「式を読んでください」と言います。
③一緒に読みます。「25＋3＝□（しかく）」

(2) 筆算の式に書く

①筆算の式の場所を指さしして、「ここに、今の式を書きます」と言います。
②横書きの式の「25」を指さしして「25を」、筆算の式の被加数のマス目を指さしして「ここに書きます」と言います。被加数の10の位のマス目を指さしして「ここに2を書いてください」と言い、子どもが書きます。被加数の1の位のマス目を指さしして「ここに5を書いてください」と言い、子どもが書きます。

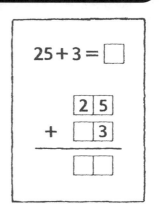

第**10**章 繰り上がりの計算

③横書きの式の「3」を指さしして「3を」、筆算の式の加数のマス目を指さしして「ここに書きます」と言います。加数の1の位のマス目を指さしして「ここに3を書いてください」と言い、子どもが書きます。

④「よく書けました」とほめます。

(3) 筆算の式を読む

①「筆算の式を読みます」と言います。一緒に被加数の「25」、[＋]の記号、加数の「3」、[＋]の記号の下の横の線(以下、「横棒」と表記します)を順番に指さししながら、「25、たす、3、は」と言います(横書きの式と筆算の式を指さししながら「これとこれはおなじです」と言います)。

②被加数の「25」の「2」を指さしして「ここは、10の位です。10の位の数は何ですか」と言います。子どもは「2」と言います。「25」の「5」を指さしして「ここは、1の位です。1の位の数は何ですか」と言います。子どもは「5」と言います。「10の位と1の位を続けて読んでください」と言います。子どもが「25」と言います。

③加数の「3」を指さしして「ここは、1の位です。1の位の数は何ですか」と言います。子どもは「3」と言います。

④「もう一度式を読みます」と言います。一緒に被加数の「25」、[＋]の記号、加数の「3」、横棒を順番に指さししながら、「25、たす、3、は」と言います。

*式を読むときは、必ず数字や記号を指さししながら行います。
*式を読むとき、10の位・1の位の数を聞いたとき、子どもがわからなかったり、迷ったりして答えられない場合は、待たずに指導者がすぐに先に言うようにします。そうすることによって、次第に一緒に言えるようになります。そして、ひとりで言えるようになるまで学習します。指導者が待たずにすぐに言うことが理解と定着のポイントです。

(4) 1の位の計算

①被加数の1の位のマス目を指さしして「ここは、1の位です」、加数の1の位のマス目を指さしして「ここも、1の位です」と言います。
「計算は、1の位からします」と言います。

②「1の位の計算を言ってください」と言います。

③一緒に被加数の1の位の「5」、[＋]の記号、加数の1の位の「3」、横棒を順番に指さししながら「5、たす、3、は」と言います。

④「1の位の答えは何ですか」と聞きます。子どもが「8」と言います。「そうだね」とほめます。

⑤答えの1の位のマス目を指さししながら「1の位の答えは何ですか」と聞きます。子どもが「8」と答えます。「そうだね」と言います。

250

⑥答えの1の位のマス目を指さししながら「ここに、1の位の答えを書いてください」と言います。子どもが答えの1の位のマス目に「8」と書きます。「よくできたね」とほめます。

*1の位の答えを書くときに、まちがえて10の位の答えのマス目に書かないようにします。まちがえてから直すのではなかなか定着しません。まちがえないように答えを書くマス目を指さしすることがポイントです。

⑦「1の位の計算と答えを読んでください」と言います。

⑧一緒に、被加数の1の位の「5」、「＋」の記号、加数の1の位の「3」、横棒、答えの1の位の「8」を順番に指さししながら「5、たす、3、は、8」と言います。

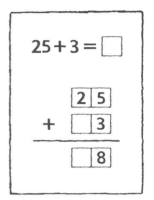

(5) 10の位の計算

①被加数の10の位のマス目を指さしして「ここは、10の位です」、加数の10の位のマス目を指さしして「ここも、10の位です。ここには何も書いてありません。何もないので『0』です」と言います。「10の位の計算をします」と言います。

②「10の位の計算を言ってください」と言います。

③一緒に被加数の10の位の「2」、「＋」の記号、加数の10の位のマス目、横棒を指さししながら「2、たす、0、は」と言います。

④「10の位の答えは何ですか」と聞きます。子どもが「2」と言います。「そうだね」とほめます。

⑤答えの10の位のマス目を指さししながら「10の位の答えは何ですか」と聞きます。子どもが「2」と答えます。「そうだね」と言います。

⑥答えの10の位のマス目を指さししながら「ここに、10の位の答えを書いてください」と言います。子どもが答えの10の位のマス目に「2」と書きます。「よくできたね」とほめます。

⑦「10の位の計算と答えを読んでください」と言います。

⑧一緒に、被加数の10の位の「2」、「＋」の記号、加数の10の位のマス目、横棒、答えの10の位の「2」を順番に指さししながら「2、たす、0、は、2」と言います。

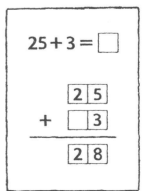

第10章　繰り上がりの計算

(6) 筆算の答えを言う

①答えの「28」を指さしして「25＋3の答えはいくつ？」と聞きます。子どもが「28」と言います。「そうだね」と言います。

②答えの10の位のマス目を指さししながら「答えの10の位の数は何ですか」と聞きます。子どもは「2」と答えます。「そうだね」とほめます。

　＊10の位の数を聞いたとき「20」と答えさせないようにします。「20」と答えたときは、「2」を再度指さしして「10の位の数は2」と先に言います（「20」と答えたときに「まちがいです」と言わないようにします）。

③答えの1の位のマス目を指さししながら「答えの1の位の数は何ですか」と聞きます。子どもは「8」と答えます。「そうだね」と言います。

　＊ここでは、10の位の数から聞いていますが、1の位の数から聞いた方が子どもがわかりやすい場合は、1の位の数から聞いてもよいです。そして、どちらから聞いても答えられるようにします。

(7) 筆算の式と答えを読む

①「筆算の式と答えを読んでください」と言います。一緒に被加数の「25」、［＋］の記号、加数の「3」、横棒、答えの「28」を順番に指さししながら「25＋3＝28」と言います。「よくできました」とほめます。

(8) 横書きの式に答えを書く

①横書きの式の答えの□を指さしして、「答えをここに書いてください」と言います。子どもが「28」と書きます。「よくできました」とほめます。

②横書きの式と答えを指さししながら「横書きの式と答えを読んでください」と言います。一緒に横書きの式と答えを指さししながら「25＋3＝28」と言います（横書きの式と答え、筆算の式と答えを指さししながら「これとこれはおなじです」と言います）。

③「よくできました」と言いながら、答えに赤ペンで丸をつけます（好きなシールを貼るなど、子どもに合ったほめ方をいろいろ工夫するとよいでしょう）。

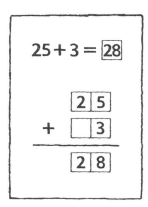

　＊はじめのうちは、丁寧にことばかけと指さしを行います。学習の進展に応じてことばかけや指さしを少しずつ減らしていきます。

2. 繰り上がりのしくみ

繰り上がりの計算では、10のまとまりをつくって10の位に繰り上がるということを理解できるようにします。そのために、次のような「タイルの筆算板」を用いて学習します。

繰り上がりの学習は、はじめは、1桁と1桁のたし算から行います。

> 例：9＋3＝□

教材

・横書きの式「9＋3＝□」を書いた用紙
・タイルの筆算板：木材やスチレンボードなどで作るとよいでしょう。

　図のように、被加数が2桁、加数が1桁、答えが2桁のマス目と［＋］の記号のカード（約3×3cm）を置く場所、繰り上がったタイルを置く場所をくり抜き、底板を貼ります。タイルを置くマス目は、タイルが縦に3個、横に3個、計9個ずつタイルが入る大きさです。

　繰り上がったタイルを置く場所は、被加数の10の位のマス目の上に、○型でくり抜くか、○をかいて示します。

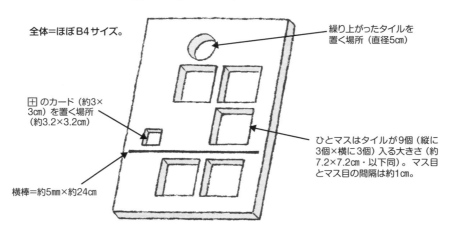

全体＝ほぼB4サイズ。

繰り上がったタイルを置く場所（直径5cm）

田 のカード（約3×3cm）を置く場所（約3.2×3.2cm）

ひとマスはタイルが9個（縦に3個×横に3個）入る大きさ（約7.2×7.2cm・以下同）。マス目とマス目の間隔は約1cm。

横棒＝約5mm×約24cm

＊筆算板は、用いるタイルの大きさに合わせて作ります。タイルの標準の大きさは、約23mm×23mmです。約15mm×15mmのタイルも市販されています。子どもの実態に応じて、タイルの大きさを考えます。子どもがわかりやすく、操作しやすい大きさのタイルを用いて学習しましょう。筆算板の大きさは、用いるタイルの大きさに合わせて調整します。

＊ここでは被加数が2桁、加数が1桁、答えが2桁のマス目を用いて説明します。被加数が2桁のマス目であることによって、位取りをまちがえるなど、わかりにくい場合は、被加数が1桁のマス目の「タイルの筆算板」を用いて学習します。

・タイル：24個（バラのタイル14個、束タイル用のタイル10個）
・田の記号のカード：記号を置く場所に入る大きさのもの1枚

第10章 繰り上がりの計算

方法とことばかけ

(1) 横書きの式を読む

① 「9＋3＝□」の式を呈示します。
② 「式を読んでください」と言います。
③ 一緒に読みます。「9＋3＝□（しかく）」。

用紙サイズは左右210mm×天地148mm
（A4の半分）ほどの大きさです。

(2) タイルの筆算板にタイルを置く

① タイルの筆算板を呈示します。
② 「たし算なので『たす』を置くよ」と言いながら、田 の記号を置きます。
③ 「タイルを使って9＋3の計算を考えます」と言います。
④ 被加数の1の位のマス目を指さししながら「ここにタイルを9個置いてください」と言います。一緒に左上から順番に数えながらタイルを置きます。「1・2・3、4・5・6、7・8・9」。
⑤ 加数の1の位のマス目を指さししながら「ここにタイルを3個置いてください」と言います。一緒に左から順番に数えながらタイルを置きます。「1・2・3」。

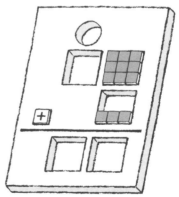

(3) タイルの筆算板の式を読む

① 「タイルの筆算板の式を言いましょう」と言います。
② 一緒に被加数のタイル9個、田 の記号、加数のタイル3個、田 の記号の下の横棒を順番に指さししながら、「9、たす、3、は」と言います。

(4) 10のまとまり

①被加数の1の位のマス目と加数の1の位のマス目を指さししながら「1の位の計算を言ってください」と言います。

②一緒に被加数のタイル9個、 ＋ の記号、加数のタイル3個、 ＋ の記号の下の横棒を順番に指さししながら、「9、たす、3、は」と言います。

③被加数のタイル9個を指さししながら、「9を10にします、あといくつで10になりますか」と聞きます。

④子どもが「1」(10の補数)と答えます。「そうだね」とほめます。

まちがえさせない工夫

「あといくつで、10になりますか」と聞いて、子どもがわからなかったり、迷ったりして答えられないときは、待たずにすぐにタイルを呈示します。まちがった答えを言わないようにすることが理解と定着のポイントです。

タイルを左から順に10個横に並べます。
左から指さししながら順番に9個数えます。
残りの1個を指さして「9は、あといくつで10になりますか」と聞きます。

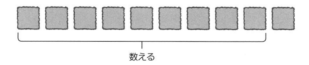

数える

⑤加数のタイル3個を指さししながら「3から1をもってきます」と言います。
加数のタイル3個の中からタイル1個を取り、被加数の9個のタイルのマス目の右側に置きます。

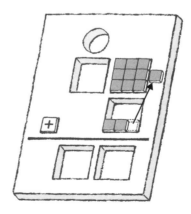

⑥被加数のタイル9個と横に置いたタイル1個を指さしして、「9が10になりました」と言います。

255

第10章　繰り上がりの計算

(5) 10の位に繰り上がる

①「10のまとまりをつくります」と言います。一緒にこの10個のタイルを重ねて束タイルを作ります。「この10のまとまりのタイルを『束タイル』と言います」と言います。

②束タイルの上に「10」と書いた数字カードを、下に「1」と書いた数字カードを貼ります。束タイルは、セロハンテープなどでとめておきます。

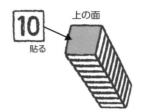

③できた10の束タイルを、10の数字を上にして被加数の1の位のマス目に置きます。

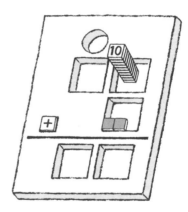

④「9が10になったので、10の位に繰り上がります」と言いながら、10の束タイルを「10」の面を上にしたまま、被加数の10の位の上の○（繰り上がったタイルを置く場所）に一緒に置きます。

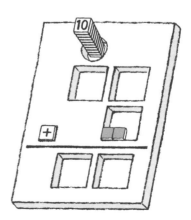

⑤「10のまとまりが1つなので、10の位に1繰り上がります」と言いながら、10の束タイルを一緒にひっくり返して「1」の面が上になるように置きます。

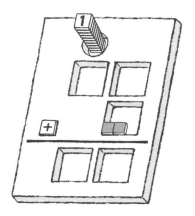

(6) 1の位の答え

①加数の1の位のタイル2個を指さしして「1の位ののこりはいくつ？」と聞きます。子どもが「2」と答えます。「そうだね」と言います。

②「1の位ののこりは2です。1の位の答えはいくつ？」と聞きます。子どもが「2」と答えます。「そうだね」と言います。
　*「2」とすぐに答えられない場合がみられます。はじめのうちは指導者が先に「2」と言って、子どもがまねをして言うようにします。

③答えの1の位のマス目を指さしながら「ここにタイルを2個置いてください」と言い、一緒に数えながらタイルを2個置きます。「1・2」。

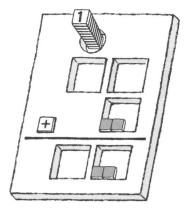

(7) 10の位の計算

①繰り上がった束タイルを指さしして「10の位に1繰り上がりました」と言います。

第10章 繰り上がりの計算

②繰り上がった束タイルを指さしして「繰り上がったのが1」、加数の10の位のマス目を指さしして「ここは何もないので0」と言います。繰り上がった束タイルを被加数の10の位のマス目にスライドさせながら「1たす0は1」と言います。

③加数の10の位の場所を指さしして「ここも何もないので0」と言います。被加数の10の位のマス目にある束タイルを加数の10の位の場所にスライドさせながら「1たす0は1」と言います。

④束タイルを答えの10の位のマス目にスライドさせて置き、束タイルの上の「1」を指さししながら「10の位の答えは何ですか」と聞きます。子どもが「1」と答えます。
　＊「1」とすぐに答えられない場合がみられます。はじめのうちは指導者が先に「1」と言って、子どもがまねをして言うようにします。

⑤「そうだね。10の位の答えは1だね」と言います。

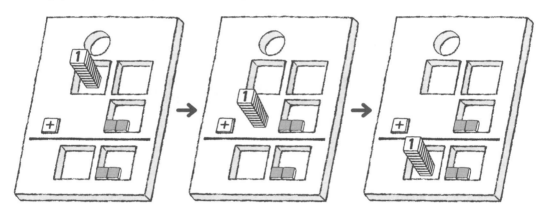

(8) 答えを言う

①答えの10の位の束タイルと1の位のタイル2個を指さしして「9＋3の答えはいくつ？」と聞きます。一緒に答えの10の位の束タイルと1の位のタイル2個を指さししながら「12」と言います。
　＊「12」とすぐに答えられない場合がみられます。はじめのうちは指導者が先に「12」と言って、子どもがまねをして言うようにします。

②答えの10の位の束タイルの上の「1」を指さししながら「答えの10の位の数は何ですか」と聞きます。子どもは「1」と答えます。「そうだね」とほめます。
　＊10の位の数を聞いたとき「10」と答えさせないようにします。特に、ここでは束タイルなので「10」と答えやすいです。「10」と答えたときは、束タイルの上の「1」を再度指さしして「10の位の数は1」と先に言います（「10」と答えたときに「まちがいです」と言わないようにします）。

③答えの1の位のタイル2個を指さししながら「答えの1の位の数は何ですか」と聞きます。子どもは「2」と答えます。「そうだね」と言います。

(9) タイルの筆算板の式と答えを言う

①「タイルをはじめにあった数に戻します」と言います。被加数の1の位のマス目を指さししながら「ここにタイルを9個置きます」と言います。一緒に上の列の左から順番に数えながらタイルを置きます。「1・2・3、4・5・6、7・8・9」。

②加数の1の位のマス目を指さししながら「ここにタイルを1個置いて3個にします」と言います。一緒に加数の1の位のマス目に置いてあるタイルを「1・2」と数え、「3」と言いながらタイルを1個右に置きます。

③「筆算の式と答えを言ってください」と言います。一緒に被加数のタイル9個、+ の記号、加数のタイル3個、横棒、答えの10の位の束タイル1個と1の位のタイル2個を順番に指さししながら「9＋3＝12」と言います。「よくできました」とほめます。

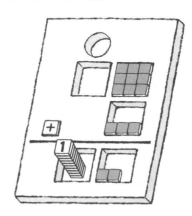

(10) 横書きの式に答えを書く

①横書きの式の答えの□を指さしして、「答えをここに書いてください」と言います。子どもが「12」と書きます。「よくできました」とほめます。

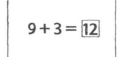

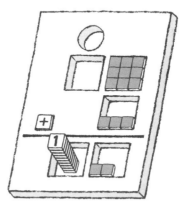

②横書きの式と答えを指さししながら「横書きの式と答えを読んでください」と言います。一緒に横書きの式と答えを指さししながら「9＋3＝12」と言います。

③「よくできました」と言いながら、答えに赤ペンで○をつけます（好きなシールを貼るなど、子どもに合ったほめ方をいろいろ工夫するとよいでしょう）。

＊読んだり書いたりすることは、はじめは一緒に行います。できるようになってきたら、子どもがひとりで行います。

第10章　繰り上がりの計算

> タイルを動かさないで学習する方法とことばかけ

　タイルを動かしたり、10のまとまりの束タイルを作ったりすることによって、繰り上がりのしくみがわかりやすくなります。

　タイルを動かしながら学習し、繰り上がりのしくみが理解できたら、タイルは動かさずに頭の中で数を操作して学習します。

　束タイルは、数字を貼った束タイルをあらかじめ別に用意して用います。

　前記　方法とことばかけ　の中で、（1）（2）（3）（8）（9）（10）は同じです。（4）（5）（6）（7）が次のように（4'）（5'）（6'）（7'）となります。

（4'）10のまとまり

①被加数の1の位のマス目と加数の1の位のマス目を指さししながら「1の位の計算を言ってください」と言います。

②一緒に被加数のタイル9個、 + の記号、加数のタイル3個、 + の記号の下の横棒を順番に指さししながら、「9、たす、3、は」と言います。

③被加数のタイル9個を指さししながら、「9を10にします。あといくつで10になりますか」と聞きます。

④子どもが「1」（10の補数）と答えます。「そうだね」とほめます。

> **Point**　まちがえさせない工夫
>
> 　「あといくつで、10になりますか」と聞いて、子どもがわからなかったり、迷ったりして答えられないときは、待たずにすぐにタイルを呈示します。まちがった答えを言わないようにすることが理解と定着のポイントです。
>
> 　タイルを左から順に10個横に並べます。
> 　左から指さししながら順番に9個数えます。
> 　残りの1個を指さして「9は、あといくつで10になりますか」と聞きます。
>
>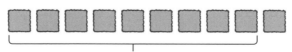
> 数える

260

⑤加数のタイル3個を指さししながら「3から1をもってきます」と言います。
実際にタイルを動かすことはしません。

⑥被加数のタイル9個を指さししながら「9が10になりました」と言います。

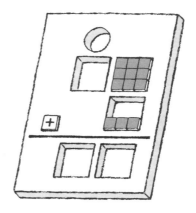

(5') 10の位に繰り上がる

①あらかじめ作っておいた10のまとまりの束タイル（上に「10」と書いた数字カードを、下に「1」と書いた数字カードを貼ったもの）を呈示して「これが10のまとまりの束タイルです」と言います。

②10の束タイルを、10の数字カードを上にして被加数の9個のタイルのマス目の右側に「9が10になりました」と言いながら置きます。

③「9が10になったので、10の位に繰り上がります」と言いながら、束タイルを「10」の面を上にして、被加数の10の位の上の○（繰り上がったタイルを置く場所）に一緒に置きます。

④「10のまとまりがひとつなので、10の位に1繰り上がります」と言いながら、10の束タイルを一緒にひっくり返して「1」の面が上になるように置きます。

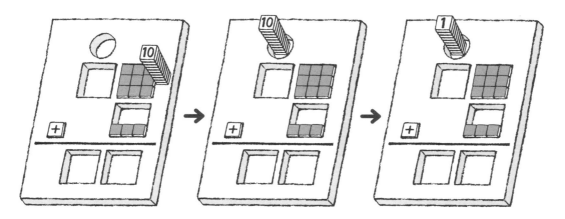

第10章 繰り上がりの計算

(6') 1の位の答え

①加数の1の位のタイル3個を指さしして「9に1もっていきました。のこりはいくつ？」と聞きます。子どもが「2」と答えます。「そうだね」と言います。

> **Point　まちがえさせない工夫**
>
> 「1もっていきました。のこりはいくつ？」と聞いて、子どもがわからなかったり、迷ったりして答えられないときは、待たずにすぐにタイルを呈示します。まちがった答えを言わないようにすることが理解と定着のポイントです。
>
> タイルを左から順に3個横に並べます。
> 左から指さししながら順番に3個数えます。一番右のタイル1個を右にスライドさせて「1もっていきました。のこりはいくつ？」と聞きます。
>
>

②「1の位ののこりは2です。1の位の答えはいくつ？」と聞きます。子どもが「2」と答えます。「そうだね」と言います。
　＊「2」とすぐに答えられない場合がみられます。はじめのうちは指導者が先に「2」と言って、子どもがまねをして言うようにします。

③答えの1の位のマス目を指さししながら「ここに答えを置いてください」と言います。子どもが数えながらタイルを2個置きます。「1・2」。

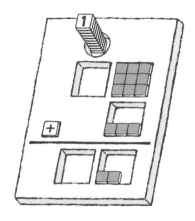

（7'）10の位の計算

①繰り上がった束タイルを指さしして「10の位に1繰り上がりました」と言います。

②繰り上がった束タイルを指さしして「繰り上がったのが1」、被加数の10の位のマス目を指さしして「ここは何もないので0」と言います。「1たす0は1」と言います。

③加数の10の位の場所を指さしして「ここも何もないので0」と言います。「1たす0は1」と言います。

④10の束タイルを答えの10の位のマス目にスライドさせて置きます。10の束タイルの上の「1」を指さししながら「10の位の答えは何ですか」と聞きます。子どもが「1」と答えます。

　＊「1」とすぐに答えられない場合がみられます。はじめのうちは指導者が先に「1」と言って、子どもがまねをして言うようにします。

⑤「そうだね。10の位の答えは1だね」と言います。

＊タイルの筆算板を使っての学習は、繰り上がりのしくみを理解するためのものです。しくみが理解できるようになったら、数字カードを使った筆算に移行します。

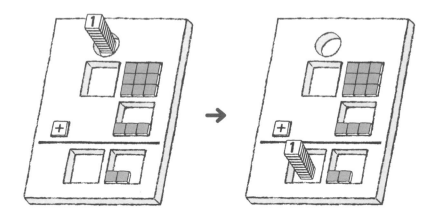

第10章 繰り上がりの計算

3. 繰り上がりの筆算

　繰り上がりのあるたし算の計算を、タイルを使った筆算で学習してきました。ここからは、数字を使って、筆算の学習を行います。

　筆算板または用紙にマス目をかいたものを用いて学習します。

　はじめのうちは、数字カードを置いたり、数字を書いたりする位置を指さしするなどの援助をして、位取りをまちがえないようにします。まちがえてから訂正するのではなく、はじめから正しい位置に数字を置いたり書いたりするようにすることがポイントです。

筆算板と数字カードを用いて

例：9＋3＝□

教材

・横書きの式「9＋3＝□」を書いた用紙
・筆算板：基本的な作り方は、「タイルの筆算板」（253ページ）と同じです。
　　　　マス目は、数字の数系列板の数字カード（約3×3㎝×厚さ1㎝）が1枚入る大きさにします。
　　　　ここでは、被加数の部分が2桁、加数の部分が1桁、答えの部分が2桁のものを用いて説明します。
　　　　マス目の数は、子どもの実態に応じて考えましょう。

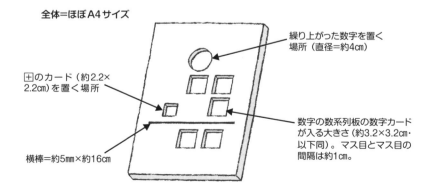

- 数字の数系列板：筆算板に入る大きさの0から9までの数字カードが3段になっているもの。数字カードの大きさは約3×3cm。

- ☐ の記号のカード：記号のマスに入る大きさのもの1枚。

> 方法とことばかけ

(1) 横書きの式を読む

①横書きの式「9＋3＝☐」を書いた用紙を呈示します。

②「9＋3＝☐」の式を指さしして、「式を読んでください」と言います。

③一緒に読みます。「9＋3＝☐（しかく）」。

(2) 筆算板に式をつくる

①筆算板を呈示して、「ここに、今の式をつくります」と言います。

②筆算板の上に、数字の数系列板を呈示します。

③「たし算なので『たす』を置くよ」と言いながら、 ☐ の記号を置きます。

④横書きの式の「9」を指さしして「9を」、筆算板の被加数の1の位のマス目を指さしして「ここに置いてください」と言います。一緒に数系列板から ☐9 の数字カードを取って置きます。

　＊位取りをまちがえて10の位に置かないようにします。まちがえてから直すのではなく、まちがえさせない工夫が大切です。

⑤横書きの式の「3」を指さしして「3を」、筆算板の加数のマス目を指さしして「ここに置いてください」と言います。一緒に数系列板から ☐3 の数字カードを取って置きます。

⑥「上手にできました」とほめます。

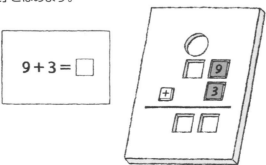

(3) 筆算の式を読む

① 「筆算の式を言いましょう」と言います。一緒に被加数の「9」、[＋] の記号、加数の「3」、横棒を順番に指さししながら、「9、たす、3、は」と言います。

(4) 1の位の計算

① 被加数の1の位のマス目と加数の1の位のマス目を指さししながら「1の位の計算を言ってください」と言います。
② 一緒に被加数の 9、＋ の記号、加数の 3、横棒を順番に指さししながら、「9、たす、3、は」と言います。
③ 被加数の 9 を指さししながら、「9を10にします。あといくつで10になりますか」と聞きます。
④ 子どもが「1」(10の補数) と答えます。「そうだね」とほめます。

> **Point** まちがえさせない工夫
>
> 「あといくつで、10になりますか」と聞いて、子どもがわからなかったり、迷ったりして答えられないときは、待たずにすぐにタイルを呈示します。まちがった答えを言わないようにすることが理解と定着のポイントです。
>
> 　タイルを左から順に10個横に並べます。
> 　左から指さししながら順番に9個数えます。
> 　残りの1個を指さしして「9は、あといくつで10になりますか」と聞きます。
>
>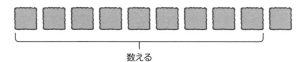

⑤ 加数の 3 を指さししながら「3から1をもってきます」と言います。
⑥ 被加数の 9 を指さししながら「9が10になりました」と言います。
⑦ 加数の1の位の 3 を指さして「9に1もっていきました。のこりはいくつ？」と聞きます。子どもが「2」と答えます。「そうだね」と言います。

> **Point** まちがえさせない工夫
>
> 「1もっていきました。のこりはいくつ？」と聞いて、子どもがわからなかったり、迷ったりして答えられないときは、待たずにすぐにタイルを呈示します。まちがった答えを言わないようにすることが理解と定着のポイントです。
>
> タイルを左から順に3個横に並べます。
> 左から指さししながら順番に3個数えます。一番右のタイル1個を右にスライドさせて「1もっていきました。のこりはいくつ？」と聞きます。
>
>

⑧「1の位ののこりは2です。1の位の答えはいくつ？」と聞きます。子どもが「2」と答えます。「そうだね」と言います。

　＊「2」とすぐに答えられない場合がみられます。はじめのうちは指導者が先に「2」と言って、子どもがまねをして言うようにします。

⑨答えの1の位のマス目を指さししながら「ここに答えを置いてください」と言います。子どもが数系列板から 2 の数字カードを取って置きます。

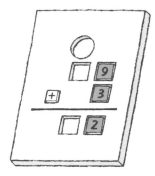

(5) 10の位に繰り上がる

①「9が10になったので、10の位に1繰り上がります」と言いながら、1 の数字カードを数系列板から取って被加数の10の位の上の○（繰り上がった数を置く場所）に一緒に置きます。

第10章 繰り上がりの計算

(6) 10の位の計算

①繰り上がった ① の数字カードを指さしして「10の位に1繰り上がりました」と言います。

②繰り上がった ① の数字カードを指さしして「繰り上がったのが1」、被加数の10の位のマス目を指さしして「ここは何もないので0」と言います。「1たす0は1」と言いながら、繰り上がった ① の数字カードを、被加数の10の位のマス目にスライドさせて置きます。

③加数の10の位の場所を指さしして「ここも何もないので0」と言います。
「1たす0は1」と言いながら、繰り上がった ① の数字カードを、加数の10の位の場所にスライドさせて置きます。

④繰り上がった ① の数字カードを答えの10の位のマス目にスライドさせて置きます。
① の数字カードを指さししながら「10の位の答えは何ですか」と聞きます。子どもが「1」と答えます。
  ＊「1」とすぐに答えられない場合がみられます。はじめのうちは指導者が先に「1」と言って、子どもがまねをして言うようにします。

⑤「そうだね。10の位の答えは1だね」と言います。

(7) 答えを言う

①答えの10の位の ① と1の位の ② を指さしして「9＋3の答えはいくつ？」と聞きます。一緒に答えの10の位の ① と1の位の ② を指さししながら「12」と言います。
  ＊「12」とすぐに答えられない場合がみられます。はじめのうちは指導者が先に「12」と言って、子どもがまねをして言うようにします。

②答えの10の位の ① を指さししながら「答えの10の位の数は何ですか」と聞きます。子どもは「1」と答えます。「そうだね」とほめます。
  ＊10の位の数を聞いたとき「10」と答えさせないようにします。「10」と答えたときは、10の位の ① を再度指さしして「10の位の数は1」と先に言います（「10」と答えたときに「まちがいです」と言わないようにします）。

③答えの1の位の ② を指さししながら「答えの1の位の数は何ですか」と聞きます。子どもは「2」と答えます。「そうだね」と言います。

(8) 筆算の式と答えを言う

① 「筆算の式と答えを言ってください」と言います。一緒に被加数の [9]、[+] の記号、加数の [3]、横棒、答えの「12」を順番に指さししながら「9＋3＝12」と言います。「よくできました」とほめます。

(9) 横書きの式に答えを書く

① 横書きの式の答えの□を指さして、「答えをここに書いてください」と言います。子どもが「12」と書きます。「よくできました」とほめます。
② 横書きの式と答えを指さししながら「横書きの式と答えを読んでください」と言います。一緒に横書きの式と答えを指さししながら「9＋3＝12」と言います。

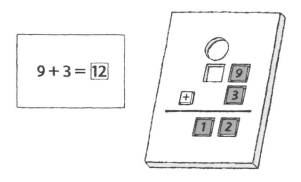

③ 「よくできました」と言いながら、答えに赤ペンで丸をつけます（好きなシールを貼るなど、子どもに合ったほめ方をいろいろ工夫するとよいでしょう）。

＊はじめのうちは、丁寧にことばかけと指さしを行います。学習の進展に応じてことばかけや指さしを少しずつ減らしていきます。
＊読んだり書いたりすることは、はじめは一緒に行います。できるようになってきたら、子どもがひとりで行うようにします。

第10章 繰り上がりの計算

> 用紙に筆算の式を書いて

> 例：27＋4＝□

教材

・横書きの式「27＋4＝□」と、その下に筆算の式のマス目がかいてある用紙。

ここでは、被加数の部分が2桁、加数の部分が2桁、答えの部分が2桁のものを用いて説明します。
マス目の数は、子どもの実態に応じて考えましょう。

Point 筆算のマス目の数について

　2桁までのたし算の学習で用いる筆算の用紙では、被加数・加数・答えのマス目の数は、次のように4通りあります。
　被加数・加数の桁数や、子どもの実態に応じて、用いる用紙を選びます。
　「＋」の記号は、あらかじめかいておきます。

【ア】　　　【イ】　　　【ウ】　　　【エ】

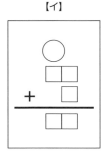 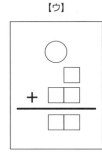 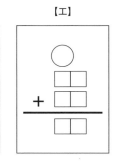

方法とことばかけ

(1) 横書きの式を読む

①横書きの式「27＋4＝□」と、その下に筆算のマス目をかいた用紙を呈示します。
②「27＋4＝□」の式を指さしして、「式を読んでください」と言います。
③一緒に読みます。「27＋4＝□（しかく）」。

(2) 筆算の式をつくる

①筆算の式の場所を指さしして、「ここに、今の式をつくります」と言います。
②横書きの式の「27」を指さしして「27を」、筆算の式の被加数の10の位と1の位のマス目を指さしして「ここに書きます」と言います。被加数の10の位のマス目を指さしして「ここに2と書いてください」と言い、子どもが書きます。被加数の1の位のマス目を指さしして「ここに7と書いてください」と言い、子どもが書きます。
＊位取りをまちがえて「2」を1の位に書かないようにします。まちがえてから直すのではなく、まちがえさせない工夫が大切です。

③横書きの式の「4」を指さしして「4を」、筆算の式の加数の1の位のマス目を指さしして「ここに書きます」と言います。加数の1の位のマス目を指さしして「ここに4と書いてください」と言い、子どもが書きます。
④「上手に書けました」とほめます。

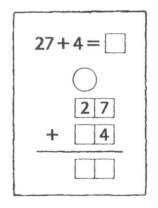

(3) 筆算の式を読む

①「筆算の式を読みます」と言います。一緒に被加数の「27」、「＋」の記号、加数の「4」、横棒を順番に指さししながら、「27、たす、4、は」と言います。
②被加数の「27」の「2」を指さしして「ここは、10の位です。10の位の数は何ですか」と聞きます。子どもは「2」と答えます。「27」の「7」を指さしして「ここは、1の位です。1の位の数は何ですか」と聞きます。子どもは「7」と答えます。「10の位と1の位を続けて読んでください」と言います。子どもが「27」と言います。

③加数の「4」を指さしして「ここは、1の位です。1の位の数は何ですか」と聞きます。子どもは「4」と答えます。
④「もう一度式を読みます」と言います。一緒に被加数の「27」、「+」の記号、加数の「4」、横棒を順番に指さししながら、「27、たす、4、は」と言います。

＊式を読むときは、必ず数字や記号を指さししながら行います。
＊式を読むとき、10の位・1の位の数を聞いたとき、子どもがわからなかったり、迷ったりして答えられない場合は、待たずに指導者がすぐに先に言うようにします。そうすることによって、次第に一緒に言えるようになります。そして、ひとりで言えるようになるまで学習します。指導者が待たずにすぐに言うことが理解と定着のポイントです。

(4) 1の位の計算

①被加数の1の位のマス目と加数の1の位のマス目を指さししながら「1の位の計算を言ってください」と言います。
②一緒に被加数の「7」、「+」の記号、加数の「4」、横棒を順番に指さししながら、「7、たす、4、は」と言います。
③被加数の「7」を指さししながら、「7を10にします。あといくつで10になりますか」と聞きます。
④子どもが「3」(10の補数) と答えます。「そうだね」とほめます。

> **Point　まちがえさせない工夫**
>
> 「あといくつで、10になりますか」と聞いて、子どもがわからなかったり、迷ったりして答えられないときは、待たずにすぐにタイルを呈示します。まちがった答えを言わないようにすることが理解と定着のポイントです。
>
> タイルを左から順に10個横に並べます。
> 左から指さししながら順番に7個数えます。
> 残りの3個を指さして「7は、あといくつで10になりますか」と聞きます。
>
>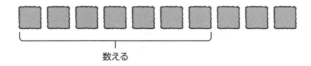

⑤加数の「4」を指さししながら「4から3をもってきます」と言います。
⑥被加数の「7」を指さししながら「7が10になりました」と言います。
⑦加数の「4」を指さしして「7に3もっていきました。のこりはいくつ？」と聞きます。子どもが「1」と答えます。「そうだね」と言います。

> **Point** まちがえさせない工夫
>
> 「3もっていきました。のこりはいくつ？」と聞いて、子どもがわからなかったり、迷ったりして答えられないときは、待たずにすぐにタイルを呈示します。まちがった答えを言わないようにすることが理解と定着のポイントです。
>
> タイルを左から順に4個横に並べます。
> 左から指さししながら順番に3個数えます。一番右のタイルから3個を右にスライドさせて「3もっていきました。のこりはいくつ？」と聞きます。
>
>

⑧「1の位ののこりは1です。1の位の答えはいくつ？」と聞きます。子どもが「1」と答えます。「そうだね」と言います。
  ＊「1」とすぐに答えられない場合がみられます。はじめのうちは指導者が先に「1」と言って、子どもがまねをして言うようにします。

⑨答えの1の位のマス目を指さししながら「ここに答えを書いてください」と言います。子どもが「1」と書きます。「よくできました」とほめます。

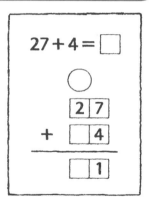

(5) 10の位に繰り上がる

①「7が10になったので、10の位に1繰り上がります」と言います。被加数の10の位の上の〇（繰り上がった数を書く場所）を指さししながら「ここに繰り上がった『1』を書いてください」と言います。子どもが被加数の10の位の上の〇に「1」と書きます。

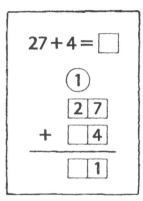

273

(6) 10の位の計算

①繰り上がった「1」を指さしして「10の位に1繰り上がりました」と言います。
②繰り上がった「1」を指さしして「繰り上がったのが1」、被加数の10の位の「2」を指さしして「1たす2は3」と言います。
③加数の10の位の場所を指さしして「ここには何もないので0」と言います。「3たす0は3」と言います。
④答えの10の位のマス目を指さししながら「10の位の答えは何ですか」と聞きます。子どもが「3」と答えます。
⑤「そうだね。10の位の答えは3だね」と言います。
⑥答えの10の位のマス目を指さししながら「ここに答えを書いてください」と言います。子どもが「3」と書きます。

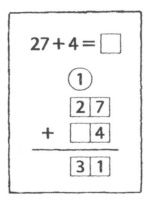

(7) 答えを言う

①答えの10の位の「3」と1の位の「1」を指さしして「27＋4の答えはいくつ？」と聞きます。一緒に答えの10の位の「3」と1の位の「1」を指さししながら「31」と言います。
　＊「31」とすぐに答えられない場合がみられます。はじめのうちは指導者が先に「31」と言って、子どもがまねをして言うようにします。
②答えの10の位の「3」を指さししながら「答えの10の位の数は何ですか」と聞きます。子どもは「3」と答えます。「そうだね」とほめます。
　＊10の位の数を聞いたとき「30」と答えさせないようにします。「30」と答えたときは、10の位の「3」を再度指さしして「10の位の数は3」と先に言います（「30」と答えたときに「まちがいです」と言わないようにします）。
③答えの1の位の「1」を指さししながら「答えの1の位の数は何ですか」と聞きます。子どもは「1」と答えます。「そうだね」と言います。

(8) 筆算の式と答えを言う

① 「筆算の式と答えを言ってください」と言います。一緒に被加数の「27」、「＋」の記号、加数の「4」、横棒、答えの「31」を順番に指さししながら「27＋4＝31」と言います。「よくできました」とほめます。

(9) 横書きの式に答えを書く

① 横書きの式の答えの□を指さしして、「答えをここに書いてください」と言います。子どもが「31」と書きます。「よくできました」とほめます。
② 横書きの式と答えを指さししながら「横書きの式と答えを読んでください」と言います。一緒に横書きの式と答えを指さししながら「27＋4＝31」と言います。
③ 「よくできました」と言いながら、答えに赤ペンで○をつけます（好きなシールを貼るなど、子どもに合ったほめ方をいろいろ工夫するとよいでしょう）。

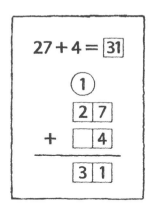

＊はじめのうちは、丁寧にことばかけと指さしを行います。学習の進展に応じてことばかけや指さしを少しずつ減らしていきます。
＊読んだり書いたりすることは、はじめは一緒に行います。できるようになってきたら、子どもがひとりで行うようにします。

　次第に指導者がことばかけや指さしをしなくても、子どもがひとりで計算できるようになっていきます。
　最後には、1の位の計算を頭の中で行い、繰り上がった「1」を書かないで計算できるようになるとよいです。このとき、1の位の計算は、頭の中で必ず10のまとまりをつ

第10章 繰り上がりの計算

くることが大切です。頭の中で数えたしをしている子どももいますが、10のまとまりをつくることをよく学習することが大切です。

　「27＋4」の例では、次の手順です。
①「7＋4」を頭の中で10のまとまりをつくりながら計算し、1の位の答えのマス目に「1」と書きます。
②10の位に繰り上がった「1」を書かずに覚えておいて、「2」とたして10の位の答えのマス目に「3」と書きます。

　10の位に繰り上がった「1」を書かないで計算できるようになることは、繰り上がりのある計算を暗算でできるようになることにつながります。

繰り上がりの計算をまちがえる主な理由

　繰り上がりの計算をまちがえるとき、「繰り上がりを忘れる」「位取りをまちがえる」「10の補数と加数分解をまちがえる」が主な理由として考えられます。

加数分解：繰り上がりのあるたし算をするとき、被加数を10のまとまりにするために、加数を分解すること。
　　　　　例えば、「9＋3」の場合、「9」を10のまとまりにするために「3」を「1」と「2」に分解すること。加数の方が大きい数の場合（例えば「3＋9」）は、被加数を分解して計算する方法もあります（被加数分解）。繰り上がりのあるたし算の初期においては、加数分解をすることに統一して指導した方が子どもはわかりやすいです。繰り上がりのあるたし算の計算に習熟してくると、子どもが自分で「被加数を分解した方が計算しやすい場合がある」ことに気づくようになります。

（1）繰り上がりを忘れる

　繰り上がりを忘れる子どもは、筆算の式の被加数の10の位の上に、繰り上がった数「1」を書くようにします。そして、10の位の計算をすると正しく計算できます。
　繰り上がりの計算に習熟してきたら、繰り上がった数を覚えておくようにし、書かなくても正しく計算できるようにしましょう。

（2）位取りをまちがえる

位取りをまちがえる子どもは、次のような方法で学習します。

筆算の式と答えは必ずマス目の中に書きます。

問題や答えが2桁のとき、その都度「1の位（の数）は？」、「10の位（の数）は？」と指さししながら聞き、数を言って位取りを意識できるようにします。

また、位取りを正確に定着させるために、100までの数を順番に書く練習をします。この場合、1桁、2桁、3桁の数字を書くマス目の用紙を用意するとよいです（後述する「100までの数唱表」と同じ用紙を用いるとよいでしょう）。書けるようになったら1から100までの数を順不同に書く練習をします。

（3）10の補数と加数分解をまちがえる

10の補数や加数分解をまちがえる子どもは、繰り上がりの計算のドリルを繰り返し行うだけでは、正しく計算できるようにはならないでしょう。繰り上がりの計算では、10の補数を用いて10のまとまりをつくることと、10の補数に基づいて加数を分解することが最も大切なプロセスです。10までの数の合成・分解の理解が不十分な場合は**「第4章　合成・分解　その1　～たしかめ板を用いる合成・分解～」**（90ページ）まで戻って、合成・分解の理解と定着を図ることが重要です。

4. たし算の学習の系統性

たし算の学習の系統性について説明します。

「第8章　10までの数を使ったたし算　～和が10までのたし算の学習～　❸ たし算の学習の系統性」（199ページ）と合わせてご覧ください。

繰り上がりのあるたし算では、被加数が10の補数を考えやすい数であるほどやさしいです。つまり、9（補数が1）、8（補数が2）、7（補数が3）……の順にやさしいです。

加数は、被加数とたして10以上の数になる組み合わせの中で、小さい数ほどやさしいです。すなわち、被加数が9の場合は1、2、3……の順にやさしく、被加数が8の場合は、2、3、4……の順にやさしいです。

これらが学習の系統性を考えるうえでの原則です。

277

第10章 繰り上がりの計算

（1）1桁＋1桁

①繰り上がらない （例：4＋2）
②繰り上がる （例：9＋3）

1桁と1桁の繰り上がりのあるたし算の表です。

被加数が9、8、7……と大きい数ほどやさしいです。

加数は、被加数とたして10以上の数になる組み合わせの中で、1、2、3……と小さい数ほどやさしいです。

和が10で1の位の答えが0になる計算は、0の理解ができている場合は和が10から学習を始めてもよいです。0の理解が十分でない場合は、和が10になる計算はあとから行うとよいでしょう。

「1桁＋1桁」の繰り上がりのあるたし算の学習順序は、次のようになります。

易 → 難

加数＼被加数	9	8	7	6	5	4	3	2	1
1	9＋1								
2	9＋2	8＋2							
3	9＋3	8＋3	7＋3						
4	9＋4	8＋4	7＋4	6＋4					
5	9＋5	8＋5	7＋5	6＋5	5＋5				
6	9＋6	8＋6	7＋6	6＋6	5＋6	4＋6			
7	9＋7	8＋7	7＋7	6＋7	5＋7	4＋7	3＋7		
8	9＋8	8＋8	7＋8	6＋8	5＋8	4＋8	3＋8	2＋8	
9	9＋9	8＋9	7＋9	6＋9	5＋9	4＋9	3＋9	2＋9	1＋9

（易→難、加数：易↓難）

（2）2桁＋1桁、1桁＋2桁

＊「2桁＋1桁」を学習してから、「1桁＋2桁」を学習します。

①繰り上がらない （例：34＋5、5＋34）
②繰り上がる （例：38＋4、4＋38）

被加数が19から11までの表です。

被加数の1の位の数が9、8、7……と大きい数ほどやさしいです。

加数は、被加数とたして10以上の数になる組み合わせの中で、1、2、3……と小さい数ほどやさしいです。

「2桁＋1桁」の繰り上がりのあるたし算の学習順序は、次のようになります。

易 → 難

加数＼被加数	19	18	17	16	15	14	13	12	11
1	19＋1								
2	19＋2	18＋2							
3	19＋3	18＋3	17＋3						
4	19＋4	18＋4	17＋4	16＋4					
5	19＋5	18＋5	17＋5	16＋5	15＋5				
6	19＋6	18＋6	17＋6	16＋6	15＋6	14＋6			
7	19＋7	18＋7	17＋7	16＋7	15＋7	14＋7	13＋7		
8	19＋8	18＋8	17＋8	16＋8	15＋8	14＋8	13＋8	12＋8	
9	19＋9	18＋9	17＋9	16＋9	15＋9	14＋9	13＋9	12＋9	11＋9

（左側：易↓難）

＊被加数が、20台、30台……80台、90台の場合も、繰り上がりの計算の学習の系統性は、上記の表と同じです。

（3）2桁＋2桁

①繰り上がらない　（例：35＋21）

②1の位の繰り上がり　（例：28＋13）

③10の位の繰り上がり　（例：87＋31）

④1の位、10の位の繰り上がり　（例：79＋56）

（4）3桁＋1桁、1桁＋3桁

＊「3桁＋1桁」を学習してから、「1桁＋3桁」を学習します。

①繰り上がらない　（例：123＋4、4＋123）

②1の位の繰り上がり　（例：239＋5、5＋239）

（5）3桁＋2桁、2桁＋3桁

＊「3桁＋2桁」を学習してから、「2桁＋3桁」を学習します。

①繰り上がらない　（例：345＋23、23＋345）

②1の位の繰り上がり　（例：579＋15、15＋579）

③10の位の繰り上がり　（例：287＋31、31＋287）

④1の位、10の位の繰り上がり　（例：687＋35、35＋687）

第10章 繰り上がりの計算

（6）3桁＋3桁

①繰り上がらない　（例：321＋456）

②1の位の繰り上がり　（例：319＋122）

③10の位の繰り上がり　（例：386＋251）

④100の位の繰り上がり　（例：987＋312）

⑤1の位、10の位の繰り上がり　（例：456＋248）

⑥1の位、100の位の繰り上がり　（例：738＋624）

⑦10の位、100の位の繰り上がり　（例：763＋451）

⑧1の位、10の位、100の位の繰り上がり　（例：689＋574）

0の用法

（1）1の位に0

①加数が0　（例：32＋10）

②被加数が0　（例：50＋67）

（2）10の位に0

①加数が0
（例：1の位が繰り上がらない　123＋302、　1の位が繰り上がる　128＋303）

②被加数が0
（例：1の位が繰り上がらない　504＋123、　1の位が繰り上がる　508＋124）

（3）0が重なる場合

①1の位がともに0　（例：50＋30）

②10の位がともに0
（例：1の位が繰り上がらない　105＋302、1の位が繰り上がる　108＋305）

③1の位、10の位がすべて0　（例：400＋300）

（4）答えに0

①1の位が0　（例：21＋9）

②10の位が0
（例：1の位が繰り上がらない135＋172、1の位が繰り上がる135＋169）

280

③100の位が0

   （例：10の位が繰り上がらない　821＋253、10の位が繰り上がる821＋185）

④1、10の位がともに0

   （例：124＋76）

⑤1、100の位がともに0

   （例：1の位と100の位が繰り上がる　627＋453、

        1の位、10の位、100の位が繰り上がる　567＋453）

⑥10、100の位がともに0

   （例：1の位が繰り上がらない468＋541、1の位が繰り上がる468＋537）

⑦1、10、100の位がともに0

   （例：468＋532）

＊ここでは、桁数と「0」の位置・「0」の数によって、網羅的に記述しました。あとに書いてある方がやさしい
場合があります。子どもの実態に応じて学習の順番を組み替えましょう。

数唱表の活用

数字の読みと数唱を定着させるために、次のような「数唱表」を用いて学習するとよいでしょう。

次ページの表を一緒に指さししながら声を出して数詞を言います。

子どもがすぐに言えない場合は待たずに指導者がすぐに言うようにします。子どもがまねをして言うようにした方が読みが早く定着します。

正しく言えるようになるまで何度も繰り返し行います。

この表では、次のようなことが大切です。

①ひとつのマス目の中央に縦の点線をかき、1の位の数と10の位の数がはっきりわかるようにします。

   「100」は、ひとつのマス目を3つに区切って「100」と書きます。

②横列は10ごとのまとまりで並べ、縦列は1の位の数がそろうように並べます。

③横のマス目とマス目の間、縦のマス目とマス目の間は、子どもが見えやすい間隔にします。

④ひとマスのマス目の大きさ、数字の大きさなどは、子どもが最も見えやすく、数えやすいものにします。

第**10**章　繰り上がりの計算

　正しく順番に1から言えるようになったら、逆唱をします。

　10からの逆唱、できるようになったら20からの逆唱、次に30からの逆唱、……100からの逆唱をします。

　また、縦に読む学習をします。左側1列目、1、11、21……と1列ごとに読みます。

　次に縦に逆唱する学習をします。左側1列目、91、81、71……と1列ごとに逆に読みます。

【数唱表】（100までの例）

1	2	3	4	5	6	7	8	9	10
11	12	13	14	15	16	17	18	19	20
21	22	23	24	25	26	27	28	29	30
31	32	33	34	35	36	37	38	39	40
41	42	43	44	45	46	47	48	49	50
51	52	53	54	55	56	57	58	59	60
61	62	63	64	65	66	67	68	69	70
71	72	73	74	75	76	77	78	79	80
81	82	83	84	85	86	87	88	89	90
91	92	93	94	95	96	97	98	99	100

第11章

繰り下がりの計算

第11章 繰り下がりの計算

繰り下がりの計算

第9章で、10までの数を使った、差が9までのひき算の学習を行いました。この章では、繰り下がりのあるひき算の学習を行います。

繰り上がりのあるたし算のところでは、10の補数を考えることがポイントだと述べました。繰り下がりのあるひき算でも、10の補数を使って計算を行うことが必要になります。10の合成・分解をスムーズに頭の中でできるようにしておくことが大切です。

繰り上がりのあるたし算と同様に、繰り下がりのあるひき算でも、まだ数えひきをしている子どもを目にすることがあります。被減数の数だけ〇や線をかき、右端から減数分を斜線で消して残りを数えて答えを出す子どもがいます。まれには、1から順に被減数まで数字を書き、右から減数分だけ斜線で消して答えを言う子もいます。数えひきではなく、10の位から1繰り下がって10から減数をひき、残りの数と被減数の1の位の数をたす、という繰り下がりの方法を身につけられるようにしましょう。

繰り下がりのあるひき算に入る前に、繰り下がりのない2桁（2位数）のひき算の学習を十分に行い、2桁（2位数）のひき算の計算に慣れておくようにするとよいでしょう。

1. 繰り下がりのあるひき算に入る前に

横書きの式を見て、差が9までのひき算ができるようになったら、繰り下がりのない2桁（「2桁－1桁」、「2桁－2桁」）のひき算を、筆算の式で学習します。これを行うことによって、筆算でひき算を行うことに慣れることができます。また、筆算の式で2桁のひき算を行うことは、1の位、10の位の位取りを理解するうえでとても有効です。繰り下がりのあるひき算の計算に入る前に、いろいろな数の組み合わせで行っておくことが大切です。

筆算の式における繰り下がりのない1桁、2桁のひき算の学習の系統性

筆算の式における繰り下がりのない1桁、2桁のひき算は、以下の順番で学習します。
① 「2桁－1桁」
② 「2桁－2桁」

284

> 例：２８－３＝□

> 教材

- 横書きの式「28－3＝□」と、その下に筆算の式のマス目がかいてある用紙。

  ここでは、筆算の式のマス目は、被減数の部分が2桁、減数の部分が2桁、答えの部分が2桁のものを用いて説明します。はじめのうちは、1枚の用紙にひとつだけ問題を書くようにします。

  *用紙が動いてしまうような場合は、クリップボードに挟んで学習するとよいでしょう。以下、用紙を用いる場合は、同様に配慮します。

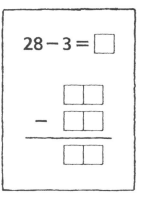

> 方法とことばかけ

(1) 横書きの式を読む

①横書きの式「28－3＝□」と、その下に筆算の式のマス目をかいた用紙を呈示します。

②「28－3＝□」の式を指さしして、「式を読んでください」と言います。

③一緒に読みます。「28－3＝□（しかく）」。

(2) 筆算の式に書く

①筆算の式の場所を指さしして、「ここに、今の式を書きます」と言います。

②横書きの式の「28」を指さしして「28を」、筆算の式の被減数のマス目を指さしして「ここに書きます」と言います。被減数の10の位のマス目を指さしして「ここに2を書いてください」と言い、子どもが書きます。被減数の1の位のマス目を指さしして「ここに8を書いてください」と言い、子どもが書きます。

③横書きの式の「3」を指さしして「3を」、筆算の式の減数のマス目を指さしして「ここに書きます」と言います。減数の1の位のマス目を指さしして「ここに3を書いてください」と言い、子どもが書きます。

④「よく書けました」とほめます。

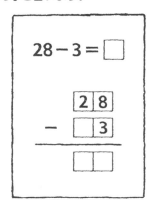

第11章 繰り下がりの計算

(3) 筆算の式を読む

① 「筆算の式を読みます」と言います。

一緒に被減数の「28」、[−] の記号、減数の「3」、[−] の記号の下の横の線（以下「横棒」と表記します）を順番に指さししながら、「28、ひく、3、は」と言います（横書きの式と筆算の式を指さししながら「これとこれはおなじです」と言います）。

② 被減数の「28」の「2」を指さしして「ここは、10の位です。10の位の数は何ですか」と言います。子どもは「2」と言います。「28」の「8」を指さしして「ここは、1の位です。1の位の数は何ですか」と言います。子どもは「8」と言います。「10の位と1の位を続けて読んでください」と言います。子どもが「28」と言います。

③ 減数の「3」を指さしして「ここは、1の位です。1の位の数は何ですか」と言います。子どもは「3」と言います。

④ 「もう一度式を読みます」と言います。

一緒に被減数の「28」、[−] の記号、減数の「3」、横棒を順番に指さししながら、「28、ひく、3、は」と言います。

＊式を読むときは、必ず数字や記号を指さししながら行います。
＊式を読むとき、10の位・1の位の数を聞いたとき、子どもがわからなかったり、迷ったりして答えられない場合は、待たずに指導者がすぐに先に言うようにします。そうすることによって、次第に一緒に言えるようになります。そして、ひとりで言えるようになるまで学習します。指導者が待たずにすぐに言うことが理解と定着のポイントです。

(4) 1の位の計算

① 被減数の1の位のマス目を指さしして「ここは、1の位です」、減数の1の位のマス目を指さしして「ここも、1の位です」と言います。「計算は、1の位からします」と言います。

② 「1の位の計算を言ってください」と言います。

③ 一緒に被減数の1の位の「8」、[−] の記号、減数の1の位の「3」、横棒を順番に指さししながら「8、ひく、3、は」と言います。

④ 「1の位の答えは何ですか」と聞きます。子どもが「5」と言います。「そうだね」とほめます。

⑤ 答えの1の位のマス目を指さししながら「1の位の答えは何ですか」と聞きます。子どもが「5」と答えます。「そうだね」と言います。

⑥ 答えの1の位のマス目を指さししながら「ここに、1の位の答えを書いてください」と言います。子どもが答えの1の位のマス目に「5」と書きます。「よくできたね」とほめます。

＊1の位の答えを書くときに、まちがえて10の位の答えのマス目に書かないようにします。まちがえてから直すのではなかなか定着しません。まちがえないように答えを書くマス目を指さしすることがポイントです。

286

⑦「1の位の計算と答えを読んでください」と言います。

⑧一緒に、被減数の1の位の「8」、[－]の記号、減数の1の位の「3」、横棒、答えの1の位の「5」を順番に指さししながら「8、ひく、3、は、5」と言います。

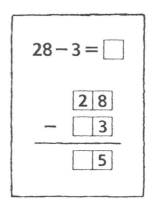

(5) 10の位の計算

①被減数の10の位のマス目を指さしして「ここは、10の位です」、減数の10の位のマス目を指さしして「ここも、10の位です。ここには何も書いてありません。何もないので『0』です」と言います。「10の位の計算をします」と言います。

②「10の位の計算を言ってください」と言います。

③一緒に被減数の10の位の「2」、[－]の記号、減数の10の位のマス目、横棒を指さししながら「2、ひく、0、は」と言います。

④「10の位の答えは何ですか」と聞きます。子どもが「2」と言います。「そうだね」とほめます。

⑤答えの10の位のマス目を指さししながら「10の位の答えは何ですか」と聞きます。子どもが「2」と答えます。「そうだね」と言います。

⑥答えの10の位のマス目を指さししながら「ここに、10の位の答えを書いてください」と言います。子どもが答えの10の位のマス目に「2」と書きます。「よくできたね」とほめます。

⑦「10の位の計算と答えを読んでください」と言います。

⑧一緒に、被減数の10の位の「2」、[－]の記号、減数の10の位のマス目、横棒、答えの10の位の「2」を順番に指さししながら「2、ひく、0、は、2」と言います。

(6) 筆算の答えを言う

①答えの「25」を指さしして「28－3の答えはいくつ？」と聞きます。子どもが「25」と言います。「そうだね」と言います。

②答えの10の位のマス目を指さししながら「答えの10の位の数は何ですか」と聞きます。子どもは「2」と答えます。「そうだね」とほめます。

＊10の位の数を聞いたとき「20」と答えさせないようにします。「20」と答えたときは、「2」を再度指さしして「10の位の数は2」と先に言います（「20」と答えたときに「まちがいです」と言わないようにします）。

③答えの1の位のマス目を指さししながら「答えの1の位の数は何ですか」と聞きます。子どもは「5」と答えます。「そうだね」と言います。

＊ここでは、10の位の数から聞いていますが、1の位の数から聞いた方が子どもがわかりやすい場合は、1の位の数から聞いてもよいです。そして、どちらから聞いても答えられるようにします。

(7) 筆算の式と答えを読む

①「筆算の式と答えを読んでください」と言います。一緒に被減数の「28」、［－］の記号、減数の「3」、横棒、答えの「25」を順番に指さししながら「28－3＝25」と言います。「よくできました」とほめます。

(8) 横書きの式に答えを書く

①横書きの式の答えの□を指さしして、「答えをここに書いてください」と言います。子どもが「25」と書きます。「よくできました」とほめます。

②横書きの式と答えを指さししながら「横書きの式と答えを読んでください」と言います。一緒に横書きの式と答えを指さししながら「28－3＝25」と言います（横書きの式と答え、筆算の式と答えを指さししながら「これとこれはおなじです」と言います）。

③「よくできました」と言いながら、答えに赤ペンで○をつけます（好きなシールを貼るなど、子どもに合ったほめ方をいろいろ工夫するとよいでしょう）。

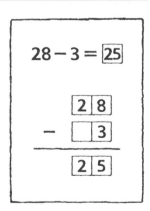

＊学習の進展につれて、指導者が一緒に行ったり、指導者が指さししたりすることを行わないようにします。そしてことばかけも少しずつ減らしていくようにします。

2. 繰り下がりのしくみ

繰り下がりの計算では、10の位から1の位に繰り下がるということを理解できるようにします。そのために、次のような「タイルの筆算板」を用いて学習します。
繰り下がりの学習は、はじめは、2桁と1桁のひき算から行います。

例：12－9＝□

教材
・横書きの式「12－9＝□」を書いた用紙
・タイルの筆算板：「**第10章 ❷ 繰り上がりのしくみ**」（253ページ）で用いた筆算板と同じもの。ここでは被減数が2桁、減数が1桁、答えが2桁のマス目を用いて説明します。

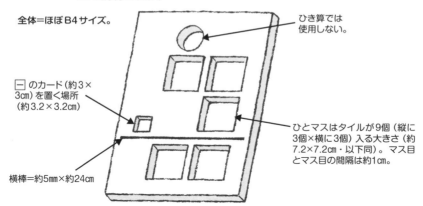

・タイル：24個（バラのタイル14個、束タイル用のタイル10個）
・□ の記号のカード：記号を置く場所に入る大きさのもの1枚

方法とことばかけ

(1) 横書きの式を読む

① 「12－9＝□」の式を呈示します。
② 「式を読んでください」と言います。
③ 一緒に読みます。「12－9＝□（しかく）」。

第11章 繰り下がりの計算

(2) タイルの筆算板にタイルを置く

① タイルの筆算板を呈示します。
② 「ひき算なので『ひく』を置くよ」と言いながら、─ の記号を置きます。
③ 「タイルを使って12－9の計算を考えます」と言います。
④ タイル10個を重ねて10のまとまりの束タイル（上に「10」、下に「1」の数字カードを貼ったもの）を一緒に作ります。「これは10のまとまりの束タイルです」と言います。
⑤ 被減数の10の位を指さししながら「10の位に、束タイルを1つ置いてください」と言います。10の束タイルを、「10のまとまりが1つ」と言いながら、「1」の数字カードを上にして、被減数の10の位のマス目に一緒に置きます。
⑥ 被減数の1の位のマス目を指さししながら「ここにタイルを2個置いてください」と言います。一緒に左から順番に数えながらタイルを置きます。「1・2」。
⑦ 減数の1の位のマス目を指さししながら「ここにタイルを9個置いてください」と言います。一緒に左上から順番に数えながらタイルを置きます。「1・2・3、4・5・6、7・8・9」。

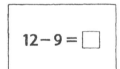
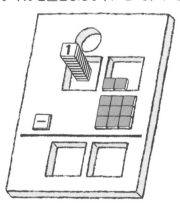

(3) タイルの筆算板の式を読む

① 「タイルの筆算板の式を言いましょう」と言います。
② 一緒に被減数の束タイル1本、タイル2個、─ の記号、減数のタイル9個、横棒を順番に指さししながら、「12、ひく、9、は」と言います。

(4) 1の位の計算

① 被減数の1の位のマス目と減数の1の位のマス目を指さししながら「1の位の計算を言ってください」と言います。

②一緒に被減数のタイル2個、□の記号、減数のタイル9個、横棒を順番に指さししながら、「2、ひく、9、は」と言います。

③「2から9はひけますか？ ひけませんか？」と聞きます。子どもは「ひけません」と言います。「そうだね」と言います。
　*子どもがわからなかったり、迷ったりして答えられない場合は、待たずに指導者がすぐに「ひけません」と言うようにします。

④被減数の10の位に置いた束タイルの上の数字の「1」を指さししながら 「2から9がひけないので、10の位から1もってきます」と言います。

⑤束タイルを1の数字カードを上にしたまま被減数の1の位のマス目に置きます。「10の位から1もってきました。これは10です」と言いながら、束タイルをひっくり返して10の数字カードを上にします。

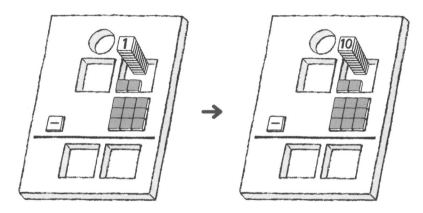

⑥束タイルをバラにして被減数の1の位のマス目の右側に横1列に並べて置きます。

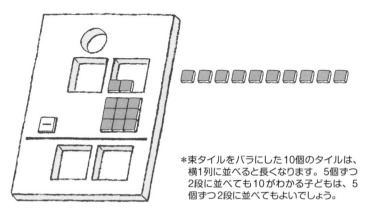

　*束タイルをバラにした10個のタイルは、横1列に並べると長くなります。5個ずつ2段に並べても10がわかる子どもは、5個ずつ2段に並べてもよいでしょう。

⑦横1列に並べた10個のタイルと、減数のタイル9個を指さしして、「10から9をひきます。のこりはいくつ？」と聞きます。子どもが「1」と答えます。「そうだね」と言います。
　*「10から9をひきます。のこりはいくつ？」と聞いて、子どもがわからなかったり迷ったりして答えられないときは、横に並べた10個のタイルを一緒に9個数えながら少し横に動かします。残った1個を指さしして「のこりはいくつ？」と聞きます。

第11章 繰り下がりの計算

⑧「10から9をひいてのこりが1です」と言いながら、横1列に並べたタイルの左端のタイル1個を持ってきて、被減数の1の位のマス目の右側に置きます。

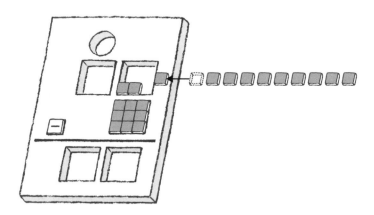

⑨被減数の1の位のマス目の横に置いたタイル1個と、被減数の1の位のマス目のタイル2個を指さしして、「1と2、全部でいくつですか？」と聞きます。子どもが「3」と答えます。「そうだね」と言います。

⑩答えの1の位のマス目を指さししながら「1と2、全部で3。1の位の答えはいくつ？」と聞きます。子どもが「3」と答えます。「そうだね」と言います。
 ＊「3」とすぐに答えられない場合は、指導者が先に「3」と言って子どもがまねをして言うようにします。

⑪答えの1の位のマス目を指さししながら「ここにタイルを3個置いてください」と言い、一緒に数えながらタイルを3個置きます。「1・2・3」。

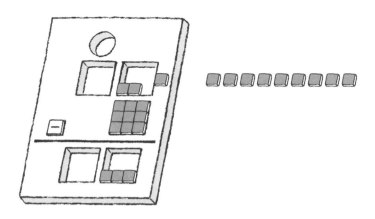

(5) 10の位の計算

①被減数の10の位のマス目と減数の10の位の場所を指さししながら「10の位の計算をします」と言います。

②被減数の10の位のマス目を指さししながら「ここは1の位に繰り下がりました。何もなくなったので0」と言います。減数の10の位の場所を指さししながら「ここも何もないので0」と言います。被減数の10の位のマス目と減数の10の位の場所を指さししながら「0ひく0は0」と言います。

③答えの10の位のマス目を指さししながら、「10の位の答えはいくつ？」と聞きます。子どもは「0」と答えます。

④「そうだね、0だね」と言います。

＊「0」とすぐに答えられない場合がみられます。はじめのうちは指導者が先に「0」と言って、子どもがまねをして言うようにします。

⑤答えの10の位のマス目を指さししながら、「10の位の答えは0です。答えは0なので何もありません」と言います。

(6) 答えを言う

①答えの10の位のマス目と1の位のタイル3個を指さしして「12－9の答えはいくつ？」と聞きます。一緒に答えの10の位のマス目と1の位のタイル3個を指さししながら「3」と言います。

＊「3」とすぐに答えられない場合がみられます。はじめのうちは指導者が先に「3」と言って、子どもがまねをして言うようにします。

②答えの10の位のマス目を指さししながら「答えの10の位の数は何ですか」と聞きます。子どもは「0」と答えます。「そうだね」と言います。

＊「0」とすぐに答えられない場合がみられます。はじめのうちは指導者が先に「0」と言って、子どもがまねをして言うようにします。

③答えの1の位のタイル3個を指さししながら「答えの1の位の数は何ですか」と聞きます。子どもは「3」と答えます。「そうだね」と言います。

(7) タイルの筆算板の式と答えを言う

①「タイルをはじめにあった数に戻します」と言います。

②バラしたタイルを10個重ねて束タイル（上に「10」、下に「1」の数字カードを貼ったもの）を作ります。

293

第11章 繰り下がりの計算

③被減数の10の位を指さししながら「10の位に、束タイルを1つ置いてください」と言います。10の束タイルを、「10のまとまりが1つ」と言いながら、1の数字カードを上にして、被減数の10の位のマス目に一緒に置きます。

④「筆算の式と答えを言ってください」と言います。一緒に被減数の10の位の束タイル1個と1の位のタイル2個、─ の記号、減数のタイル9個、横棒、答えのタイル3個を順番に指さししながら「12－9＝3」と言います。「よくできました」とほめます。

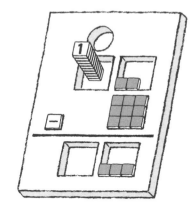

(8) 横書きの式に答えを書く

①横書きの式の答えの□を指さしして、「答えをここに書いてください」と言います。子どもが「3」と書きます。「よくできました」とほめます。

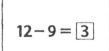
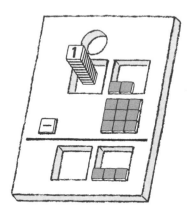

②横書きの式と答えを指さししながら「横書きの式と答えを読んでください」と言います。一緒に横書きの式と答えを指さししながら「12－9＝3」と言います。

③「よくできました」と言いながら、答えに赤ペンで○をつけます（好きなシールを貼るなど、子どもに合ったほめ方をいろいろ工夫するとよいでしょう）。

＊読んだり書いたりすることは、はじめは一緒に行います。できるようになってきたら、子どもがひとりで行います。

> タイルを動かさないで学習する方法とことばかけ

　タイルを動かしたり、10のまとまりの束タイルを作ったりすることによって、繰り下がりのしくみがわかりやすくなります。
　タイルを動かしながら学習し、繰り下がりのしくみが理解できたら、タイルは動かさずに頭の中で数を操作して学習します。
　束タイルは、数字を貼った束タイルをあらかじめ別に用意して用います。
　前記 `方法とことばかけ` の中の、（1）（2）（3）（6）（8）は同じです。（4）（5）（7）は変わります。わかりやすくするために（4'）（5'）（6'）（7'）の `方法とことばかけ` を次に示します（（6'）は（6）と同じ内容です）。

（4'）1の位の計算

①被減数の1の位のマス目と減数の1の位のマス目を指さししながら「1の位の計算を言ってください」と言います。

②一緒に被減数のタイル2個、－の記号、減数のタイル9個、横棒を順番に指さししながら、「2、ひく、9、は」と言います。

③「2から9はひけますか？　ひけませんか？」と聞きます。子どもは「ひけません」と言います。「そうだね」と言います。
　＊子どもがわからなかったり、迷ったりして答えられない場合は、待たずに指導者がすぐに「ひけません」と言うようにします。

④被減数の10の位に置いた束タイルの上の数字の「1」を指さししながら　「2から9がひけないので、10の位から1もってきます」と言います。
実際に束タイルを動かすことはしません。

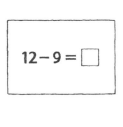
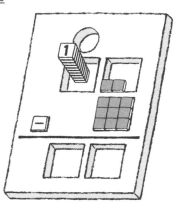

第11章 繰り下がりの計算

⑤束タイルと、減数のタイル9個を指さしして、「10から9をひきます。のこりはいくつ？」と聞きます。子どもが「1」と答えます。「そうだね」と言います。

> **Point　まちがえさせない工夫**
>
> 「10から9をひきます。のこりはいくつ？」と聞いて、子どもがわからなかったり、迷ったりして答えられないときは、待たずにすぐにタイルを呈示します。まちがった答えを言わないようにすることが理解と定着のポイントです。
> 　タイルを左から順に10個横に並べます。
> 　一緒に右から9個タイルを横に動かします。
> 　残りの1個を指さして「10から9をひいたらのこりはいくつ？」と聞きます。
>
>

⑥「10から9をひいてのこりが1です」と言い、被減数の1の位のマス目のタイル2個を指さしして、「1と2、全部でいくつですか？」と聞きます。子どもが「3」と答えます。「そうだね」と言います。

⑦答えの1の位のマス目を指さししながら「1と2、全部で3。1の位の答えはいくつ？」と聞きます。子どもが「3」と答えます。「そうだね」と言います。
　＊「3」とすぐに答えられない場合は、指導者が先に「3」と言って子どもがまねをして言うようにします。

⑧答えの1の位のマス目を指さししながら「ここにタイルを3個置いてください」と言い、一緒に数えながらタイルを3個置きます。「1・2・3」。

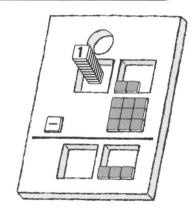

(5') 10の位の計算

①被減数の10の位のマス目と減数の10の位の場所を指さししながら「10の位の計算をします」と言います。

②被減数の10の位のマス目を指さししながら「ここは1の位に繰り下がったので0」と言います。<u>実際に束タイルを動かすことはしません。</u>
　減数の10の位の場所を指さししながら「ここも何もないので0」と言います。被減数の10の位のマス目と減数の10の位の場所を指さししながら「0ひく0は0」と言います。

③答えの10の位のマス目を指さししながら、「10の位の答えはいくつ？」と聞きます。子どもは「0」と答えます。

④「そうだね、0だね」と言います。
　＊「0」とすぐに答えられない場合がみられます。はじめのうちは指導者が先に「0」と言って、子どもがまねをして言うようにします。

⑤答えの10の位のマス目を指さししながら、「10の位の答えは0です。答えは0なので何もありません」と言います。

（6'）答えを言う

①答えの10の位のマス目と1の位のタイル3個を指さしして「12－9の答えはいくつ？」と聞きます。一緒に答えの10の位のマス目と1の位のタイル3個を指さししながら「3」と言います。
 ＊「3」とすぐに答えられない場合がみられます。はじめのうちは指導者が先に「3」と言って、子どもがまねをして言うようにします。

②答えの10の位のマス目を指さししながら「答えの10の位の数は何ですか」と聞きます。子どもは「0」と答えます。「そうだね」と言います。
 ＊「0」とすぐに答えられない場合がみられます。はじめのうちは指導者が先に「0」と言って、子どもがまねをして言うようにします。

③答えの1の位のタイル3個を指さししながら「答えの1の位の数は何ですか」と聞きます。子どもは「3」と答えます。「そうだね」と言います。

（7'）タイルの筆算板の式と答えを言う

①「筆算の式と答えを言ってください」と言います。一緒に被減数の10の位の束タイル1個と1の位のタイル2個、□の記号、減数のタイル9個、横棒、答えのタイル3個を順番に指さししながら「12－9＝3」と言います。「よくできました」とほめます。

＊タイルの筆算板を使っての学習は、繰り下がりのしくみを理解するためのものです。しくみが理解できるようになったら、数字カードを使った筆算に移行します。

---

3. 繰り下がりの筆算

繰り下がりのあるひき算の計算を、タイルを使った筆算で学習してきました。
ここからは、数字を使って、筆算の学習を行います。
筆算板または用紙にマス目をかいたものを用いて学習します。
はじめのうちは、数字カードを置いたり、数字を書いたりする位置を指さしするなどの援助をして、位取りをまちがえないようにします。まちがえてから訂正するのではなく、はじめから正しい位置に数字を置いたり書いたりするようにすることがポイントです。

297

第11章 繰り下がりの計算

> 筆算板と数字カードを用いて

> 例：12－9＝□

◆教材

- 横書きの式「12－9＝□」を書いた用紙
- 筆算板：「**第10章　❸ 繰り上がりの筆算**」（264ページ）で用いた筆算板と同じもの。ここでは被減数が2桁、減数が1桁、答えが2桁のマス目を用いて説明します。

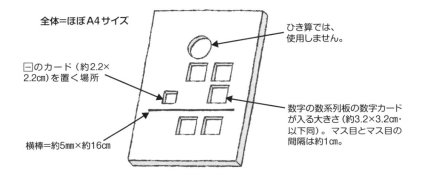

- 数字の数系列板：「**第10章　❸ 繰り上がりの筆算**」（265ページ）で用いた数系列板と同じもの。
  数字カード1枚は、約3cm×3cm。

- ─ の記号のカード：記号のマス目に入る大きさのもの1枚。

◆方法とことばかけ

(1) 横書きの式を読む

①横書きの式「12－9＝□」を書いた用紙を呈示します。
②「12－9＝□」の式を指さしして、「式を読んでください」と言います。
③一緒に読みます。「12－9＝□（しかく）」。

(2) 筆算板に式をつくる

①筆算板を呈示して、「ここに、今の式をつくります」と言います。

②筆算板の上に、数字の数系列板を呈示します。

③「ひき算なので『ひく』を置くよ」と言いながら、□ の記号を置きます。

④横書きの式の「12」を指さしして「12を」、筆算板の被減数の10の位と1の位のマス目を指さしして「ここにつくるよ」と言います。筆算板の被減数の10の位のマス目を指さしして「ここに1を置いてください」と言い、一緒に数系列板から 1 の数字カードを取って置きます。1の位のマス目を指さしして「ここに2を置いてください」と言い、一緒に 2 の数字カードを取って置きます。

 ＊位取りをまちがえて 1 を1の位に置かないようにします。まちがえてから直すのではなく、まちがえさせない工夫が大切です。

⑤筆算板の被減数の10の位の「1」と1の位の「2」を指さししながら、「読んでください」と言います。一緒に「12」と言います。10の位の「1」を指さしながら「10の位の数は何ですか」と聞きます。子どもは「1」と答えます。「そうだね」と言います。1の位の「2」を指さししながら「1の位の数は何ですか」と聞きます。子どもは「2」と答えます。「そうだね」と言います。

 ＊10の位の数を聞いたとき「10」と答えさせないようにします。「10」と答えたときは、10の位の「1」を再度指さしして「10の位の数は1」と先に言います（「10」と答えたときに「まちがいです」と言わないようにします）。

⑥横書きの式の「9」を指さしして「9を」、筆算の式の減数のマス目を指さしして「ここに置いてください」と言います。一緒に数系列板から 9 の数字カードを取って置きます。

⑦「上手にできました」とほめます。

第11章 繰り下がりの計算

(3) 筆算の式を読む

① 「筆算の式を言いましょう」と言います。一緒に被減数の「12」、「−」の記号、減数の「9」、横棒を順番に指さししながら、「12、ひく、9、は」と言います。

(4) 1の位の計算

① 被減数の1の位のマス目と減数の1の位のマス目を指さししながら「1の位の計算を言ってください」と言います。

② 一緒に被減数の1の位の 2 、− の記号、減数の 9 、横棒を順番に指さししながら、「2、ひく、9、は」と言います。

③ 「2から9はひけますか？ ひけませんか？」と聞きます。子どもは「ひけません」と言います。「そうだね」と言います。
＊子どもがわからなかったり、迷ったりして答えられない場合は、待たずに指導者がすぐに「ひけません」と言うようにします。

④ 被減数の10の位の「1」を指さししながら、「2から9がひけないので、10の位から1もってきます」と言います。

⑤ 「10から9をひきます。のこりはいくつ？」と聞きます。子どもが「1」と答えます。「そうだね」と言います。

> **Point** まちがえさせない工夫
>
> 「10から9をひきます。のこりはいくつ？」と聞いて、子どもがわからなかったり、迷ったりして答えられないときは、待たずにすぐにタイルを呈示します。まちがった答えを言わないようにすることが理解と定着のポイントです。
> 　タイルを左から順に10個横に並べます。
> 　一緒に右から9個タイルを横に動かします。
> 　残りの1個を指さして「10から9をひいたらのこりはいくつ？」と聞きます。
>
>

⑥ 「10から9をひいてのこりが1です」と言い、被減数の1の位のマス目の「2」を指さしして、「1たす2はいくつですか？」と聞きます。子どもが「3」と答えます。「そうだね」と言います。

⑦ 答えの1の位のマス目を指さししながら「1たす2は3、1の位の答えはいくつ？」と聞きます。子どもが「3」と答えます。「そうだね」と言います。
＊「3」とすぐに答えられない場合は、指導者が先に「3」と言って子どもがまねをして言うようにします。

⑧答えの1の位のマス目を指さししながら「ここに答えを置いてください」と言います。子どもが数系列板から ③ の数字カードを取って置きます。

(5) 10の位の計算

①被減数の10の位のマス目と減数の10の位の場所を指さししながら「10の位の計算をします」と言います。
②被減数の10の位のマス目を指さししながら「ここは1の位に繰り下がったので0」と言います。
減数の10の位の場所を指さししながら「ここも何もないので0」と言います。被減数の10の位のマス目と減数の10の位の場所を指さししながら「0ひく0は0」と言います。
③答えの10の位のマス目を指さししながら、「10の位の答えはいくつ？」と聞きます。子どもは「0」と答えます。
④「そうだね、0だね」と言います。
　＊「0」とすぐに答えられない場合がみられます。はじめのうちは指導者が先に「0」と言って、子どもがまねをして言うようにします。
⑤答えの10の位のマス目を指さししながら、「10の位の答えは0です。答えは0なので何もありません。ここには0は置きません」と言います。

(6) 答えを言う

①答えの10の位のマス目と1の位の「3」を指さしして「12－9の答えはいくつ？」と聞きます。一緒に答えの10の位のマス目と1の位の「3」を指さししながら「3」と言います。
　＊「3」とすぐに答えられない場合がみられます。はじめのうちは指導者が先に「3」と言って、子どもがまねをして言うようにします。
②答えの10の位のマス目を指さししながら「答えの10の位の数は何ですか」と聞きます。子どもは「0」と答えます。「そうだね」と言います。
　＊「0」とすぐに答えられない場合がみられます。はじめのうちは指導者が先に「0」と言って、子どもがまねをして言うようにします。

③答えの1の位のマス目を指さししながら「答えの1の位の数は何ですか」と聞きます。子どもは「3」と答えます。「そうだね」と言います。

(7) 筆算の式と答えを言う

①「筆算の式と答えを言ってください」と言います。一緒に被減数の「12」、―の記号、減数の「9」、横棒、答えの「3」を順番に指さししながら「12－9＝3」と言います。「よくできました」とほめます。

(8) 横書きの式に答えを書く

①横書きの式の答えの□を指さして、「答えをここに書いてください」と言います。子どもが「3」と書きます。「よくできました」とほめます。

②横書きの式と答えを指さししながら「横書きの式と答えを読んでください」と言います。一緒に横書きの式と答えを指さししながら「12－9＝3」と言います。

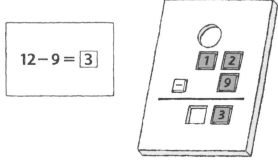

③「よくできました」と言いながら、答えに赤ペンで○をつけます（好きなシールを貼るなど、子どもに合ったほめ方をいろいろ工夫するとよいでしょう）。

＊はじめのうちは、丁寧にことばかけと指さしを行います。学習の進展に応じてことばかけを少しずつ減らしていきます。

＊読んだり書いたりすることは、はじめは一緒に行います。できるようになってきたら、子どもがひとりで行います。

用紙に筆算の式を書いて

例：23－8＝□

教材

・横書きの式「23－8＝□」と、その下に筆算の式のマス目がかいてある用紙。

ここでは、被減数の部分が2桁、減数の部分が2桁、答えの部分が2桁のものを用いて説明します。
マス目の数は、子どもの実態に応じて考えましょう。

> **Point** 筆算のマス目の数について
>
> 　2桁までのひき算の学習で用いる筆算の用紙では、被減数・減数・答えのマス目の数は、次のように4通りあります。
> 　被減数・減数の桁数や、子どもの実態に応じて、用いる用紙を選びます。
> 　「－」の記号は、あらかじめ書いておきます。
>
> 【ア】　　　【イ】　　　【ウ】　　　【エ】

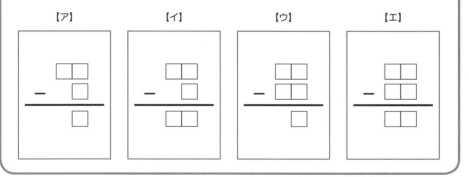

方法とことばかけ

(1) 横書きの式を読む

①横書きの式「23－8＝□」と、その下に筆算のマス目をかいた用紙を呈示します。
②「23－8＝□」の式を指さしして、「式を読んでください」と言います。
③一緒に読みます。「23－8＝□（しかく）」。

(2) 筆算の式をつくる

①筆算の式の場所を指さしして、「ここに、今の式をつくります」と言います。

②横書きの式の「23」を指さしして「23を」、筆算の式の被減数の10の位と1の位のマス目を指さしして「ここに書きます」と言います。被減数の10の位のマス目を指さしして「ここに2と書いてください」と言い、子どもが書きます。被減数の1の位のマス目を指さしして「ここに3と書いてください」と言い、子どもが書きます。

*位取りをまちがえて「2」を1の位に書かないようにします。まちがえてから直すのではなく、まちがえさせない工夫が大切です。

③横書きの式の「8」を指さしして「8を」、筆算の式の減数の1の位のマス目を指さしして「ここに書きます」と言います。減数の1の位のマス目を指さしして「ここに8と書いてください」と言い、子どもが書きます。

④「上手に書けました」とほめます。

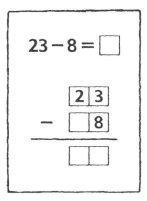

(3) 筆算の式を読む

①「筆算の式を言いましょう」と言います。一緒に被減数の「23」、[－] の記号、減数の「8」、横棒を順番に指さししながら、「23、ひく、8、は」と言います。

②被減数の「23」の「2」を指さしして「ここは、10の位です。10の位の数は何ですか」と聞きます。子どもは「2」と答えます。「23」の「3」を指さしして「ここは、1の位です。1の位の数は何ですか」と聞きます。子どもは「3」と答えます。「10の位と1の位を続けて読んでください」と言います。子どもが「23」と言います。

③減数の「8」を指さしして「ここは、1の位です。1の位の数は何ですか」と聞きます。子どもは「8」と答えます。

④「もう一度式を読みます」と言います。一緒に被減数の「23」、[－] の記号、減数の「8」、横棒を順番に指さししながら、「23、ひく、8、は」と言います。

*式を読むときは、必ず数字や記号を指さししながら行います。

*式を読むとき、10の位・1の位の数を聞いたとき、子どもがわからなかったり、迷ったりして答えられない場合は、待たずに指導者がすぐに先に言うようにします。そうすることによって、次第に一緒に言えるようになります。そして、ひとりで言えるようになるまで学習します。指導者が待たずにすぐに言うことが理解と定着のポイントです。

(4) 1の位の計算

①被減数の1の位のマス目と減数の1の位のマス目を指さししながら「1の位の計算を言ってください」と言います。

②一緒に被減数の1の位の「3」、[-]の記号、減数の「8」、横棒を順番に指さししながら、「3、ひく、8、は」と言います。

③「3から8はひけますか？ ひけませんか？」と聞きます。子どもは「ひけません」と言います。「そうだね」と言います。
　*子どもがわからなかったり、迷ったりして答えられない場合は、待たずに指導者がすぐに「ひけません」と言うようにします。

④被減数の10の位の「2」を指さししながら、「3から8がひけないので、10の位から1もってきます」と言います。

⑤減数の「8」を指さしして、「10から8をひきます。のこりはいくつ？」と聞きます。子どもが「2」と答えます。「そうだね」と言います。

> **Point** まちがえさせない工夫
>
> 「10から8をひきます。のこりはいくつ？」と聞いて、子どもがわからなかったり、迷ったりして答えられないときは、待たずにすぐにタイルを呈示します。まちがった答えを言わないようにすることが理解と定着のポイントです。
> 　タイルを左から順に10個横に並べます。
> 　一緒に右から8個タイルを横に動かします。
> 　残りの2個を指さして「10から8をひいたらのこりはいくつ？」と聞きます。
>
>

⑥「10から8をひいてのこりが2です」と言い、被減数の1の位の「3」を指さして、「2たす3はいくつですか？」と聞きます。子どもが「5」と答えます。「そうだね」と言います。

⑦答えの1の位のマス目を指さししながら「2たす3は5、1の位の答えはいくつ？」と聞きます。子どもが「5」と答えます。「そうだね」と言います。
　*「5」とすぐに答えられない場合は、指導者が先に「5」と言って子どもがまねをして言うようにします。

⑧答えの1の位のマス目を指さししながら「ここに5と書いてください」と言い、子どもが「5」と書きます。

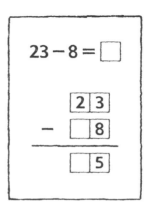

(5) 10の位の計算

①被減数の10の位のマス目と減数の10の位のマス目を指さししながら「10の位の計算をします」と言います。

②被減数の10の位のマス目を指さししながら「ここは1の位に1繰り下がったのでのこりは1」と言います。
減数の10の位のマス目を指さししながら「ここは何もないので0」と言います。被減数の10の位のマス目と減数の10の位のマス目を指さししながら「1ひく0は1」と言います。

③答えの10の位のマス目を指さししながら、「10の位の答えは何ですか？」と聞きます。子どもは「1」と答えます。「そうだね」と言います。
＊「1」とすぐに答えられない場合がみられます。はじめのうちは指導者が先に「1」と言って、子どもがまねをして言うようにします。

④答えの10の位のマス目を指さししながら「ここに1と書いてください」と言い、子どもが「1」と書きます。

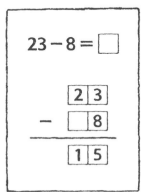

(6) 答えを言う

①答えの10の位の「1」と1の位の「5」を指さしして「23－8の答えはいくつ？」と聞きます。一緒に答えの10の位の「1」と1の位の「5」を指さししながら「15」と言います。
＊「15」とすぐに答えられない場合がみられます。はじめのうちは指導者が先に「15」と言って、子どもがまねをして言うようにします。

②答えの10の位のマス目を指さししながら「答えの10の位の数は何ですか」と聞きます。子どもは「1」と答えます。「そうだね」と言います。
＊10の位の数を聞いたとき「10」と答えさせないようにします。「10」と答えたときは、10の位の「1」を再度指さしして「10の位の数は1」と先に言います（「10」と答えたときに「まちがいです」と言わないようにします）。

③答えの1の位の「5」を指さししながら「答えの1の位の数は何ですか」と聞きます。子どもは「5」と答えます。「そうだね」と言います。

(7) 筆算の式と答えを言う

①「筆算の式と答えを言ってください」と言います。一緒に被減数の「23」、「－」の記号、減数の「8」、横棒、答えの「15」を順番に指さししながら「23－8＝15」と言います。「よくできました」とほめます。

(8) 横書きの式に答えを書く

①横書きの式の答えの□を指さしして、「答えをここに書いてください」と言います。子どもが「15」と書きます。「よくできました」とほめます。

②横書きの式と答えを指さししながら「横書きの式と答えを読んでください」と言います。一緒に横書きの式と答えを指さししながら「23−8＝15」と言います。

③「よくできました」と言いながら、答えに赤ペンで○をつけます（好きなシールを貼るなど、子どもに合ったほめ方をいろいろ工夫するとよいでしょう）。

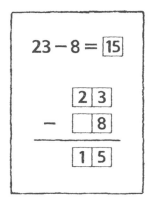

＊はじめのうちは、丁寧にことばかけと指さしを行います。学習の進展に応じてことばかけや指さしを少しずつ減らしていきます。

＊読んだり書いたりすることは、はじめは一緒に行います。できるようになってきたら、子どもがひとりで行うようにします。

繰り下がりの計算をまちがえる主な理由

繰り下がりの計算をまちがえるとき、「繰り下がりを忘れる」「位取りをまちがえる」「10の補数をまちがえる、補数と被減数のたし算をまちがえる」が主な理由として考えられます。

（1）繰り下がりを忘れる

繰り下がりを忘れる子どもは、筆算の式の被減数の10の位の上に、繰り下がった残りの数を書くようにします。例えば、被減数の10の位の元の数が「2」の場合は「1」を書きます。このとき、「2」に斜線を引いてもよいでしょう。

このようにして、10の位の計算をすると正しく計算できます。

繰り下がりの計算に習熟してきたら、繰り下がった残りの数を覚えておくようにし、書かなくても正しく計算できるようにしましょう。

第11章 繰り下がりの計算

（2）位取りをまちがえる

　繰り上がりのあるたし算で位取りの学習をしているので、ここでは問題や答えが2桁のとき、「10の位（の数）は？」「1の位（の数）は？」と聞くようにします。

（3）10の補数をまちがえる、補数と被減数のたし算をまちがえる

　繰り上がりのあるたし算で、10の補数と加数分解が理解できていれば、すぐにできるようになります。10の補数やたし算ができないのであれば合成・分解に戻る必要があります。

4. ひき算の学習の系統性

　ひき算の学習の系統性について説明します。
　「**第9章　10までの数を使ったひき算　～差が9までのひき算の学習～　❸ ひき算の学習の系統性**」（234ページ）と合わせてご覧ください。
　繰り下がりのあるひき算では、減数が10の補数を考えやすい数であるほどやさしいです。つまり、9（補数が1）、8（補数が2）、7（補数が3）……の順にやさしいです。
　被減数は、小さい数ほどやさしいです。
　これらが学習の系統性を考えるうえでの原則です。

（1）2桁－1桁

　　　①繰り下がらない　（例：23－1）
　　　②繰り下がる　（例：23－4）

　　被減数の1の位の数は1、2、3……と小さい数ほどやさしいです。
　　減数は、9、8、7……と大きい数ほどやさしいです。
　　被減数の1の位が0の計算（例：10－9など）は、繰り下がった10から減数をひいて、残りの補数と被減数の1の位をたして1の位の答えを出すという、繰り下がりのしくみが十分理解できるようになってから行った方がよいでしょう。
　　「2桁－1桁」の繰り下がりのあるひき算の学習順序は、次のようになります。

308

易 → 難

減数＼被減数	11	12	13	14	15	16	17	18
9	11−9	12−9	13−9	14−9	15−9	16−9	17−9	18−9
8	11−8	12−8	13−8	14−8	15−8	16−8	17−8	
7	11−7	12−7	13−7	14−7	15−7	16−7		
6	11−6	12−6	13−6	14−6	15−6			
5	11−5	12−5	13−5	14−5				
4	11−4	12−4	13−4					
3	11−3	12−3						
2	11−2							

易↓難

＊被減数が20台、30台……80台、90台の場合も、繰り下がりの計算の学習の系統性は、上記と同じです。

（2）2桁−2桁

①繰り下がらない　（例：35−21）

②1の位の繰り下がり　（例：35−16）

（3）3桁−1桁

①繰り下がらない　（例：324−3）

②1の位の繰り下がり　（例：324−8）

（4）3桁−2桁

①繰り下がらない　（例：643−12）

②1の位の繰り下がり　（例：642−15）

③10の位の繰り下がり　（例：643−51）

④1の位、10の位の繰り下がり　（例：642−68）

（5）3桁−3桁

①繰り下がらない　（例：543−321）

②1の位の繰り下がり　（例：542−123）

③10の位の繰り下がり　（例：542−151）

④1の位、10の位の繰り下がり　（例：542−153）

第**11**章 繰り下がりの計算

0の用法

（1）1の位に0

①減数が0　（例：25−10）

②被減数が0　（例：50−12）

（2）10の位に0

①減数が0　（例：432−201、432−205）

②被減数が0　（例：403−321、403−325）

（3）0が重なる場合

①1の位がともに0　（例：40−20）

②10の位がともに0　（例：305−103、305−106）

③1の位、10の位がともに0　（例：400−300）

（4）答えに0

①1の位が0　（例：21−11）

②10の位が0　（例：253−152、253−46）

③1の位、10の位がともに0　（例：456−256）

＊ここでは、桁数と「0」の位置・「0」の数によって、網羅的に記述しました。あとに書いてある方がやさしい場合
があります。子どもの実態に応じて学習の順番を組み替えましょう。

おわりに

たし算やひき算ができない、数えたしをしていて、指を折らないと数えられない。このような子どもたちには、どのように数を教えたらよいのでしょうか。また、数の基礎概念はどのように形成されていくのでしょうか。

本書は、このような問いかけに答える、算数ができない、数が苦手という子どものための本です。

数の基礎概念の形成、数える、量を数える、合成・分解など、たし算に入るまでの学習に力を注いで書きました。数の基礎概念の形成について、このように丁寧に系統的に書かれた本はないのではないでしょうか。第1章から順に学習してもよいでしょう。子どもがつまずいているところを取り出して該当する章を学習してもよいでしょう。

子どもが課題を理解し、できるようになるためには、スモールステップと、ことばかけがポイントです。系統的なスモールステップと、いつも同じことばで働きかけることが大切です。

この本の執筆にあたっては、東京都立七生特別支援学校副校長宇川和子氏、東京都立久我山青光学園指導教諭岡前むつみ氏、言語聴覚士坪倉孝氏、つばき教育研究所非常勤スタッフ小林康恵氏に多大なご協力を賜りました[*]。ここに深く謝意を表します。また、関係者の方々のご尽力に心から感謝いたします。

この本を手掛かりに学習して、数がわかるようになった、算数が好きになったという子どもがひとりでも増えるとしたら、とてもうれしく思います。

つばき教育研究所理事長　宮城武久

[*]所属先は、初版発行時のままとなっています。

新装版
障害がある子どもの 数の基礎学習
量の理解から繰り下がりの計算まで

発行日　2015年10月7日　初版第1刷発行
　　　　2024年9月10日　新装版第1刷発行

著者　　　宮城武久
発行人　　土屋徹
編集人　　滝口勝弘
企画編集　長谷川晋・東郷美和
編集協力　No.T工房
デザイン　長谷川由美　千葉匠子　玉本郷史
イラスト　中小路ムツヨ

発行所　　株式会社Gakken
　　　　　〒141-8416　東京都品川区西五反田2-11-8
印刷所　　株式会社リーブルテック

―――――――――――――――――――――――――――

この本に関する各種お問い合わせ先
●本の内容については、下記サイトのお問い合わせフォームよりお願いします。
　https://www.corp-gakken.co.jp/contact/
●在庫については　Tel 03-6431-1250（販売部）
●不良品（落丁、乱丁）については　Tel 0570-000577
　学研業務センター　〒354-0045 埼玉県入間郡三芳町上富279-1
●上記以外のお問い合わせは　Tel 0570-056-710（学研グループ総合案内）

© Takehisa Miyagi 2015 Printed in Japan

本書の無断転載　複製、複写（コピー）、翻訳を禁じます。

学研グループの書籍・雑誌についての新刊情報・詳細情報は、下記をご覧ください。
学研出版サイト　https：//hon.gakken.jp/

本書は2015年発行『障害がある子どもの数の基礎学習』の新装版です。